SHANXI DIYU
WENHUA

山西地域文化

李元平 / 主编

梁爱如　程淑贞 / 副主编

山西之形势，最为完固。关中而外，吾必首及夫山西。盖语其东则太行为之屏障，其西则大河为之襟带。于北则大漠、阴山为之外蔽，而勾注、雁门为之内险。于南则首阳、底柱、析城、王屋诸山，滨河而错峙，又南则孟津、潼关皆吾门户也。汾、浍萦流于右，漳、沁包络于左，则原隰可以灌注，漕粟可以转输矣。且夫越临晋，溯龙门，则泾、渭之间，可折棰而下也。出天井，下壶关，邯郸、井陉而东，不可以惟吾所向乎？是故天下之形势，必有取于山西也。

——顾祖禹《读史方舆纪要》

山西出版传媒集团

三晋出版社

出版说明

　　为了给高等院校学生提供一本了解山西古今文化的读物，我们组织有关人员编写了这本《山西地域文化》。

　　全书共分 13 章 3 个附录，全面而系统地介绍了山西从古到今的自然环境、山川河流、气候物产、植物矿藏、历史沿革、政权交替、风土人情，以及政治、经济、文化、教育等方方面面。图文并茂，点面结合，既可由教师组织学习，也可由学生自学。

　　每一章除主要内容外，穿插知识拓展、资料链接等辅助内容，课后列有思考与分析。这些栏目的设置，一则帮助读者消化课文内容，二则开拓思维，活学活用，以期达到抛砖引玉之效果。

　　此书的编写，是对高校学生通识教育的一种尝试。我们热切希望广大师生提出宝贵意见，以便于进一步改进。

三晋出版社

目录

目 录

第一章　山西的区位、区划和人口

　　山西省地处华北西部的黄土高原东翼,其地理坐标为东经111° 14′—114° 33′,北纬34° 34′—40° 43′。全省总面积15.6万平方千米,约占全国总面积的1.6%,居全国第19位。

"山西"名称的由来

　　山西,顾名思义,意为大山之西,即以在太行山之西而得名。隋炀帝以李渊为山西河东道慰抚大使,山西之名始于此。唐代在今山西境内设河东道;宋设河东路;金分河东北、南路;元在山西设河东山西道宣慰使司和廉访肃政使司,统大同、冀宁、晋宁三路,故亦简称山西为"河东"。明置山西省,后改山西布政使司。清改山西省,省名至今未变。明代开始,以太行山之左右,称山西为山右、山东为山左。

　　晋,是山西省的简称,这是因为在先秦春秋时代,今山西的大部分地区为当时晋国的封地。西周时,周成王灭古唐国后,将该地(今侯马地区)封给其弟叔虞,史称叔虞为唐叔虞。唐叔虞死后传子燮父,因地邻晋水,改国名为晋。这就是山西简称"晋"的由来。晋国极盛时,疆域有今山西大部地区、河北西南部、河南北部和陕西的一角。春秋后期晋国六卿逐渐强大,国君势力日渐削弱,至战国初,韩、赵、魏三家分晋,史称"三晋",故山西也别称为"三晋"。

山西省地级市名称的由来

并州的由来　　古属冀州之域,虞舜以冀州南北太远,分置并州。据《舆地广记》载,周并州包括今山西全境和河北、内蒙古部分地区。汉武帝元封年间置并州刺史部,为十三州部之一,领太原、上党、西河、云中、定襄、雁门、朔方、五原、上郡等九郡。东汉时,并州始治晋阳,建安十八年(213)并入冀州。三国魏黄初元年(220)复置,领太原、上党、西河、雁门、乐平、新兴等六郡,仍治晋阳。晋沿用，建兴后沦没。隋唐以后亦有并州，然其地屡有缩小。宋太平兴国四年（979）置并州于榆次，五月更名新并州，七年（982）移治唐明镇，嘉祐四年（1059）改名太原府，并州之名遂废。但是以"并州"称呼太原的习惯却保留至今。

太原的由来 "太原"一词，最早见于《诗经》。此后的先秦典籍多有记载，但仅为地理上的泛称，并非专指一地。"太原"一词又曾出现在《尚书·禹贡》中，指的是汾河中下游广阔的平原，是对地形的描述。战国末年，秦国在汾河中游设置太原郡，取"大而加甚谓之太"，"高而平坦谓之原"之意，管辖晋阳（今晋源镇东北古城营一带），这是太原作为行政区划取名之缘起。秦汉及以后各代，均于汾河中游置太原郡、太原府、太原县、太原市等，今太原地区遂有"太原"之专名。

大同的由来 辽承唐制，官府设道、州（府）、县三级。重熙十三年（1044）改云州为西京，设西京道大同府，为辽之陪都，大同城名始于此，管辖二州七县：弘州（今河北阳原县）、德州（今内蒙古丰镇西北岱海边）、大同县、云中县、天成县（今天镇）、长青县（今阳高县东南）、奉义县（今大同市东北）、怀仁县（今怀仁东，大同南30千米）、怀安县（今河北怀安镇东南）。西京大同广袤20里，建有西京同文殿，设留守衙。北门东为大同府衙，西为大同驿。（隋开皇年间为防御突厥进攻，在大同川即今内蒙古乌拉特前旗北建大同城。唐末沙陀人内徙，大同遂侨置于此）自此大同之名沿用不改。

朔州的由来 战国时为赵国属地，秦时为马邑县，唐代为朔州，宋时为朔宁府，民国元年改为朔县，1989年改为省辖市，朔县改为朔州。朔州为历代兵家争战之地。相传公元前215年，秦将蒙恬筑马邑城池，置马邑县。这里历来是胡汉频繁争夺的边关重镇。历史上有"得朔州者得三晋乃至天下"之说。

忻州的由来 古称"秀容"，从新石器时代，就有人类开始活动。春秋时期大部分为晋地，战国时属赵。秦汉属太原郡、雁门郡、太平郡，隋为新兴郡、雁门郡，唐、五代、宋为忻州定襄郡、代州雁门郡，金、元、明、清为忻州、代州、保德州。相传汉高祖北上抗击匈奴，兵困平城（今大同），脱围时大军南撤，到忻口方摆脱追兵。高祖欢颜而笑，六军欣然如归，因"欣"通"忻"，忻州之名由此而生。

榆次的由来 春秋时期称涂水、魏榆，战国时期就称榆次。秦隶太原郡。北魏、北齐两度易名中都县。公元979年，宋太宗灭北汉，置并州于榆次，越三年，复迁唐明镇，榆次复县制。以后历代县名不改。1958年设榆次市。

阳泉的由来 "阳泉"，本来是一个泉水的名称。清光绪版《平定州志》卷二《舆地·山川》中载："阳泉，在州西十五里，泉源有五：一在村南涧中，俗名饮马坑；一在村西野子沟，皆夏秋有水，冬春则涸；一在村北寺沟，相去丈余，水盈盈常不涸；一在张氏山庄问渠亭右侧，深广丈余，石瓮为池，土人常祷雨于此；或曰今村中上港井，亦泉也，今有石槽尚存，后填以巨石，因以为井，皆自平地涌出，本名漾泉，讹为阳泉。"从120年前出版的这部官修的州志中，我们可以清楚地了解到阳泉是由"漾泉"讹变而来，且原来是一泉名。1947年5月2日，晋察冀野战军第二、三、四纵队与太行二分区部队5万人，在正太战役中解放了平定县阳泉镇。与此同时，为了夺取和巩固全华北，动用阳泉煤铁资源支援解放战争，中共晋察冀中央局决定，将阳泉镇从平定县划出设阳泉市，建设为新型工业城市。5月4日，首届中共阳泉市委和阳泉市人民政府正式组建。在我党夺取全国胜利之前，我军曾收复过诸多城市，但均属接管性质，阳泉成为中国共产党亲手创建的第一座人民城市，因此被称为"中共第一城"。

离石的由来　离石在山西省中部偏西。战国为赵离石邑，秦始置离石县。据《山西通志》记载：离石山，在州北一百八十里，即赤坚岭也。山前有离石水。古设离石郡、离石县，皆以山名。1996年设市。

临汾的由来　盖因地在汾河之滨而名。汉代的临汾县是指原泰平县和正平县之一部分组成的县。北齐的临汾县指的是今汾西县。隋开皇三年（583）改平阳县为临汾县，原因是隋统治者"恶其名（平阳）也"。

长治的由来　地处太行之巅，自古就有"与天为党"之说，故又称"上党"。商为黎国，韩建别都，秦置上党郡，北周名潞州，明朝时设潞安府，廓置长治县，明嘉靖二年（1523），潞城县小吏陈卿亡命家乡青羊山中，并凭借太行山间险要地形，聚众起事，连陷辽、沁，明廷为之震恐。直到嘉靖七年十月，官军以10万兵力合击青羊山，才将这支农民军剿平。事后，为了加强对地险民悍的潞州的有效管理，防止此类事件发生，明廷特于嘉靖八年二月诏升潞州为府，府城设县。嘉靖皇帝赐府名为"潞安府"，赐县名为"长治县"，以祈望这里长治久安。这便是"长治"的由来。

晋城的由来　秦汉称高都县，北魏置建州、高都郡。隋开皇十八年改为丹川县，唐贞观元年始称晋城县，明代晋城县并入泽州，清改名凤台县，民国元年复称晋城县。1983年改设县级市，由省直辖。1985年升为地级市。

运城的由来　境内有古盐池，亦称盐湖、银湖。位于运城市区南中条山下，涑水河畔。由鸭子池、盐池、硝池等组成，总面积130平方千米，所产盐是水卤经日光曝晒而成，颜色洁白，质味醇正，含有多种钠钙物质，是全国有名的盐产地之一。盐池的开发约有4000年的历史，是我国最古老的盐池之一。"运城"就得名于"运盐押运司"，盖由盐而兴之城。

山西的位置

山西以大部分位于太行山之西，吕梁山和黄河以东而得名。自古被称为"表里山河"。全省纵长约680千米，东西宽约380千米。

山西省轮廓略呈东北斜向西南的平行四边形。东有巍巍太行山作天然屏障，与河北省、河南省北部为邻；西、南以滔滔黄河为堑，与陕西省、河南省中南部相望；北跨绵绵内长城，与内蒙古自治区毗连。

从全国东、中、西三个经济地带的关系看，山西省地处中部经济地带，位

山西居中部六省最北端

于沿海与内陆的过渡位置上。山西省东距渤海不过250千米，面向京津和华北大平原；北距国境线约300千米，背负内蒙古自治区和广大西北地区。这个位置有利于山西利用东部经济发达地区的资金、技术和人才优势，以及西部地区丰富的资源；可以通过发展与东部沿海和西部内陆的横向联系，大力开发与建设山西，并扩大对外经济贸易。

山西在中国历史上，无论是从地理位置，还是从战略位置来看，战乱时代始终是左右全国形势的战略要地。

交通位置的优越性决定了古代山西成为兵家必争之地。由于我国东部平原地区江河常常泛滥成灾，中部高原地区便成为古代南北方的交通要道。山西东侧是太行山、西侧是吕梁山，中部便成为南北方联系的必经之地。

知识拓展：中国十大名关之山西四关

万里长城第九关——娘子关

娘子关在河北、山西两省交界处，是晋冀的咽喉要地，是长城的著名关隘，有万里长城第九关之称，为历代兵家必争之地。据记载，娘子关为战国时期中山国所建长城的关口之一，隋开皇时曾在此设置苇泽县。唐高祖的三女儿、唐太宗的妹妹平阳公主，曾率娘子军在此设防、驻守，故名娘

娘子关

子关。现存关城为明嘉靖二十年（1541）所建。古城堡依山傍水，居高临下，建有关门两座。东门为一般砖券城门，额题"直隶娘子关"，上有平台城堡，似为检阅兵士和瞭望敌情之用。南门危楼高耸，气宇轩昂，坚厚固实，青石筑砌。城门上"宿将楼"巍然屹立，相传为平阳公主聚将御敌之所。门洞上额书"京畿藩屏"四字，昭示了娘子关的重要性。关城东南侧长城依绵山蜿蜒，巍峨挺拔。城西有桃河水环绕，终年不息，山明水秀，景色宜人。

九塞尊崇第一关——雁门关

雁门关又名西陉关，位于山西省忻州市代县县城以北约20千米处的雁门山中，是长城上的重要关隘，与宁武关、偏关合称为"外三

雁门关

烽火台

关"。雁门关关城踞于雁门山雁门之口，城周长1千米余，墙高2丈（约合今4米余）。石座砖身，形势雄固。有关门三座，即东门、西门和西门外的一座南北向小北门。北门门额石匾刻"雁门关"三个大字，其两侧镶嵌砖镌联语："三关冲要无双地，九塞尊崇第一关。"现仅残存部分关城及三座关门，为明初所建。

因抗日大捷而一举成名——平型关

平型关是内长城的一个关口，在雁门关之东，今山西省繁峙县东北与灵丘县交界的平型岭下，古称瓶形寨，以周围地形如瓶而得名。明朝正德六年（1511）修筑内长城时经过平型岭，并在关岭上修建关楼。平型关城虎踞于平型岭南麓（今繁峙县平型关镇平型关村），呈正方形，周围九百余丈，南北东各置一门，门额镌刻"平型岭"三个

平型关

大字，真可谓峻岭雄关。这里又因发生了举世闻名的平型关战役而闻名。

三关镇守总兵驻地——宁武关

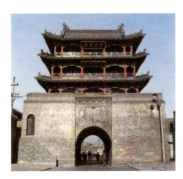
宁武关鼓楼

宁武关，在今宁武县城区。始建于明代中期，为万里长城上的重要关隘，地势险要，城高池深。宁武关为晋北古楼烦（古部落名）地。战国时，赵武灵王曾在此置楼烦关，以防匈奴。唐置宁武郡，始用宁武之称，取广宁、神武二郡尾字而得。明代为了抵御蒙古的进攻，在北方不断设险置关、修筑防线，形成了外边与内边。在山西境内，设偏头、宁武、雁门三关，称为外三关。外三关之中，偏头为极边，雁门为冲要，而宁武介二关之中，控扼内边之首，形势尤为重要。宁武关是三关镇守总兵驻所。

行政区划

行政区划就是国家为了进行分级管理而实行的国土和政治、行政权力的划分。一般说来，行政区划是以在不同区域内，为全面实现地方国家机构履行各种职能而建立的不同级别政权机构作为标志。

战国时，山西分属于赵、魏、韩三国。秦置代、雁门、太原、河东、上党5郡。

西汉时置并州，辖代、雁门、太原、上党4郡，朔方辖西河郡，司隶部辖河东郡。

东汉时并州辖定襄、雁门、太原、西河、上党5郡，司隶部辖河东郡，幽州辖代郡。

三国时魏置并州，辖雁门、新兴、西河、太原、乐平、上党6郡，司州辖河东、平阳2郡，幽州辖代郡，冀州辖灵丘县，此外，天镇、山阴、平鲁西北属拓跋鲜卑，五寨、临县以西属羌。

西晋时并州辖雁门、新兴、上党3郡及太原、东平、西河3国，司州辖河东、平阳2郡，幽州辖代郡，山阴以北仍属拓跋鲜卑，五寨、临县以西属羌。

山西省的十一个地级市分布图

隋代改州为郡，置马邑、雁门、娄烦、离石、太原、龙泉、西河、临汾、文水、河东、绛、长平、上党13郡。

唐代置河东道，辖太原府及云、蔚、朔、代、岚、忻、石、隰、汾、晋、慈、绛、蒲、辽、沁、潞、泽17州。

北宋时置河东路，辖太原、隆德2府，代、忻、宪、岚、石、隰、汾、慈、晋、绛、辽、泽12州及火山、保德、岢岚、宁化、晋宁、平定、威胜7军，永兴路辖解州及河中府。大同府及朔、应、蔚3州属辽的西京道。

金于山西置河东南路、河东北路，雁门关北属西京路。河东南路辖河中、平阳2府及隰、耿、绛、解、泽、潞、沁、辽8州，河东北路辖太原府及隩、保德、岢岚、岚、宁化、管、忻、代、石、汾、平定11州。西京路辖大同府及武、朔、应、蔚4州。

元代置河东山西道，隶中书省，领大同、冀宁、晋宁3路，大同路辖应、朔、武、浑源 4 州及大同、白登等 5 县，冀宁路辖兴、岚、管、坚、代、崞、忻、台、临、石、汾、盂、平定 3 州及阳曲、文水等 10 县，晋宁路辖河中府及隰、吉、霍、绛、解、辽、沁、潞、泽 9 州及临汾等 12 县。

明代置山西布政使司，辖大同、太原、平阳、潞安 4 府，汾、辽、沁、泽 4 州，共 95 县。

清代，山西省辖朔平、大同、宁武、太原、汾州、平阳、潞安、泽州、蒲州 9 府，保德、代、忻、平定、辽、隰、霍、沁、绛、解 10 州及归化、绥远、萨拉齐、托克托、和林格尔等 6 厅，共辖 108 县。6 厅及朔平、大同 2 府的北部系今长城以北的土默特、呼和浩特、集宁、丰镇等地区。

民国二年（1913）划归绥远、察哈尔两特别区。民国三年（1914）山西省设雁门、冀宁、河东 3 道。雁门道辖晋北的 26 县，冀宁道辖晋中及晋东南的 44 县，河东道辖晋南的 35 县。1930 年废道，县由省直辖。1937 年抗日战争爆发后，中国共产党在山西境内建立了晋冀鲁豫、晋绥、晋察冀 3 个边区抗日民主政府，其在山西境内辖区面积约占全省总面积的 70% 以上。

1945 年 8 月抗日战争胜利后，阎锡山政府迁回太原，抢占了铁路沿线主要城市，按每个行政督察区辖 5~7 个县的原则，把全省划为 18 个区。解放战争初期，山西解放区各县分属太行、太岳、晋察冀、晋绥 4 个行政公署，行署下设专区，分别领导各县。1949 年 4 月，随着太原的解放，全省复归统一，阎锡山政府的行政区划遂告结束。

中华人民共和国成立以来，为适应社会主义建设发展的需要，山西省行政区划曾有过多次调整。1949 年 10 月，将雁北地区划归察哈尔省，山西省共设忻县、兴县、榆次、汾阳、临汾、运城、长治 7 个专区，92 个县及太原市、阳泉工矿区、长治城关区和运城镇。

1952 年 11 月察哈尔省撤销后，原雁北专区 13 个县及大同市划回山西省，全省共辖雁北、忻县、榆次、临汾、运城、长治 6 个专区及太原、阳泉、长治、大同 4 个市和运城镇，103 个县。1958 年，全省公社化后，行政区划进行了较大的合并，将 6 个专区并为晋北、晋中、晋南、晋东南 4 个专区，103 个县合并为 41 个县，设太原市 1 个省辖市和大同、阳泉、长治、榆次、侯马 5 个专辖市。20 世纪 60 年代初期，全省行政区划又几经调整，原来合并的县先后分设，到 1965 年，全省设雁北、忻县、晋中、晋南、晋东南 5 个专区，太原、大同、阳泉 3 个省辖市，长治市为专辖市，县数为 96 个。1970 年专区改为地区，同年撤销晋南专区，设立临汾、运城 2 个地区。1971 年，晋中地区分为晋中和吕梁 2 个地区，恢复侯马、临汾、榆次 3 市及古县、方山、娄烦 3 县，新设置柳林、交口 2 县，全省县数为 101 个。

1983 年，对全省部分市、县区划及名称作了调整。全省划分为 7 个地区、4 个省辖地级市、6 个省辖县级市、96 个县。1985 年，撤销晋东南地区，将其

山西省政区分布图

所属各县分别划归长治市和晋城市，晋城市升格为省辖地级市，全省设 6 个地区、5 个地级市、5 个县级市和 96 个县。

1989 年设朔州市（地级市）和古交市（县级市）。

1993 年撤销雁北地区，将其所辖县分别划归大同市和朔州市。

2000 年撤销忻州地区、运城地区、临汾地区，成立忻州市、运城市、临汾市（地级市），原县级忻州市、运城市、临汾市改为忻府区、盐湖区、尧都区。

2003 年撤销吕梁地区，成立吕梁市（地级市），原离石市（县级）改为离石区。

截至 2006 年年底，山西省共设太原、大同、阳泉、长治、晋城、朔州、忻州、晋中、临汾、运城、吕梁等 11 个地级市，11 个县级市，85 个县，23 个市辖区。共有 1195 个乡镇（其中 561 个镇、634 个乡），193 个街道办事处。

截至 2009 年底，山西省内辖 11 个地级市、23 个市辖区、11 个县级市、85 个县。

截至 2013 年底，山西省内辖 11 个地级市、26 个市辖区、11 个县级市、84 个县。

截至 2021 年 9 月，山西省设 11 个地级市、26 个市辖区、11 个县级市、80 个县，有 215 个街道、631 个镇、430 个乡共 1276 个乡级区划。

人口和民族

据 2011 年人口抽样调查，年末全省常住人口为 3593.28 万人。全省共有 46 个民族，少数民族人口共 12 万余人。

据第七次全国人口普查，截至 2020 年 11 月 1 日零时，全省常住人口为 3491.56 万人，全省共有 54 个民族（缺乌孜别克族），少数民族人口 11.68 万人。

历代人口数量的变化

春秋战国时期，山西属晋国和韩、赵、魏三国。史载，晋国曾有兵车 4000 乘，可推知当时人口至少有 80 万。据《墨子》所载，晋、齐、楚、越称霸，兼并各小国，各有人口数百万。

山西有明确人口数字的记载，始见于汉平帝元始二年（2），山西人口为252.73万。西汉末年战争频繁，山西人口耗减近一半，至东汉永和五年（140），人口仅有133.26万。东汉末至三国时期，受战争影响，人口损失极大。魏武帝曹操统一北方时，"人众之损，万有一存"。西晋武帝太康元年（280），山西人口为95万，至惠帝永康元年（300）增至133万。西晋末年有"八王之乱"，后又有北方"十六国之乱"，山西人口大量减少。北魏定都平城（今大同）后，人口渐增。东魏孝静帝武定年间（543—550），山西人口为101.27万。

隋朝统一天下后，山西人口迅速增加，到公元609年，达到385万。从唐到宋，山西作为战乱的主战场，人口数量不断发生变化。

元朝统一中国时，战争不断，人口锐减，元世祖至元二十八年（1291），山西人口减为55.39万，约为盛唐人口的1/6。元末明初，山西战乱少，洪武二十六年（1393）人口增至407.2万，永乐十年（1412）约为408万。而由于周边省及南方在元末明初战乱剧烈，人口大减，许多省出现无人村、无人区，明政府从洪武至永乐间，曾组织从山西洪洞大槐树出发向周边各省及北京移民，达十六七次。明神宗时（1573—1620）山西人口尚有532万之多。

明末清初，战乱使山西人口又一次下降。1661年，山西人口减少到52.7万，为历代最低数。随着政治的稳定，山西人口持续增长，清代乾隆二十七年（1762），山西人口达1024万，突破千万大关，道光二十五年（1845）超过1500万，光绪三年（1877）达1643.3万。此后因连年旱灾，光绪十三年（1887）人口减至1065.8万，宣统三年（1911）又降至1010万。民国时期前25年，山西人口约在1000至1200万之间，至民国二十六年（1937）抗日战争爆发时，山西人口为1160万，此后缓慢增长，到1949年人口为1280.9万。

1949年中华人民共和国成立以来，山西人口增长有三次高峰，三个高峰期为1952—1958年，1962—1971年，1986—1996年。1949年到1998年50年间，全省总人口由1280.9万人增长到3169.8万人，增长1.47倍。年均增长率为1.83%，人口密度（人/平方千米）由82人上升到203人。2010年全省人口3571.2万人，比2000年第五次全国人口普查增长9.98%，年平均增长率为0.96%。

人口分布

山西人口地区分布具有南密北疏，中部盆地密于东、西山区的特点。受自然条件、社会经济发展水平和历史原因等因素影响，山西形成了两大人口密集区，一是以中部五大盆地为主的密集区，二是晋东南盆地人口密集区。

据2010年第六次人口普查，各市人口情况是：太原市420.15万，大同市331.8万，阳泉市136.85万，长治市333.45万，晋城市227.91万，朔州市171.48万，晋中市324.94万，运城市513.48万，忻州市306.75万，临汾市431.66万，吕

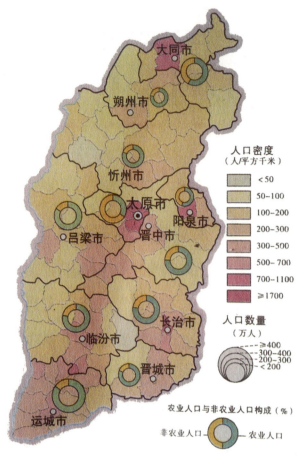

山西人口分布图

人口密度
（人/平方千米）

	< 50
	50-100
	100-200
	200-300
	300-500
	500-700
	700-1100
	≥1700

人口数量
（万人）

≥400
300-400
200-300
< 200

农业人口与非农业人口构成（％）

非农业人口 — — 农业人口

梁市 372.71 万。

2011 年，山西省人口计生委对全省人口地域空间分布调查显示，山西省平均人口密度为 220.16 人/平方千米。而另一项"人口接近度"调查，则测算了人与人之间的空间接近度，根据此项结果，山西省人与人之间距离约为 67.40 米。根据人口密度的统计结果显示，山西省人口密度最高的地区是太原市，每平方千米分布 520.18 个人；人口密度最低的地区则是忻州市，每平方千米分布 120.27 个人。人口密度排序第 2 至 9 位的地区为运城市（362.43 人/平方千米）、阳泉市（290.08 人/平方千米）、长治市（239.32 人/平方千米）、晋城市（234.56 人/平方千米）、大同市（229.32 人/平方千米）、临汾市（206.47 人/平方千米）、晋中市（194.85 人/平方千米）、吕梁市（173.27 人/平方千米）、朔州市（151.27 人/平方千米）。

中华人民共和国成立初期，山西的市镇人口很少，比重很低，而乡村人口比重很高。1949 年，全省总人口 1280.9 万人，市镇人口 102.6 万人，占 8.0%；乡村人口 1178.3 万人，占 92.0%。之后，随着工业化建设的发展和市镇规模的扩大，市镇人口逐渐增多，比重上升，到 1953 年，市镇人口所占比重突破 10%，到 1980 年突破 20%，1995 年突破 30%，2009 年底，城镇人口已占总人口的 45.99%。

民族分布

山西省很久以来就是一个多民族分散杂居的省份。历史上民族间日益密切的经济交换、多次民族迁徙、屯田、移民、朝代更迭等造成的人口变动，使山西民族分布形成了汉族遍布全省，各民族间杂居、聚居互相交错的状况。

三国、两晋与十六国时期，北方匈奴、鲜卑、羯、氐、羌 5 个少数民族或南下进入，或要求内附，给山西人口增加了新血液，山西成为兄弟民族杂居的重要地域。至今山西尚遗留有少数民族进入山西的村落名，如山西临县有索达干村，索是突厥族的族称，《北史·突厥传》称"突厥之先，出于索国"，达干则是突厥的较低层次的头领职官名称，很可能历史上突厥有一个军事头领达干在其地建过牙帐，或其地为突厥一个部落所在。今忻州有许多姓索的（1990年人口普查山西有索姓10670人），有索氏聚居的地名，叫"合索"村，也许他们就是突厥族后裔。类似的例子还有不少，如右玉县有杨千户河、萧官人河，绛县有秦王堡，闻喜有葛伯寨，忻州有部落村等。

在少数民族中，回族居多，在局部地区相对集中，形成了回民村、回民街。回族主要分布在长治市的市区潞州区、上党区以及长治县大同县都

已不存在。壶关县、长子县，太原市的市区，大同市的市区，晋城市的市区及阳城县，晋中市的榆次区和太谷区，临汾市的尧都区、侯马市、翼城县、曲沃县和吉县，运城市的盐湖区、河津市、新绛县、平陆县和垣曲县。他们一部分是明初从江苏、浙江、河南等地来晋服役、任职或经商而定居下来的；一部分是民国时期由于生活所迫，从河北保定一带逃荒或经商而来，定居于山西的。

其次是满族与蒙古族。他们大都是清代顺治元年（1644）随清朝定都北京而入晋的。满族主要分布于太原市市区和古交市，大同市市区和左云县，阳泉市市区，长治市市区，朔州市的右玉县，晋中市的榆次区，运城市的河津市、绛县和垣曲县；蒙古族主要分布于太原市、大同市、临汾市、长治市、朔州市、晋中市的城区及天镇县、右玉县、怀仁市、五台县、绛县和垣曲县。

壮族主要分布在阳泉市、忻州市。朝鲜族主要分布在城市，农村分布极少。朝鲜族、藏族多是在中华人民共和国成立后随着山西经济的发展，由外省陆续来山西的。

山西姓氏

山西是中华民族最早的姓氏发祥地之一。姓氏，是标志宗族、家族的符号，维系血缘关系的存在。专家认为，姓起源于图腾，氏由姓分化而来。姓者，生也，起源于母系氏族社会；氏，本意是木本，即植物之根，引申为家族之根，与地

缘又有密切关系。

秦耀晋主编《山西人口姓氏大全》记载，据 1990 年第四次全国人口普查，山西共有汉字姓 2363 个（单字姓 2281 个，复姓 82 个），全省 11 个地市使用的姓氏，多达 600 个以上。

山西姓氏与人数表

人 数	姓 氏
30 万人以上（19 个）	王、张、李、刘、赵、杨、郭、陈、高、马、任、韩、孙、武、贾、郝、阎、冯、梁
20 万—30 万（12 个）	宋、吴、白、薛、崔、周、曹、侯、田、杜、董、胡
10 万—20 万（24 个）	牛、段、秦、郑、史、程、范、吕、徐、常、乔、许、贺、樊、朱、魏、石、姚、苏、孟、卫、申、黄、康
1 万—10 万（129 个）	温、安、何、原、邢、袁、于、焦、裴、丁、岳、卢、成、尹、苗、罗、潘、孔、关、唐、祁、左、林、文、荆、米、边、萧、蒋、沈、殷、余、郜、仝、兰、鲁、阴、肖、江、智、平、逯、薄、要、邸等
1 千—1 万人（210 个）	元、烛、卜、支、相、昝、暴、龙、闫、籍、逯、晃、弁、降、琚、清、仪、富、璩、骆、力、颉、缑、衡、睢、句、项、骈、义、黑、俎等

根据后人追述，起源于山西的一些常见姓氏有王（太原）、张（太原）、赵（洪洞赵城）、杨（洪洞范村）、郭（太原阳曲）、贾（临汾）、郝（太原）、阎、魏（芮城）、傅（平陆）、尹（隰县）、祁（祁县）、路（潞城）、霍（霍州）、冀（河津）、万（芮城）、解（永济）、裴（闻喜）、荀（临猗）、芮（芮城）、郇（介休）、蒲（永济）、耿（河津）、临（临县）、壶（长治）、唐（翼城）、鄂（乡宁）、曲（曲沃）、虞（平陆）、清（稷山）、侯、籍、令狐、温、翼、长孙（原拓跋氏）、尉迟（鲜卑之一部）等。

思考与分析

1. 描述山西的地理位置，分析在现今经济发展中，山西具有哪些地理优势？

2. 山西是哪些姓氏的发源地？查查自己的姓氏发源于何处？有哪些典故？

第二章 山西的地理

　　山西处于我国黄土高原东部，是典型的为黄土广泛覆盖的山地高原，通称山西高原。在这片山地高原上，由北向南雄峙着两列并列的大山脉，东边是太行山，西边是吕梁山。境内最长的河流——汾河在两山之间自北向南流淌，最终汇入黄河。因此，山西地貌有"两山夹一河"之说。山西处在我国东部温湿季风区和西北干旱半干旱区之间，气候季节差异明显，春季昼夜温差大，风沙多；夏季南长北短，炎热多雨；秋季气候温和，秋高气爽；冬季寒冷干燥。山西河流多是自然发育起来的，河流具有径流量小、流量变化大、含沙量大、普遍结冰、矿化度高的特征。

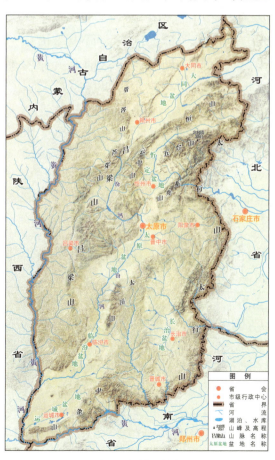

山西省地形图

地形特点

　　山西地貌从整体看是一个被黄土广泛覆盖的"山地型高原"。东界太行山，西界黄河，南界中条山，北界长城，属于我国黄土高原的组成部分，一般泛称"山西高原"。整个轮廓山环水绕，似一个由东北向西南拉长的平行四边形。南北长约680千米，东西宽约380千米。地势东北高西南低，高原内部起伏不平，河谷纵横，地貌类型复杂多样。山地、丘陵面积辽阔，占全省总面积的80.3%，平川、河谷

13

面积仅占 19.7%。省境内最高处是五台山的北台顶（叶斗峰），海拔 3061.1 米，最低处在垣曲县黄河谷地西阳河口，海拔不足 180 米，高低相差 2870 米。全境的大部分地区，海拔在 1000 米以上，地面坡度较大。与东面海拔不足 100 米的华北平原相对照，呈现出整体隆起的形态。

在整体隆起的高原中部，东北—西南斜列着一连串断陷盆地。以贯通南北的同蒲铁路为中轴，由北向南依次为大同盆地、忻定盆地、太原盆地、临汾盆地和运城盆地等五大盆地。其海拔高度由北部海拔超过 1000 米逐渐向南下降到不足 360 米。另有长治盆地在山西东南部的沁潞高原区，旧称上党盆地。

一系列的盆地将山西高原斜分为东、西两部分，东部、东南部是以恒山、五台山、太行山、太岳山、中条山为主体的山地和山间高原，西部是以吕梁山、云中山、芦芽山、管涔山为主体的山地和吕梁山以西的黄土高原。中部断陷盆地把山西高原斜截为二，东、西两侧为山地和高原，使山西的地貌截面轮廓很像"凹"字形。

主要地形区概况

山西主要地形区有太行山、恒山、五台山、太岳山、中条山、吕梁山六大山脉，大同盆地、忻定盆地、太原盆地、临汾盆地、运城盆地五大盆地，沁潞高原、晋西北高原、晋西高原三大高原。

太行山脉 位于山西、河北、河南之间，是三省的天然分界线。北越滹沱河与五台山相接，南接晋城市南境，长约 400 千米，宽约 40~50 千米，海拔多在 1000~2000 米，最高山段在和顺、左权一带，海拔在 2000 米以上。太行山东侧为明显的南北向断层，绝壁陡崖可达千米，从华北平原仰望，形势雄伟。太行山西侧，坡度和缓，呈高原形态。太行山脉有许多河流切

太行山

割的横谷，使连绵的山地忽然中断，形成许多著名的山口和关隘。著名关口有紫荆关、娘子关、壶关、天井关等。横谷古人称为"陉"，为东西交通要道，著名的有"太行八陉"。太行山南段有许多高耸的岭脊，苏东坡诗称"太行由来天下脊"。

恒山山脉 位于山西省北部，跨大同、朔州、忻州三市，是桑干河与滹沱河上游的分水岭，也是大同盆地与忻定盆地的界山。向西南与云中山相接，向东则延展至河北境内。恒山主体长约 250 千米，宽约 20 千米，海拔约 1700~2400 米，最高峰为代县境内的馒头山，海拔 2426 米。恒山地势险要，气

恒山北岳庙

势雄伟，北临燕云，南屏三晋，历来是军事要地和交通孔道，内长城蜿蜒其上，古代烽火台、城堡等遗迹较多。恒山被尊为中国五岳中的北岳，又名元岳、阴岳、紫岳，传说是八仙中张果老修炼成仙之地。狭义的恒山在浑源县南，主峰天峰岭，海拔2016米，山腰建有北岳庙。主峰西侧金龙口西岩峭壁上，有凭险而筑的悬空寺，系北魏时所建。

五台山脉　位于山西省东北部，又称华北之脊，跨繁峙、代县、原平、定襄、五台、忻府、盂县等县（市、区），北瞻恒山，南望系舟山，东接太行山，呈东北—西南走向，长约150千米，宽约30~50千米。最高山段在五台、繁峙两县之间，海拔在2400~3000米，相对高度达1000~1500米。五台山因五座高耸而顶部平坦的山峰而得名，中台翠岩峰，西台挂月峰，东台望海峰，南台锦绣峰，北台叶斗峰。叶斗峰峰

五台山台怀镇

顶海拔3061.1米，为华北最高峰。五台山现存寺庙47座，相传是文殊菩萨的道场，为中国著名的四大佛教圣地之一。五台山因其气候高爽，夏无炎暑，又称清凉山。

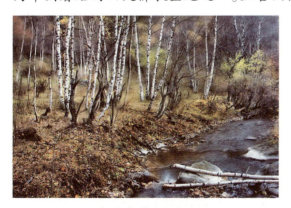
太岳山林区一隅

太岳山脉　亦称霍山，位于山西中南部，山势缓和，东接沁潞高原，北邻太原盆地，南接临汾盆地，北起介休县的绵山，南至横岭关与中条山相接，素有"中州重镇、帝都屏障"之称。山脉整体长约200千米，宽约30千米，是汾河与漳河、沁河的分水岭。北段和主峰附近挺拔高峻，海拔在2300~2500米之间，南段次之，中段低缓，两翼西陡东缓。太岳山森林茂密，为山西主要林区之一，介休绵山、灵石石膏山、沁源灵空山，山林茂密，风景优美，是很好的旅游消暑胜地。

中条山脉　位于山西西南部，东起垣曲县的舜王坪（历山），西至永济市的首阳山，北接太岳山，南抵黄河北岸，呈东北—西南走向，长约170千米，宽约10~30千米，海拔为1200~1900米。以平陆县张店镇的山口为界，分为东、

西两段。东段较宽阔，顶部平坦，群山汇集，雄伟陡峭，最高峰为舜王坪，海拔2322米。向西渐呈阶梯状。西段则山势挺拔，面积狭长。北坡多断崖峭壁，南坡较缓。海拔1994米的雪花山为最高处。唐韩愈咏之云："条山苍，河水黄。浪波沄沄去，柏松在高岗。"

太岳山

吕梁山脉 位于山西中西部，由北而南包括管涔山、黑驼山、芦芽山、云中山、关帝山、起云山、紫荆山、五鹿山、天高山、龙门山，向南探入陕西省境内，大体呈东北—西南走向。在山西境内长约400千米，宽约40~120千米。北段山脉形势高峻，又分东西

吕梁山

两列，东为云中山，西为管涔山和芦芽山，两列之间有静乐盆地。芦芽山是山西最好的林区，是以保护褐马鸡、云杉为主的自然保护区。中段关帝山海拔2830米，山高林密，亦为主要林区，庞泉沟一带为自然保护区。南段山势渐低，吕梁山末端的龙门山，近东西走向，被黄河穿切，有举世闻名的壶口瀑布及峡谷。

山西六大盆地概况

名 称	位 置	面 积
大同盆地	位于山西北部桑干河上游	长约220千米，宽约20~40千米，面积约6000平方千米
忻定盆地	北起恒山，西至云中山，东接五台山，东南为系舟山	长约70千米，宽约10~25千米，面积约2157平方千米
太原盆地	北起黄寨的石岭关，南至灵石的韩信岭，东、西两侧以断层崖与山地相接	长200多千米，宽12~40千米，面积5050平方千米
临汾盆地	北起韩信岭，由侯马折向西，至黄河岸	长约200千米，宽约20~25千米，面积约5000平方千米
运城盆地	北依峨眉岭，西至黄河岸，东部、南部接中条山	约3000平方千米
长治盆地	山西东南沁潞高原中部，接老顶山	约1000平方千米

气候特点

山西系高原地带，处在中国大陆偏东部中纬度的内陆，东距海岸虽只有300~500千米，但由于省境东部山岭阻挡，气候受海洋影响较弱，在气候类型上属于温带大陆性季风气候。由于地势北高南低，南北狭长，气候南北差异较大。大致上说，恒山—内长城以北属温带半干旱气候区，中部恒山以南至昔阳—太岳山—河津一线之间为暖温带半干旱气候区。

全省地面气温特点是冬寒夏热，年温差、日温差均较大。全省年平均气温4°C~14°C。总趋势是由北向南气温渐高，由盆地向高山气温渐低，如晋北地区年平均气温为4°C~6°C，晋中、晋东南则为8°C~10°C，临汾、运城及中条山以南河谷地带则为12°C~14°C。1月最冷，月均气温−2°C~−16°C；7月最热，月均气温19.5°C~27.5°C。本省出现的极端最低气温为−44.8°C（五台

山西省年平均气温分布图

山顶），极端最高气温为42.7°C（运城）。但就全国而言，山西气候除春季风沙大，使人不便外，夏秋冬气候一般人均能适应，与中国北方冬季严寒、南方夏季酷热不可同日而语。

降水量各地分布不均匀。从整体上看，降水量从东南向西北随地势渐高而递减，山区多于盆地，迎风坡多于背风坡。除少数高山区外，年降水量在400mm至650mm，在中国属干旱地区。

全省有三个多雨区，一是太行山区与中条山区，年降水量在600mm以上，二是五台山区，年降水量达600mm至700mm，三是吕梁山区，年降水量在600mm左右。三个少雨区，一是大同盆地，年降水量在400mm左右，二是忻定盆地，年降水量在400mm至450mm，三是吕梁山以西的黄土丘陵区，年降水量在450mm左右。年度降水量，多集中于夏季6月至8月，占全年降水量的60%以上，且多暴雨；冬季降水（雪）最少，仅占年降水量的2%至3%。秋季降水量亦多，春季则稀少。另一特点是降水年际变化大，如太原年平均降水量为473.9mm，但丰水年降水量可达到少水年的两倍。

17

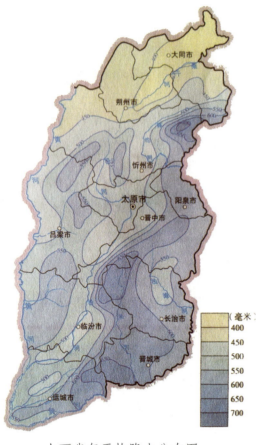

山西省年平均降水分布图

空气湿度分布趋势是从东南向西北递减，高山区大多低于低山与河谷区。年平均相对湿度52%~68%，这与全省年降水量的分布趋势一致。总的看，夏秋季湿度大，为68%~80%；冬春季则较干燥，为44%~60%。相对湿度的最大值一般出现在日出之前，最小值出现在午后15时左右。

地理环境和气候条件决定了山西的灾害类型和特点：一是干旱多，素有"十年九旱"之说。近50年来，干旱年的发生逐渐频繁，有1965、1972、1978、1986、1991年共五个严重干旱年。干旱尤以春季严重，各地春旱频率达50%以上，以东部为甚，秋旱、冬旱几率亦较大。二是冰雹多，特点是雹粒大、范围广、雹期长、成灾重。40年来，以1982、1984两年灾情最重。降雹多发于6月至8月。雹灾多起源于山区坡地，往往为西北—东南走向，故有"雹打一条线"之说。

三是霜冻，仅次于雹灾。早霜冻一般出现在9月至10月，地区分布是由北向南递减。春霜冻则由南向北，从4月上旬开始，到6月初结束。四是风灾，亦是山西常见的一种灾害性天气，成因一种是大风，一种是干热风。山西中北部多大风区，往往有风沙或沙尘暴，以春季常见。暴雨，多发生在夏秋季，有山洪暴发、河道决口等类型。洪涝灾害有逐渐增多的趋势。这些灾害的形成同自然环境保护不力关系密切。

河流与湖泊

山西属山地、高原地区，总的地势北高南低，由北向南、向西倾斜，省内水系呈放射状向黄河及华北平原发散，分别属于黄河、海河两大水系。

黄河流域水系遍布于省内西部、南部，总流域面积为97138平方千米，约占全省总面积的62%。黄河流域各支流，自北向南主要有苍头河、偏关河、县川河、朱家川、岚漪河、湫水河、三川河、屈产河、芝河、昕水河、清水河、鄂河、汾河、涑水河、沁河等。其中以汾河最长，流域面积最大，流量也最大。

大于 4000 平方千米的支流有汾河、三川河、昕水河、涑水河、沁河。

海河流域水系偏于省内北部及东部，总流域面积为 59133 平方千米，约占全省总面积的 38%。主要支流有永定河水系的南洋河、桑干河和壶流河，子牙河水系的滹沱河，大清河水系的唐河，漳卫河水系的清漳河和浊漳河。其中大于 4000 平方千米的支流有桑干河、滹沱河、清漳河和浊漳河。

汾河是黄河水系的大支流之一，也是省内黄河干流外的第一大河流。它发源于宁武县东寨镇管涔山脉楼山下的水母洞，周围的龙眼泉、支锅奇石支流，流经东寨、三马营、宫家庄、二马营、头马营、化北屯、山寨、北屯、蒯通关、宁化、坝门口、南屯、子房庙、川湖屯等村庄，出宁武后，由北而南纵贯山西中部和南部，流经太原、临汾两大盆地，于万荣县注入黄河，全长 695 千米，流域面积 39471 平方千米，多年平均流量

山西省水系图

79.6 立方米 / 秒。主要支流有岚河、潇河、文峪河、昌源河、洪安涧河、浍河等。汾河在太原市兰村以上为上游，兰村至洪洞县石滩为中游，石滩至万荣县为下游。上游主流长 197.7 千米，流域面积 7705 平方千米。地广人稀，气候寒冷，水土流失严重，河流含沙量大。中下游流经平原，流量较大，含沙量小。据史料记载，汾河水资源曾经十分丰富，战国时有秦穆公"泛舟之役"；汉武帝乘坐楼船溯汾河而行；从隋到唐、宋、辽、金，山西的粮食和管涔山上的奇松古木经汾河入黄河、渭河，漕运到长安等地，史书称"万木下汾河"。直到 20 世纪 50 年代，在《人说山西好风光》的歌里，依然生动地描绘了"汾河流水哗啦啦"的喜人景象。

沁河发源于沁源县霍山东北麓，干流流经沁源、安泽、沁水及阳城县，在河南省境内汇入黄河。山西省境

汾河一景

内沁河干流长 326 千米，流域面积 9315 平方千米，是山西省内仅次于汾河的第二大河流。主要支流有端氏河、阳城河和丹河。沁河水量较大，含沙量小，干流出省境处的多年平均径流量为 13.5 亿立方米，多年平均流量为 42.8 立方米／秒。沁河流经山区，是山西省水利资源最丰富的一条河流。

滹沱河属子牙河水系，干流发源于繁峙县泰戏山，经繁峙、代县、原平、忻府、五台、定襄、盂县而入河北省。省境内滹沱河长 330 千米。

滹沱河景

漳河在山西省境内分为清漳河和浊漳河两支。清漳东源发源于昔阳县沾岭山，河长 104 千米，清漳西源发源于和顺县八赋岭，河长 96.5 千米。东、西二源于左权县上交漳汇合后称清漳河，在黎城县出省进入河北。省境内河长 146 千米（以清漳东源为主流），流域面积 4159 平方千米。

涑水河南边姚渠南岸至中条山之间，有一个内流区，面积 700 平方千米，分布有许多内陆盐湖，有盐池、硝池、鸭子池、汤里滩等，湖群盛产食盐、芒硝等矿产，以运城盐池为最大。

漳河河景

知识拓展：运城盐池与宁武天池

运城盐池

运城盐池亦称盐湖、银湖。南依中条山，北望峨眉岭，东临夏县，西接运城市解州镇，总面积 130 平方千米，由鸭子池、盐池、硝池等几个部分组成。盐池所出产的盐，是水卤经日光曝晒而成，颜色洁白，质味纯正，杂质少，并含有多种钠钙物质。运城盐池是全国有名的产盐地之一。

由于造山运动和地壳变化，中条山北麓造成断裂，出现了一个狭长的凹陷地带，逐渐形成湖泊，天长日久，水中的钾盐、石灰石、镁盐、硫酸盐以及食盐慢慢与早期淤积层结合，经过长期自然蒸发作用，盐类沉淀，结成了很厚的矿石层，最终形成了运城盐湖。它的开发约有四千年的历史，是我国最古老的盐池之一。据传说，在舜帝当政的时代，人们就开始在夏天捞采水池内天然结晶的盐。到春秋战国时期，运城盐池就已出名。柳宗元在《晋问》中，曾这样形容过垦畦引水晒盐的情景："则见沟塍畔畹之交错轮群，若稼若圃。敞分匀匀，涣分鳞鳞，迤弥纷属，不知其根。"在汉代，运城盐池的盐就远销豫、鲁、冀、甘、陕等地。新中国成立以来，这里是多种化工原料的基地。生产的无水芒硝、硫化碱、纯碱等30多种产品，具有质量高、成本低、产量多的特点。运城盐池被誉为"万宝盆"。运城盐池有着许多美丽的传说，吸引着络绎不绝的游客。盐池中，道路如织，纵横交错，池水清澄，映照白云，微风徐来，水波涟漪，遥望南山，其色如黛。

宁武天池

　　宁武天池位于山西省宁武县城西南20千米、海拔1954米的管涔山山麓马营村北，是一处高山群湖，靠近桑干河和汾河分水岭上的东庄村。这里有天池、元池、琵琶海、鸭子海、小海子、干海、岭干海、双海、老师傅海等大小天然湖泊15个，总面积约4平方千米，海拔在1771~1849米之间，蓄水量800万立方米，湖水最深20余米。

　　天池形成于新生代第四纪冰川期，距今有300万年的历史。它是我国三大高山天池之一，为世所罕见的高山湖泊。池里生存着草鱼、鲤鱼、鲫鱼、鲢鱼等水生动物。天池湖群，高山环绕，树木掩映，湖水清澈，像一块"晶莹碧绿的宝石镶嵌于高山之巅"。天池古称祁莲池，周边有广阔的天然牧场，唐代曾在此设立天池牧监，每年为朝廷饲牧军马70万匹，故俗称马营海或母海。

　　天池以其神奇迷人的风光，吸引着历代帝王公卿、骚人墨客。天池最早成为游览胜地，可追溯到战国时期。天池正式辟为皇家游览观光胜地是在北魏时期。隋大业四年（608），隋炀帝杨广到北方巡游、狩猎，于天池边修建了规模宏伟华丽的汾阳宫。大业十一年（615），隋炀帝携文武臣僚宫娥彩女约十万余人，浩浩荡荡来天池避暑游猎，极享天池胜景。内史侍郎薛道衡在宴会上即兴赋诗《随驾天池应诏》

云："上圣家寰宇，威略振边陲。人维穷眺览，千里曳旌旗。驾鼋临碧海，控骥践瑶池。曲浦腾烟雾，深浪骇惊螭。"可惜这座行宫于隋大业十三年（617）被刘武周攻占损毁。这碧波荡漾的美妙之地，也曾是历代文人游览的地方。据传欧阳修、范仲淹等皆来此游乐览胜，盛赞天池美景。金代诗人元好问则留下这样的绝句："天池一雨洗氛埃，全晋堂堂四望开。不上朝允峰北顶，真成不到此山来。"

天池的古建筑虽已毁没，然天池的秀丽风景却与日月共存。当地百姓珍惜这块神圣的土地，每年农历六月十五日在天池之滨举行传统的古庙会。近年来，宁武县社会各界集资在天池之滨修复了盛唐时的海瀛寺，修建了直达池滨的公路，在天池增设了游艇、游船、垂钓、风景摄影等多种游乐设施和项目，使之成为一处旅游胜地。

地下水及科学利用

地下水，是贮存于包气带以下地层空隙，包括岩石孔隙、裂隙和溶洞之中的水。地下水是水资源的重要组成部分，由于水量稳定，水质好，是农业灌溉、工矿和城市的重要水源之一。

山西的泉水不少，多供给河川径流，流量大于 0.01 立方米 / 秒的泉水计有 256 个，大于 1 立方米 / 秒的大泉 24 个。较大的泉水有平定娘子关泉、平顺辛安泉、朔州神头泉、陵川十里河泉、霍州郭庄泉、临汾龙子祠泉、阳城马山泉、洪洞广胜寺泉。多数泉水流量稳定，矿化度高，适宜生产和生活使用。

资料链接：奇村温泉位于忻州市西北 20 千米金山脚下的奇村，自 1972 年开发以来，现已拥有 17 个疗养院、所，泉水为硫酸钙型，是含氡、氟、硫化氢、硅酸盐等十几种矿物质的高品位超级复合水。该泉水除具有解除疲乏、振奋精神、润滑皮肤等一般作用外，浴后还可引起一系列生物化学反应，从而起到调节自主神经、平衡高级中枢神经的作用，尤其对糖尿病具有明显疗效。被誉为全国水质第一、世界四大温泉之一。

全省目前发现的矿泉水共 200 余处，计 350 余个出露点，经过勘查评审通过的矿泉水产地 100 处左右，投产的有 20 余家。以富锶、偏硅酸型矿泉水为主，还发现有含锌、锂、碘、硒、镍的矿泉水。批准矿泉水储量约 3 万立方 / 日，约合 0.1095 亿立方米 / 年。

由于地处构造断裂带上，山西有许多地下热水。地下热水为温度 20℃ ~25℃ 的地下水。地下热水含有特殊的化学成分和气体成分，多用于化工

和医疗卫生等方面。山西温泉集中分布
在大同、忻州、太原、临汾、运城五大盆
地边缘断裂带上。忻州、临汾盆地相对较
多。目前热水流量合计约50万立方米/日，
约合1.825亿立方米/年，均属低温热水，
其中低温温水（20℃~40℃）200处，低
温温热水（40℃~60℃）17处，低温热
水（60℃~90℃）4处。著名温泉有忻州
奇村温泉、夏县温泉、盂县寺平庄温泉、
浑源县汤头温泉等。

忻州温泉

　　山西水少且利用率不高，目前实际利用率为20%左右，地下水超采已成为
严重问题。目前，山西省地下水的年抽取量已攀升到40亿立方米，占全省总
用水量的61.5%。地下水年抽取量中有7亿立方米为超采量，已累计超采109
亿立方米。据统计，山西全省陆地地表水，河川径流量为114亿立方米，仅比
宁夏多一些。人均径流量为466立方米，为全国人均径流量的17.3%。山西省
地下水资源为12146亿立方米，相当于山西省多年平均水资源总量的22.8%，
但可采水资源只占45%。由于地表水难以满足需要，山西省地下水开采量开
始逐年增加，受取水工程和用水成本低廉等因素影响，许多地区、企业一直通
过超采地下水来维持生产和生活。据山西省组织完成的《山西省煤炭开采对水
资源的破坏影响及评价》，山西每挖1吨煤损耗2.48吨地下水。从1949年到
2004年，山西共挖煤约77亿吨，损失地下水资源达191亿吨。如果按每年挖
5亿吨煤计算，山西每年约有12亿立方米的地下水资源遭到破坏。这相当于山
西省整个引黄入晋工程的总引水量。山西煤炭开采不仅造成已有地下水资源的
破坏，而且破坏了浅、中、深层地下水的补给、径流和排放规律，破坏了水文
下垫面条件，破坏了地表水循环，影响了水质，引起了一系列环境问题。地下
水过量开采引起了地下水水位大幅下降，目前山西地下水水位在以年平均2~3
米的速度下降，部分地区的水井深度已达600~1000米。地下水超采严重，带
来了地面沉降、岩溶泉水断流、地下水污染等一系列问题。因此，如何涵养水源，
科学保护和利用水资源是一个急需解决的大问题。

黄土与褐土

　　山西地跨暖温带森林与森林草原和温带干草原两个生物气候带，加之地形
起伏，黄土广泛覆盖，又有数千年耕作的历史，在这种地理环境下，其土壤类型、
分布规律都有自己的特色。

　　受气候影响，晋南较温暖，气温温差小，地表化学风化作用强烈，土壤黏

粒多，钙化强度较弱。晋北气候寒冷，气温温差大，地表物理风化作用强烈，土壤黏粒少，钙化强度较强。受地形影响，由于山西大部分被黄土覆盖，水土流失特别严重，尤其是晋西，由于表土流失，土壤发育微弱，加之处在吕梁山的背风位置，土壤呈现明显的由森林土壤向干草原土壤的过渡性。中部盆地地势平坦，水源充足，土壤较肥沃。由于水土流失等原因，全省耕地土壤一般有机质含量较低，河谷盆地为1%左右，山坡耕地为0.5%左右，城市郊区的少数园地可达2%以上。

资料链接：山地草甸土主要分布在五台、芦芽、吕梁、中条、太行、太岳、恒山等山顶平台和缓坡上，海拔2200米以上。山地棕壤主要分布在吕梁、中条、太行、太岳等山体的较高部位，海拔在800~2600米。山地黑钙土分布在海拔1800~2200米，上与山地草甸土相接，下与栗钙土性土衔接。

山西的土壤种类繁多。全省土壤按其形成类型可分为三大类：地带性土壤、山地土壤和隐域性土壤。

地带性土壤是在特定的地理位置，在一定的生物气候条件下形成的土壤。山西地跨暖温带森林与森林草原和温带干草原两个生物气候带，前者发育着褐土，后者发育着栗钙土，过渡地带发育着栗褐土。

由于山西多山，山底为地带性土壤，随着高度攀升，气温、水分的变化，达到一定高度，土壤就会发生变化，转变为另外的类型。山西山地土壤主要有山地草甸土、山地棕壤、山地黑钙土。

因局部自然条件变化，尤其是地下水赋存条件变化，引起局部地方发生特殊的成土过程，形成新的土壤类型，称为隐域性土壤或非地带性土壤。山西的隐域性土壤主要发生在盆地或河谷中。主要有草甸土、沼泽土、盐土、碱土。

思考与分析

1. 概括说明山西省地形、气候、河流、土壤的分布特征。
2. 为什么说汾河是山西省的"母亲河"？

第三章　山西的资源

山西矿产资源丰富，开采历史悠久，早有"煤乡"之名声闻中外。全省74%的县区有煤炭资源。除煤炭外，全省已发现117种矿产，其中探明储量并列入《山西省矿产储量表》的矿种，潜在价值13.8万亿元，居全国第二位。保有储量居全国第一位的有煤、铝土矿、耐火黏土、镓矿、铁钒土、沸石、建筑石料用灰岩等7种，金红石（含钛矿）、镁盐、芒硝的储量居第二位，居全国前十位的矿产有34种。煤、铝土矿、铜、铁、耐火黏土、石灰岩、石膏、硫铁矿、芒硝、珍珠岩是山西占优势的资源。矿业是山西工业经济的支柱产业，已生产、在建的各类矿山企业达17848个。

总体看，山西省矿产资源具有分布广泛、相对集中、矿石工业类型较全、贫矿多富矿少、共伴生矿多、地质条件简单、开采条件好等特征。

"乌金"之地

煤是山西传统的优势矿产，广泛分布于大同、宁武、太原西山、霍西、河东和沁水六大煤田及浑源、繁峙、五台、垣曲、平陆—芮城五个煤产地。煤分布在全省11个地市87个县（市、区），含煤面积6.6万平方千米，占全省面积的40%以上。预测总储量9000多亿吨，居全国第三。已探明储量2608亿吨，占全国已探明储量的1/3，居全国第一。其中炼焦煤1506亿吨，无烟煤507亿吨，动力煤549亿吨。目前全省有各类煤矿总计6425个，总生产能力达到3.3亿吨。我国商品外运煤70%出自山西，远销日本、朝鲜、泰国、英国、法国、美国等20多个国家和地区。全国21个省、自治区、直辖市靠山西供煤。焦炭所占比重尤其大，在世界上有卓著声誉。

山西煤炭资源具有储量巨大，分布集中，煤田地质构造简单，埋藏浅，易于开采，煤炭品种齐全，品质优良等特点。从烟煤到无烟煤，乃至气、肥、焦、瘦等煤焦用煤均有，著名的晋城"兰花炭"早已闻名海内外。炼焦用煤占全国

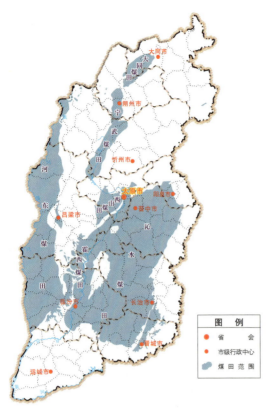

山西省煤炭资源分布图

的 56.5%，无烟煤占全国的 43.06%。离柳—乡宁优质炼焦煤、晋城—阳城优质无烟煤、大同侏罗系的优质动力煤早已被国家有关部门列为我国稀缺矿种。

优势矿产资源

山西省探明储量的矿产中，具有资源优势，并在国民经济建设、工农业生产和外贸出口方面具有重要地位的矿产，煤炭之外，还有煤层气、铝土矿、金红石（含钛矿）、铁矿、铜矿、镓矿、耐火黏土、电石用灰岩、水泥用灰岩、石膏、芒硝、硫铁矿等12种，同时，锰、银、金、石墨、膨润土、珍珠岩、沸石、冶金用白云岩、花岗石等9种矿产也有着非常良好的发展前景。

金属矿产资源

山西的黑色金属矿产资源以铁矿为主，也有少量的钛、锰、铬、钒等矿藏。

铁矿是山西的主要矿种之一，矿床类型多，储量丰富，分布面积广泛。2003 年保有储量 38.2 亿吨，居全国第四位。全省铁矿储量主要分布在五台山区（占 44.6%）和岚县（占 43.7%），矿床类型为鞍山式沉积变质铁矿；太原狐偃山、临汾塔儿山和二峰山、平顺县的西安里等地储量较多，矿床类型为大冶式（接触交代式）铁矿，为山西的主要富矿。此外，在阳泉、吕梁、晋城、晋中、晋城等地，有少量的其他类型铁矿分布。钛铁矿有 4 处，其中金红石矿 1 处，分布在黎城、左权、代县；锰铁矿有 3 处，分布在阳泉市常家山、长治市屯留和晋城市上村。铬铁矿和钒铁矿各有 1 处，分别在左权桐峪矿区和代县黑山洞矿区。

山西的有色金属矿产资源以铜、铝为主，还有铅、锌、钴、钼、镍、镓、锗等。铜矿储量较丰富，95% 分布在垣曲一带的中条山区，但其品位较低，贫矿占 83%。铜矿中含有黄金、钴、钼、硫等，可以综合利用。襄汾县四家湾、灵丘县口泉和五台县等地也有部分储量。铝土矿资源丰富，具有储量大、质量好、分布广、易开采的特点，是山西的第二大矿种，预测储量为 23 亿吨，保有储量达 7.78 亿吨，探明储量居全国首位。分布范围达 6.7 万平方千米，储量集中分布在吕梁市（占 47.9%）、运城市（占 12.7%）、忻州市（占 17.7%）和阳泉市（占 9.5%）。其中，孝义、保德—兴县、平陆、阳泉、宁武—原平五大矿区的探明储量占全省的 80% 以上。钴矿有 11 处，分布在闻喜、绛县、垣曲等县。钼矿 7 处，分布在忻州、运城 2 市。铅锌矿 3 处，分布在交城、繁峙、洪洞 3 县，均为金、银、铅、锌、铜共生矿。

山西的贵重金属矿产有金和银。金矿已探明列入矿产储量表的有 21 处，分布在运城市（8 处）、忻州市（6 处）、大同市（4 处）和临汾市（3 处）。银矿已探知的有 7 处，分布在繁峙、襄汾、洪洞、垣曲等县，均为伴生矿产。

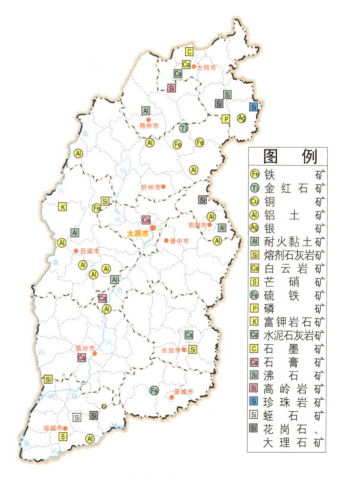

图　例

Fe	铁　　　矿
Ti	金 红 石 矿
Cu	铜　　　矿
Al	铝 土 矿
Ag	银　　　矿
Al	耐火黏土矿
Si	熔剂石灰岩矿
Ca	白 云 岩 矿
Ca	芒　硝　矿
Fe	硫 铁 矿
P	磷　　　矿
K	富钾岩石矿
Ca	水泥石灰岩矿
C	石　墨　矿
Ca	石　膏　矿
Si	沸　石　矿
Si	高 岭 岩 矿
Si	珍 珠 岩 矿
Si	蛭　石　矿
Si	花 岗 石、大 理 石 矿

山西省矿产资源分布图

非金属矿产资源

山西非金属矿产资源十分丰富，可分为冶金辅助原料矿产、化工原料矿产、建材原料及其他非金属矿产。

冶金辅助原料矿产资源主要有白云岩、石英岩、脉石英、熔剂用灰岩、耐火黏土和铁矾土。其中耐火黏土、铁矾土探明储量在全国均居首位。耐火黏土矿区有40处，分布在太原、阳泉、长治、朔州等10多个市县。储量最多的是阳泉市，占全省总储量的43.7%。化工原料矿产资源主要有硫铁矿、芒硝、镁盐、电石、磷、重晶石等。硫铁矿总储量达3000万吨，集中分布在阳泉、五台、晋城、阳城等县市，但矿体薄，较分散，不利于大规模工业开采。

化工原料矿产主要有芒硝、镁盐和池盐，集中分布在运城盐池。运城盐池是山西历史悠久的著名化工原料基地，也是全国重要的化工原料基地之一。电石石灰岩资源丰富，工业储量近7000万吨，绝大部分为特级或一级品，主要分布在太原、交口、灵石，为发展化纤工业提供了优越条件。磷矿已探明储量3.7亿吨，但品位低，98.9%为等外品，大部分储量集中在灵丘、繁峙一带。

建筑材料及其他非金属矿产主要有水泥石灰岩、石膏、含钾岩石、长石、石墨、石棉、膨润土、大理石、珍珠岩等。水泥石灰石资源最为丰富，储量达13亿吨，层位稳定，有矿区28处，储量集中在大同、长治2市。石膏探明储量5亿吨以上，集中分布在中南部汾河中下游地区，矿石质地良好。长石矿有6处，分布在盂县、忻府、闻喜、稷山等地，探明储量居全国第5位。石墨矿有2处，都在大同市。膨润土矿有2处，分布在浑源县。珍珠岩矿主要在灵丘县塔地矿区。

动植物资源

山西境内分布有兽类、鸟类、爬行类和两栖类野生动物439种，有国家重点保护野生动物72种。全省共有高等植物160科，3000多种，其中草本植物约占2/3，木本植物约占1/3。

野生动物资源

山西省动物区系组成非常丰富，大都分布在山西北部。大型动物有金钱豹、雪豹、梅花鹿、狼、野猪等。山西野生动物以陆栖类为主，其中一级重点保护动物有17种：鸟类有褐马鸡、金雕、朱鹮、白鹳、黑鹳、玉带海雕、白尾海雕、虎头海雕、丹顶鹤、大鸨、胡兀鹫、遗鸥等12种；兽类有虎、金钱豹、梅花鹿、原麝、林麝等5种。列为国家二级重点保护动物的野生动物有54种，其中鸟类有角䴙䴘、斑嘴鹈鹕、白琵鹭、黄嘴白鹭、白额雁、领角鸮等42种，兽类有猕猴、豺、水獭、青鼬、石貂、猞猁等11种，两栖类只有大鲵1种。

资料链接：大鲵是世界上现存最大的也是最珍贵的两栖动物。它的叫声很像幼儿哭声，因此人们又叫它"娃娃鱼"，是国家二类保护水生野生动物，农业产业化和特色农业重点开发品种，也是野生动物基因保护品种。

山西省珍稀的野生动物数量较少，濒危物种较多。山西野生动物资源保护的问题十分突出。目前，全省已建立了历山、蟒河、芦芽山、庞泉沟、五鹿山等自然保护区。

除国家保护的各类动物外，还有许多经济价值很高的珍贵动物。如果子狸、貉、豹猫、黄鼬、獾、狐等名贵的毛皮动物；野兔、野猪、环颈雉、石鸡、斑翅、山鹑、岩鸽、野鸡、爪鸡等肉用动物；麝、狐、中华鳖等较贵重的药用动物；雕翎等价值较高的羽毛动物以及蝙蝠、啄木鸟、莺类等各种有益动物。

山西动物生态地理分布的特点是，从东南部耐暖湿性逐步向西北过渡到耐寒干性，由夏绿阔叶林动物群到林灌草原动物群到干草原动物群依次有规律地更替。省境南部中条山地区，在气候上是半湿润温带地区，植被为夏绿阔叶林，区内动物区系组成的特点是南方耐温暖动物向区内渗入。属于热带亚热带动物的有猕猴、花松鼠、兰矶鸫、褐河鸟、山麻雀、暗绿绣眼、黄咀白鹭等。两栖爬行类有大鲵、无指盘臭蛙、隆肛蛙、淡眉角蟾、菜花烙铁头与大壁虎。此外，沿季风区向北伸入至全省的，还有果子狸、豹、社鼠、黄鹂、黑卷尾、山椒鸟等。省境北部和西北部地区，为半干草原地带，多受蒙古高原气候影响，加之在地形上与蒙新区又无明显屏障阻隔，因而动物区系的组成特点是以耐旱、耐寒的动物群为主，如沙百灵、蒙古百灵、五趾跳鼠、黑线跳鼠、荒漠毛鼠、小毛足鼠与长爪沙鼠等，还有随季风向南渗入的石鸡、斑翅、山鹑、凤头百灵、毛腿沙鸡、阿拉善黄鼠、子午沙鼠等。省境中部为林灌草原地带，是南北两带相互渗入的过渡地带，而以北方型动物为主。华北区特有动物在山西又主要分布于这里，如褐马鸡、棕色田鼠等。其次还有高地型种类如胡兀鹫、贺兰山红尾鸲、赭红尾鸲等。

植物资源

山西气候和地形复杂多样，造就了丰富的植物资源。有红豆松、山白杨等国家级保护植物13种。在植物分布上，南部和东南部是以落叶阔叶林和次生落叶灌丛为主的夏绿阔叶林或针叶阔叶混交林分布区，也是植被类型最多、种

核桃

类最丰富的地区。果树有柿、枳椇（拐枣）、苹果、梨、红花果、桃、核桃、红枣等。农作物以棉花、冬小麦、谷子、玉米为主。中部以落叶灌丛和针叶林为主，其次是落叶阔叶林。果树以梨、枣、核桃居多，还有葡萄、红花果、桃、杏等。农作物以杂粮为主，部分地区有小麦和棉花。北部和西北部是暖温带及温带灌木丛和半干旱草原。优势植物是长芒草、旱生蒿类和柠条、沙棘等。果树种类主要有红花果，部分地区有苹果、核桃、枣等。农作物主要有马铃薯、胡麻、莜麦以及春麦、谷子等。

山西省历史上林木茂盛，生态环境良好。自秦汉"屯垦"以后，滥伐森林、毁林开荒日益严重，使森林面积逐年减少。秦汉时期省内平原已基本成为农区，唐宋时期森林采伐范围已扩大到浅山区。到明初，除深山区尚有森林分布外，其余大部分地区已无森林可言。民国初年和抗日战争时期，残存森林遭到进一步破坏。到中华人民共和国成立初期，全省森林面积仅剩450多万亩，森林覆盖率仅2.3%。中华人民共和国成立后，由于实行了大面积封山育林，同时大力开展人工造林工作，使森林面积有了较大的扩展。目前，全省林业用地约4600万亩，其中有林地1490.1万亩，疏林地758.25万亩，灌木林地1180.95万亩，苗圃地45.6万亩，活立木总蓄量为5781.83万立方米。

山西森林是由残留的天然次生林和中华人民共和国成立后新造的人工林组成的，数量少，面积小，地域分布极不均衡。天然次生林主要分布在山区，省境西部从五寨、宁武的管涔山起，向南沿吕梁山脊至乡宁、吉县的狭长地带，分布较为集中，森林面积约占全省森林总面积的19.5%。其北段多云杉、落叶松林；中南段多油松和阔叶杂木林。省境东部、中南部和南部地区的森林，多集中分布在恒山、五台山、太行山、太岳山和中条山等地，以油松林占优势。北段有云杉、落叶松林；南部中条山则以暖温带落叶阔叶林为主。全省初具规模的八个林区是：管涔山、关帝山、太岳山、中条山、五台山、黑茶山、吕梁山和太行山。前四个林区面积较大，蓄积量均超过500万立方米；后四个较小，蓄积量不及300万立方米。

山西的森林主要是由松属和栎属的部分树种组成的温性、暖温性针叶林和落叶林。全省主要森林按优势树种划分，郁闭度在0.4以上的华北落叶松林占2.8%；云杉林占2.1%；油松林占32.6%；侧柏林占5.2%；栎类林占24.6%；栓皮栎林占3.6%；白桦林占7.4%；山杨占5.2%；人工杨树林占13.8%；其余为五角枫、椴树、鹅耳枥等。人工林中以杨树林最多，占42.3%；其余为刺槐、落叶松、柳、榆等。

山西的野生牧草资源丰富，种类繁多，主要分布在山区，以亚高山草地、疏林草地最为丰富。宜牧草坡面积达 5122 万亩。已查明牧草种类约 400 种，较优质牧草在 100 种以上。其中莜麦、白羊草、鹅冠草、狐茅、兰花棘豆及胡枝子等适口性强，营养价值高。

天然草地的自然类型

类型	分布地区及主要品种
①喜暖灌木草丛	主要分布在中南部的低山丘陵区，占草地面积的 52.8%，是山西面积最大的一类草地。优势种有白羊、黄背草、野古草、达乌里胡枝子、尖叶铁扫帚、苔草、沙棘、荆条、酸枣等，其中白羊草面积最广
②山地灌木丛草地	主要分布在海拔 1200~1800 米的山地阴坡，占草地面积的 21.4%。常见的有沙棘、虎榛子、绣线菊、荆条、黄刺槐等
③山地草原	主要分布在恒山—内长城以北的山地阳坡和黄土高原，占草地面积的 11.8%。以旱生禾草、百里香、蒿类为主
④山地草甸	主要分布在海拔 2000 米以上的山地，占草地面积的 10%。以中生耐寒多年生草为主，如苔草、蒿草、无芒雀麦、鹅冠草、野茅草、兰花棘豆、花苜蓿等，是良好的天然牧场
⑤低湿草甸	主要分布在中部盆地的河流两岸低滩地和盐碱地，占草地面积的 0.9%。主要有莎草、芦苇、蒲草、野大豆、碱蓬等
⑥山地疏林草地	主要分布在太岳山、太行山、恒山等地，是伐木后的遗迹草地，占草地面积的 3.1%。主要有野青茅、鹅冠草、苔草、兰花棘豆等，是良好的夏季牧场

山西野生植物资源丰富，目前已知的有 1000 多种。野生药用植物有 90 多种，广泛分布在丘陵山地，比较著名的有党参、黄芪、猪苓、甘草、冬花、菖蒲、柴胡、远志、连翘、山茱萸等。野生纤维植物主要有蒙椴、鬼见愁、蝎子草、芨芨草、构树、马蔺、葛条、荆条、龙须草等。野生鞣质植物 50 多种，主要有地榆、苦楝叶、太阳花、地锦以及栎树皮（叶）、橡树、华北落叶松、云杉、桦树等。野生油脂植物 70 多种，主要有虎榛、毛榛、苍耳、文冠果、山核桃、臭椿、花椒、黑掠子、翘果油树等。野生芳香植物 40 多种，主要有藿香、铃铃香、百里香、苍术、紫苏、薄荷等。野生淀粉及糖类植物 50 多种，主要有榆树、沙棘、板栗、慈菇、黄刺玫、橡子、榛子、黑枣、山丹等。

山西复杂的地形地貌构造，四季分明的温带大陆性季风气候，非常适宜农作物的生长。农作物品种全，品质优。全省商品粮基地县有 20 个，商品棉基地县有 6 个，果品基地县有 15 个。此外，还有一些名、优、特、稀产品，如

蟒河红豆杉

山西省尚有一些珍稀濒危野生植物，如野大豆、翅果油树、矮牡丹、山西杨（青毛杨）、南方红豆杉等。其中红豆杉是山西省的稀有树种，生长在陵川、壶关和阳城等地山谷。南方红豆杉在长江流域以南分布较广，山西为其分布北限。山西省生长的南方红豆杉对研究山西省乃至中国植物区系的起源与发展有重要科学价值。南方红豆杉木材优良，树姿优美，是典型的环保植物。科学家从南方红豆杉中提取的"紫杉醇"可能对癌症的防治有特殊功效。野大豆属国家三级重点保护植物，分布较广，种群日渐稀少，主要生长在河岸、湖滨湿地。具有抗盐碱、抗寒、抗病的优良性状，是重要的种质资源、优质饲料和遗传育种材料。翅果油树属国家二级重点保护植物，分布于稷山县、乡宁县、沁水县、翼城县等地。

稷山板枣、汾阳核桃、大同黄花菜、代县辣椒、潞安党参、五台蘑菇、恒山黄芪、垣曲猴头、洪洞莲菜、蒲县花菇、平陆百合等驰名中外。

国家级自然保护区

山西省国家级自然保护区有：庞泉沟、芦芽山、历山、蟒河、五鹿山、黑茶山自然保护区。

庞泉沟自然保护区

山西庞泉沟自然保护区地处吕梁山脉中段，位于山西省交城县西北部和方山县东北部交界处，地理坐标为北纬 37°47′45″—37°55′50″，东经 111°22′33″—111°32′22″之间，属野生动植物类型自然保护区。保护区南北长 15 千米，东西宽 14.5 千米，总面积 10443.5 公顷，森林覆盖率达 74%。1980 年 12 月经山西省人

庞泉沟

民政府批准建立，1986 年被国务院批准为国家级自然保护区。

　　该保护区主要保护对象是世界珍禽褐马鸡及华北落叶松、云杉天然次生林植被。据相关资料显示，该保护区有高等植物 88 科 828 种，其中，蕨类植物 7 科 128 种，裸子植物 2 科 7 种，被子植物 78 科 809 种，还有地衣、苔藓等部分低等植物。区内动物种类和数量也很丰富，有鸟类 38 科 189 种，兽类 15 科 32 种。两栖爬行类 8 科 17 种，昆虫 1000 多种。保护区内有褐马鸡、金雕、黑鹳、金钱豹、原麝 5 种国家一级重点保护动物，它们都在保护区内居留繁殖。还有鸳鸯、鸢、红角鸮等 23 种飞禽，青鼬等 25 种国家二级重点保护动物，以及苍鹭、金眶鸻、小杜鹃、普通夜鹰等 14 种省级重点保护动物。

　　资料链接：褐马鸡是我国特产珍稀鸟类，被列为国家一级保护动物，身高约 60 厘米，体长 1 米～1.2 米，体重 5 公斤，全身呈浓褐色，头和颈为灰黑色，头顶有似冠状的绒黑短羽，脸和两颊裸露无羽，呈艳红色，尾巴高高竖起。翅短，不善飞行，两腿粗壮，善于奔跑。

　　褐马鸡为国家一级重点保护动物，是中国的特产鸟类，被列为国际自然与自然保护联盟《IUCN》红皮书中濒危物种，在历史上广泛分布于中国华北地区。褐马鸡种群数量在建区初期的 1982 年调查为 558 只，目前监测的数量为 2000 只左右。主要进行科学实验、考察、教学实习和培育珍稀动物等工作，并划出一定范围开展森林旅游。庞泉沟保护区在保护珍禽褐马鸡中具有极其重要的意义。

芦芽山自然保护区

　　山西芦芽山国家级自然保护区地处山西省吕梁山脉的北端，宁武、五寨、岢岚三县交界处，地理坐标为东经 111° 50′—112° 5′ 30″，北纬 38° 35′ 40″—38° 45″，是以保护森林生态系统、珍稀动物褐马鸡为主的综合性自然保护区。保护区总面积 21453 公顷，其中核心区面积 4933 公顷，缓冲区面积 1767 公顷，实验区面积 14753 公顷，森林覆盖率 36.1%。保护区始建于 1980 年，1997 年经国务院批准为国家级自然保护区。

　　据相关资料显示，该保护区内共有高等植物 102 科 954 种。菌类资源 67 种，著名的食用菌有雷蘑、羊肚菌、木耳等；贵重的药用菌有灵芝、猴头、猪苓等；还有种类繁多的苔藓、地衣植物。野生乔木树种主要为云杉、华北落叶松、油

芦芽山森林草甸

松三大树种。森林资源从龄组上分，主要为中龄林，面积 5133.8 公顷，其余幼龄林和近熟林面积 490.4 公顷。列为国家一级重点保护的野生动物有褐马鸡、黑鹳、金雕、胡兀鹫、大鸨、金钱豹、原麝 7 种；列为国家二级重点保护的野生动物有石貂、青鼬、鸳鸯、大天鹅等 37 种；有中日共同保护候鸟 102 种；中澳共同保护候鸟 24 种；省级保护动物 20 种。区内主要保护对象世界珍禽褐马鸡约有 2800 余只，还有种类繁多的昆虫资源。

历山自然保护区

历山自然保护区位于山西省南部中条山脉的东段，地处运城、晋城、临汾三市的垣曲、阳城、沁水、翼城四县交界处，面积 24800 公顷，1983 年经山西省人民政府批准建立，1988 年晋升为国家级自然保护区。保护区地处亚热带向暖温带的过渡地带，气候温暖，雨量充沛，自然条件优越，是暖温带森林植被和珍稀野生动物猕猴为主的森林和野生动物类型自然保护区。地理坐标为东经 111° 51′ 10″—112° 5′ 35″，北纬 35° 16′ 30″—35° 27′ 20″。

历山瀑布

历山自然保护区复杂多样的自然生态系统，孕育了丰富的野生动植物资源，是山西省野生动植物的天然基因库。据调查，区内共分布有高等植物 1010 种，隶属于 134 科，其中国家重点保护野生植物 4 种、药用植物 247 种、淀粉植物 98 种、油料植物 67 种、芳香植物 46 种。共有野生动物 354 种，其中两栖动物 5 科 13 种、爬行动物 7 科 24 种、鸟类 50 科 269 种、兽类 16 科 48 种。属于国家一级保护野生动物有金钱豹、金雕、黑鹳、大鸨、原麝等 7 种，二级保护野生动物有勺鸡、红隼、猕猴、大鲵等 45 种，列为山西省重点保护的野生动物有红翅旋壁雀等 26 种。在历山保护区的七十二混沟内，

历山猕猴

34

还发现了一处面积800公顷的原始森林。这是华北地区保存下来的唯一原始森林，对于进一步研究我国黄河中下游的人类活动、黄土高原的森林和气候变迁以及引种驯化动植物等，具有重要的科学价值。

阳城蟒河猕猴自然保护区

山西阳城蟒河猕猴国家级自然保护区的前身为山西省蟒河自然保护区，成立于1983年，1998年经国务院批准晋升为国家级自然保护区，是以保护猕猴和亚热带植被为主的森林和野生动物类型自然保护区。

蟒河自然保护区位于阳城县东南30千米晋、豫两省交界处，地理坐标为东经112°22′10″—112°31′35″，北纬35°12′50″—35°17′20″，东至三盘山，北至花园岭，南至省界，总面积5573公顷，林业用地达4594公顷，植被覆盖率在82%以上。

蟒河有"山西植物资源宝库"之称，全区有种子植物882种，其中列为国家一、二级保护的植物有南方红豆杉、连香树等8种。有动物285种，其中鸟类214种，兽类43种，两栖爬行类28种。国家一级重点保护动物有3种，二级重点保护动物有28种。主要保护对象猕猴在我国属自然地理分布的最北限，有8群680余只。

蟒河红山荚

区内地形复杂，沟壑纵横，最高峰指柱山海拔1572.6米，最低处拐庄沟海拔300米，相对高差1272.6米。整个地形四周环山，中间成谷地，共有四条主沟，即后大河沟、杨庄河沟、南河沟和拐庄蟒河沟。

该区位于东南亚季风的边缘地带，一年四季分明，光热资源丰富。年平均气温14℃，无霜期180~240天，年降雨量600~800毫米。主要河流有后大河和洪水河两条，在黄龙庙汇集后称蟒河，全长30千米，经河南省注入黄河。后大河源头出水洞，年出水量933万立方米。水质纯净，含有硅、锶等多种微量元素，是矿泉水中的珍品。

五鹿山自然保护区

山西五鹿山国家级自然保护区位于山西省蒲县、隰县境内，地处吕梁山脉南端，地理坐标为北纬36°23′45″~36°38′20″，东经111°2′~111°18′，属森林生态系统类型的自然保护区。区内总面积20617.3公顷，森林覆盖率68%。保护区始建于1993年，1999年挂牌，2006年2月经国务院批准为国家

白皮松

级自然保护区。

　　该保护区主要保护对象是世界珍禽褐马鸡和中国特有树种白皮松。辽东栎林是五鹿山自然保护区阔叶林的优势树种，也是该保护区的地带性、标志性植物。据相关资料显示，该保护区内有高等植物103科，449属，965种；共有动物409种，濒危动物有金钱豹、黑鹳、游隼、灰背隼等。分布于五鹿山的国家级保护动物有黑鹳、金雕、大天鹅、猎隼、褐马鸡、原麝等30余种。在植被类型中有5大植被类型组，8种主要植被型，41个群系，是山西省野生动植物资源最丰富的地区之一。白皮松林主要分布在深家沟、黑虎沟、山底等地。白皮松因树皮常有不规则的鳞片状剥落，故而又称蛇皮松或蟠龙松，树形高大，寿命较长，是中国特有的珍贵树种，也是东亚针叶树种中唯一的三针松。白皮松是比较稳定的森林植物群落。褐马鸡是中国的特产鸟类，仅分布于山西省吕梁山脉以及河北、北京等地的部分林区。五鹿山自然保护区是山西省第二批成立的以保护褐马鸡为主的保护区之一，在保护褐马鸡方面具有特殊重要的价值。

思考与分析

　　1.谈一谈在我省经济结构的转型过程中，如何将资源大省转变为经济强省？

　　2.山西省有哪些国家级自然保护区？其保护的主要对象是什么？建立自然保护区有何意义？

第四章 山西的风光

山西省位于黄河中游，黄土高原的东部。其间高山峻岭，丘陵纵横，山环水绕，地形复杂，地貌多样，气候适中，四季分明，大自然神工鬼斧般造就了一处处绚丽多彩的景色。国家级风景名胜区有五台山、恒山等5处；国家级自然保护区也有芦芽山、庞泉沟等5处。

山西是中国地上文物最多的省份，被誉为"中国地上文物宝库"。据统计，山西省地下、地上文物达31401处，其中革命遗址和纪念建筑物1466处，古墓葬1666处，石窟寺300处，古建筑和历史纪念建筑物18118处，彩塑12435尊，壁画26751平方米，碑碣6665通。难怪旅游界流行说："三十年中国看深圳，百年中国看上海，千年中国看西安，五千年中国看山西。"

山西闻名于世的特产和多彩多姿的民间艺术也为山西旅游业的发展增添了无限风光。作为中国戏曲摇篮之一，山西有剧种54种，居全国之冠。

自然美景、历史文明、革命史迹、风俗民情和新时期建设成就，共同构成了山西得天独厚、古今兼备、多姿多彩的好风光。

旖旎的自然风光

山西复杂多变的地质、地貌、水文、气象条件，造就了许多雄伟壮观、引人入胜的名山大川、溶洞怪石、清泉湖泊、激流瀑布、神奇天象、珍贵生物等自然景观，其自然旅游资源之丰富位全国前列，山西除了海洋、沙漠以外，几乎拥有所有的自然景观，而盐池、万年冰洞、火山群却是绝大部分省份所没有的。

五台山

五台山位于山西省东北部忻州市五台县和繁峙县之间，西南距省会太原市230千米。

五台山是古老的花岗岩、片麻岩构成断块上升的山地，北部切割深峻，五

五台山

峰耸立，峰顶平坦如台，故称五台。东台望海峰、西台挂月峰、南台锦绣峰、北台叶斗峰、中台翠岩峰。五峰之外称台外，五峰之内称台内，台内以台怀镇为中心。五台山方圆约 320 千米，总面积 2837 平方千米。五台之中北台最高，台顶海拔 3061.1 米，为华北最高峰，有"华北屋脊"之称。台顶雄旷，层峦叠嶂，峰岭交错，挺拔壮丽。山中气候寒冷，台顶终年有冰，盛夏天气凉爽，全年平均气温为零下 4 度，夏季平均气温 16.5℃，故又称清凉山，为避暑胜地。五台山自然植被以草地为主，由草甸、草原、灌丛构成，是优良的夏季牧场。

五台山奇峰灵崖随处皆是，著名者达五十余处。其中写字崖，用水洒湿以后，拿手帕仔细拭擦，崖面会显示出类似篆隶体字迹，水干字隐。有人曾除去表皮石层，结果下层仍能擦出字来。层层有字，字字不同。据载曾发现过"天之三宝日月星，地之三宝水火风，人之三宝精气神"的联句。

五台山与浙江普陀山、安徽九华山、四川峨眉山共称"中国佛教四大名山"。与尼泊尔蓝毗尼花园、印度鹿野苑、菩提伽耶、拘尸那迦，并称为世界五大佛教圣地。

恒山

恒山，人称北岳，亦名"太恒山"，又名元岳、紫岳、大茂山，与东岳泰山、西岳华山、南岳衡山、中岳嵩山并称为五岳，扬名国内外。恒山位于浑源县城南 10 千米处，距大同市 62 千米。其山脉祖于阴山，发脉于管涔山，止于太行山。其中，倒马关、紫荆关、平型关、雁门关、宁武关虎踞为险，是塞外高原通向冀中平原之咽喉要冲，自古乃兵家必争之地。主峰天峰岭在浑源县城南，

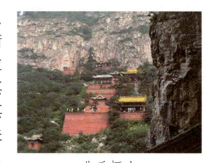
北岳恒山

知识拓展：悬空寺

悬空寺位于北岳恒山脚下、浑源县城南 5 千米处的金龙峡内西岩峭壁上。寺创建于北魏后期。现存建筑是明、清两代修建后的遗物。悬空寺靠西面东，俨若精巧、别致、玲珑别透的玉雕悬于一幅巨大的屏风上。

海拔 2016.8 米，被称为"人天北柱"，"绝塞名山"，"天下第二山"。叠嶂拔峙，气势雄伟，被誉为北国万山之宗主。

恒山是道教活动的场所，传说中八洞神仙之一的张果老就是在恒山隐居潜修的。北岳庙为主庙，建于明代弘治年间的 1501—1502 年，是恒山庙中最为宏伟的一座，位于恒山主峰天峰岭南面的石壁之下，庙内有北岳大帝塑像。

北武当山

北武当山又名真武山，古称龙王山，位于吕梁山脉中段方山县境内，南距离石区 32 千米。北武当山风景名胜区由 72 峰、36 崖、24 洞组成，主峰香炉峰，海拔 2254 米，总面积约 80 平方千米。它集"雄、奇、险、秀"于一身，是吕梁山的一颗明珠，素有"三晋第一名山"之称，系我国北方道教圣地之一。

北武当山

北武当山山体由整体花岗岩组成，经过漫长岁月的风化侵蚀，造成今日之岩石裸露，主峰突起，巍峨挺拔，四周几乎都是悬崖峭壁，如神工鬼斧削劈，自然景观奇峻秀丽。从山脚到主峰只有一条人造"天梯"可攀。1450 余级依山凿筑的石阶，凡险峻之处，设有铁索扶手。石阶一线叠置，从下仰视，宛如"天梯"。游人攀登，每一步都可听到悠扬顿挫的"石音"，形成独特的"石乐"绝景。沿着石阶，奇松异石、庙宇石刻，淹没在葱郁的山林植被之中，相间点缀，相映成趣。

壶口瀑布

壶口瀑布是中国黄河上的著名瀑布，其东濒山西吉县壶口镇，西临陕西宜川县壶口乡，位于陕西省延安市宜川县城以东 35 千米，山西省吉县城以西 45 千米处的秦晋大峡谷黄河河床中，是世界上最大的黄色瀑布，也是中国的第二大瀑布，因其气势雄浑而享誉中外。

黄河流至壶口一带，两岸苍山夹峙，把黄河水约束在狭窄的黄河峡谷中，河

壶口瀑布

水聚拢，收束为一股，形成特大马蹄状瀑布群。主瀑布宽 40 米，落差 30 多米，瀑布涛声轰鸣，水雾升空，惊天动地，气吞山河，奔腾呼啸，跃入深潭，溅起浪涛翻滚，形似巨壶内黄水沸腾。巨大的浪涛经过落差注入谷底后，激起一团团水雾烟云，景色分外奇丽。

1. 1969 年出土于运城盐湖区侯村汉墓的戏楼是中国目前发现最早的戏楼模型。

2. 五台山大孚灵鹫寺（今称显通寺）是中国最早的寺院之一。据传系东汉明帝时与洛阳白马寺同年建成。

3. 交城玄中寺是中国佛教净土宗最早发祥地、日本净土宗"祖庭"。

4. 中国现存最大、最早的木结构建筑，即五台山南禅寺，重建于唐建中三年（782）。南禅寺、佛光寺与广仁王庙正殿、天台庵佛殿并称为中国现存四大唐代木建筑。

5. 现存最古最高的木结构塔，即应县木塔。建于辽清宁二年（1056）。

6. 太原晋祠圣母殿是现存古建筑殿宇围廊之最早实例，用减柱法营造，手法精熟，殿面宽敞，系宋建代表作。

7. 太原晋祠之鱼沼飞梁是现存古桥梁十字形桥式之孤例。

8. 大同上华严寺大雄宝殿是现存中国最大之佛殿，为辽金建筑。

9. 大同华严寺薄伽教藏殿天玄楼阁是现存唯一的辽代建筑模型。

10. 大同善化寺是现存最完整的辽金古建筑群。

11. 翼城武池戏台是现存最大的元代戏台。

12. 洪洞广胜寺飞虹塔是现存始建最早最完整的大型琉璃塔。

13. 大同市东街之九龙壁是现存最古最大的琉璃照壁。

14. 规模最大的关帝庙——运城解州关帝庙。

五老峰

五老峰位于山西省永济市市区东南 16 千米的中条山脉，地处晋、秦、豫三省交会之黄河金三角，是河洛文化早期传播的圣地，也是我国北方道教全真派的发祥地之一。它与晋北佛教圣地五台山南北对峙，齐名天下，与西岳华山遥遥相对，历史上素有"东华山"之称。

五老峰层层峰峦，森森古木，各种生物覆盖着整个山野。游人往西南远眺，见有四座山峰仙态神姿，隐现

五老峰

于云烟苍茫之中，将海拔高 1809.3 米的玉柱峰环抱其中，"有偃蹇伛偻之状"，

犹如五位老人抱拳作揖恭迎贵宾之势，故名五老峰。

五老峰风景秀丽宜人，生态环境优美，动植物种类繁多。奇特的喀斯特地质地貌造就了许多罕见奇观，具有雄、险、奇、秀、仙之特点。

古代东方艺术的博物馆

在山西，古老的寺庙、石窟、宝塔、城堡、楼台、民居比比皆是，并以年代久远、品味较高、保存完好而享誉全国。据考证，山西仅旧石器时代古人类文化遗址就有300余处；地面文物35000处，居全国之首；现存金代以前的古建筑占全国的72%以上；元代以前木质结构建筑450处，占全国同类建筑的70%以上；现存寺庙和墓葬壁画2.4万平方米，居全国之最。因此，山西被称为"中国古代建筑博物馆""中国古代艺术宝库"。

重点建筑景观

云冈石窟 云冈石窟是中国最大规模的石窟群。与敦煌莫高窟、洛阳龙门石窟和麦积山石窟并称为中国四大石窟艺术宝库。位于山西省大同市以西16千米处的武周山南麓，依山而凿，东西绵延约1000米。始建于北魏时代，前后一共用了64年，其中最早的是由昙曜开凿的5个窟，后来逐步开凿了200多个窟。现存主要洞窟45个，大小窟龛252个，

云冈石窟外景

造像51000余尊，代表了公元5至6世纪时中国杰出的佛教石窟艺术。其中的昙曜五窟，是中国佛教艺术第一个巅峰时期的经典杰作。

皇城相府全景

云冈石窟的造像气势宏伟，内容丰富多彩，堪称公元5世纪中国石刻艺术之冠，被誉为中国古代雕刻艺术的宝库。按照开凿的时间可分为早、中、晚三期，不同时期的石窟造像风格也各有特色。此外，石窟中留下的乐舞和百戏杂技雕刻，也是当时佛教思想流行的体现和北魏社会生活的反映。

皇城相府 又称午亭山村，总面积3.6万平方米，是清文渊阁大学士兼吏部尚书加三级、《康熙字典》总阅官、康熙皇帝35年经筵讲师陈廷敬的故居。位于山西省东南部的晋城市阳城县北留镇境内。其建筑依山就势，随形生变，官宅民居，鳞次栉比，是一组别具特色的明清城堡式官宅建筑群。

明、清两代，皇城村科甲鼎盛，人才辈出，述作繁盛，冠盖如林。祖居这里的陈氏家族更是明、清时期享有盛誉的文化巨族，从明弘治到清乾隆的300多年中，共出现了41位贡生，19位举人，并有9人中进士，6人入翰林，享有"德积一门九进士，恩荣三世六翰林"之美誉。陈廷敬既是康熙皇帝的老师，又是当朝宰相，是康熙的近臣、重臣。一生升迁28次，参与国家政要军机40余年，成为康熙皇帝的股肱之臣，为清王朝的发展，康熙盛世的形成，尤其是为康熙皇帝文治武功的施展起到了重要的辅佐作用，立下了显赫的功勋。

晋祠鱼沼飞梁

晋祠 原为晋王祠（唐叔虞祠），为纪念晋（汾）王及母后邑姜而兴建。位于山西太原市西南悬瓮山麓的晋水之滨，祠内有几十座古建筑，环境幽雅舒适，风景优美秀丽，素以雄伟的建筑群、高超的塑像艺术闻名于世。是集中国古代祭祀建筑、园林、雕塑、壁画、碑刻艺术为一体的唯一而珍贵的历史文化遗产，也是世界建筑、园林、雕刻艺术中心。

难老泉、侍女像、圣母像被誉为"晋祠三绝"。晋祠内还有著名的周柏、唐槐，周柏位于圣母殿左侧，唐槐在关帝庙内，老枝纵横，至今生机勃勃，郁郁苍苍。

平遥古城 位于山西中部，是一座具有2700多年历史的文化名城，与四川阆中古城、云南丽江古城、安徽歙县古城并称为"保存最为完好的四大古城"，也是目前我国唯一以整座古城申报世界文化遗产获得成功的古县城。平遥古城是中国汉民族城市在明清时期的杰出范例，为人们展示了中国历史发展

平遥古城夜景

中一幅非同寻常的文化、社会、经济及宗教的完整画卷。

平遥旧称"古陶"，汉为宗亲代王的都城。北魏改名为平遥县。明朝初年，为防御外族南扰，始建城墙，洪武三年（1370）在旧墙垣基础上重筑扩修，并全面包砖。以后各代进行过十次的补修和修葺，更新城楼，增设敌台。清康熙四十三年（1703）因皇帝西巡路经平遥而筑了四面大城楼，使城池更加壮观。现存有6座城门瓮城、4座角楼和72座敌楼。城墙总周长6163米，墙高约12米，把面积约2.25平方千米的平遥县城一隔为两个风格迥异的世界。城墙以内街道、铺面、市楼保留明清形制，城墙以外称新城，古代与现代建筑各成一体、交相辉映。平遥城墙是中国现存规模较大、历史较早、保存较完整的古城墙之一，

亦是世界遗产平遥古城的核心组成部分。

　　平遥古城以古市楼贯穿南北，街道两旁，老字号与传统名店铺林立，是最为繁盛的传统商业街，清朝时期，总部设在平遥的票号就有二十多家，南大街控制着全国 50% 以上的金融机构。被誉为中国的"华尔街"。

　　应县木塔　位于山西省朔州市应县县城内西北角的佛宫寺院内，建于辽清宁二年（1056），金明昌六年（1195）增修完毕。它是我国现存最古老最高大的纯木结构楼阁式建筑，是我国古建筑中的瑰宝，世界木结构建筑的典范。它与意大利比萨斜塔，法国巴黎埃菲尔铁塔并称世界三大奇塔。

　　解州关帝庙　位于山西运城市解州镇西关。解州东南 10 千米常平村是三国蜀将关羽的原籍，故解州关帝庙为武庙之祖。创建于隋开皇九年（589），宋、明时曾扩建和重修，清康熙四十一年（1702）毁于火，经十余年始修复。现庙坐北向南，总面积 1.8 万多平万米，内外古柏苍翠，百花争艳。

应县木塔

　　洪洞大槐树移民遗址　位于山西省临汾市洪洞县城北郊贾村西侧的古大槐树公园内，是明朝洪武、永乐年间大规模、长时间移民的集散之地。21 世纪初，对遗址进行了扩建，每年都举行大规模的寻根祭祖活动。

中国现存最大的武庙——运城市盐湖区解州关帝庙春秋楼

洪洞大槐树寻根祭祖活动

誉满全球的晋商大院

在山西省晋中平原上，从南到北散落着一个个大院豪宅：乔家大院、王家大院、渠家大院、常家庄园、曹家大院……每一个大院都刻画着时代变迁的印迹，讲述着一段古老的故事。明清时期，山西商人汇通天下，暴富海内，他们将生意做到了当时一般商帮不敢涉及的西北地区与蒙古地区，甚至将足迹伸向了俄国、日本与东南亚地区；清代山西票号商人至少有十余项金融创新，其在世界金融史上的贡献，毫不逊色于意大利伦巴第商人首创的伦巴第银行。晋商大院不仅将民居建筑文化发挥到极致，体现了山西民居、甚至北方民居的精华，同时，它也见证了晋商五百年的兴盛，大院里一砖一瓦、一椽一柱都有晋商文化交织其中。

祁县渠家大院又名"晋商文化博物馆"，是全国首家展示晋商文化的博物馆。陈列展分晋商总览、著名商号、巨商大贾、爱国义举、商界盛事、渠氏家族、晋剧渊源7大系列、25个展室，揭示了晋商之所以能成为全国十大商帮之首的奥秘，展示了晋商博大精深的文化内涵。晋商那种逐利四海，抢占市场的豪迈气概；开疆拓土，艰苦奋斗的创业精神；穷则思变，放眼世界的远见卓识；忠于社稷，顾全大局的爱国情怀；诚信为本，以义制利的商业道德；有胆有识，敏锐应变的经营策略；选贤荐能，知人善任的人本思想；劳资并存，以股分红的分配原则；审时度势，因地制宜的商业竞争；酌盈剂虚，抽疲转快的资本运营；人身顶股，以人为本的人事管理；两权分离，灵活机动的激励机制；创立票号，推进金融业的迅猛发展；以及"两头在外"的茶叶产业化经营模式等，对发展社会主义市场经济，具有重要的现实意义。

需要强调的是，受时代和等级制度的影响，晋商大院的住房和现在相比都

知识拓展：九曲黄河第一镇——碛口

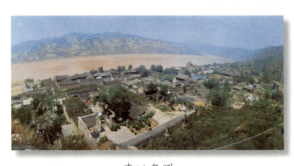

碛口鸟瞰

碛口位于山西省吕梁市临县，隔黄河与陕西吴堡县相望。碛口为清代及民国初年联系西北与华北地区经济往来的重要商埠，有"九曲黄河第一镇"之誉，昔日的繁荣为后人留下了五里长街和碛口镇、西湾村、李家山、寨子山、白家山、高家坪、垣上七处保存相对完好的明清民居建筑群。

显得狭促、阴森，并不宽敞。封建时代，在建筑上有着严格的规制与传统，无处不体现着尊卑有别、长幼有序，官与民之间有着极为森严的等级制度，身为商人，即使富可敌国，也万万不敢逾越，否则就是"犯上"甚至"谋逆"。按照规制与传统，正房只盖单数不盖双数，商民三间三檩，官宦五间五檩，贵族七间七檩，而九间九檩的待遇，只有皇帝与宗教祠庙可以享受。正因为如此，五座晋商大院中，无人做官的乔家只能盖三间三檩，其他几家步入仕途或捐了官的，可以盖五间五檩。超过五间五檩的建筑仅有一座，那就是常家庄园七间七檩的藏书楼，因其放置的是四书五经之类的圣贤之书，其地位超过了官宦，方可享受如此待遇。在平遥城内，我们可以看到，许多以清代二进院或三进院民居改建的民风宾馆内，东西厢房可以多达十余间，而正房仅有三间或五间。当然，晋商也有其变通方式，横向扩展被限制，那就向高空发展，所以才会留下为数不少的二到四层的楼房。另外屋脊上的鸱吻也很能说明等级制度的森严，乔家大院的鸱吻为闭嘴兽，而其他几家则有张嘴兽，造成这一差别的原因就是官民的等级区别。

除此之外，白手起家的典型祁县乔家，以外贸著称的榆次常家，声势显赫的太谷曹家，人称"侯百万"的介休侯家，以盐致富的临汾亢家，由农而商、耕读传家的灵石王家，以及"御用皇商"介休范家，在为明清之际的晋商添加浓墨色彩的同时，也各自构建了不同特点的大院供后人凭吊。

革命历史纪念地

山西是中国革命的摇篮之一。近现代的民族、民主革命斗争给山西留下了许多珍贵的革命文物和纪念地。目前全省现存的革命遗址和历史纪念建筑物约有1460处，有6个红色旅游经典景区、2条精品线路入选国家发改委和中宣部等13个部委联合下发的《全国红色旅游精品线路名录》和《全国红色旅游经典线路名录》，有近500处被公布为各级文物保护单位，其中有5处为国家重点文物保护单位，有11处为全国爱国主义教育基地。

八路军太行纪念馆

八路军太行纪念馆位于武乡县西凤凰山麓。

纪念馆建成开放于1988年，由邓小平题写馆名。该馆是全国第一座系统展出八路军在太行山区八年抗战史实的大型专题性博物馆。纪念馆占地14.8万平方米，其中展厅面积1.6万平方米，馆藏文物8000多件。展厅按照八路军抗战史发展脉络布置，主体展

武乡县八路军太行纪念馆

馆由序厅、4个展厅、题词厅、电影厅组成。第一展厅是"挺进太行，创建抗日民主根据地"，展示八路军出师华北挺进太行的情景；第二展厅是"坚持抗战，誓与太行人民共存亡"，展示粉碎日军大扫荡、保卫根据地以及百团大战的战绩；第三展厅是"军民团结，战胜天灾敌祸"，展示太行军民自力更生，艰苦奋斗，浴血奋战的情景；第四展厅是"夺取抗日战争的最后胜利"，展示太行军民在抗日后期展开反攻，与全国人民迎来抗日胜利的情景。

武乡砖壁、王家峪八路军总司令部旧址

武乡县的砖壁、王家峪，在抗日战争时期被称为"支撑华北抗战的坚强基石"，因为八路军总部、中共中央北方局长期住在这里，指挥山西和华北的抗日战争。

八路军总部武乡砖壁旧址

砖壁村位于武乡县城东47千米处，三面临崖，一面靠山，地势险要，易守难攻。1937年至1942年间，八路军总部和中共中央北方局三次驻扎该村。

总部驻扎在村东古寺庙中。古寺庙群由玉皇庙、佛爷庙、武家祠堂、娘娘庙组成，占地1万多平方米。朱德总司令、彭德怀副总司令、左权副参谋长曾在这里居住。1940年8月，八路军总司令部就在这里发动并指挥了震惊中外的百团大战和武乡关家垴歼灭战、砖壁保卫战。

由砖壁村向西行10余千米就是王家峪村，1939年至1940年，八路军总部和中共中央北方局在这里驻扎。

黄崖洞兵工厂旧址

黄崖洞革命纪念地位于黎城北部45千米黄崖洞镇上赤峪村西。海拔约2000米，因山中峭壁上有一天然石洞而得名。通往黄崖洞的峡谷长3.5千米。峡谷两侧，峭壁万仞，如铸如削，奇峰云绕，气势巍峨。1939年7月，八路军总部军工厂将榆社韩庄修械所迁到黄崖洞水窑山进行扩建。半年后发展成700多人的兵工厂。生产步枪、刺刀、掷弹筒、五〇炮等各类武器和

黎城黄崖洞

弹药，年生产量可装备 16 个团，为华北前线我军武器来源之重地。1941 年 11 月 10 日，日军五千余人，陆空配合，大举进犯黄崖洞兵工厂。八路军总部特务团近千人，在八路军副参谋长左权，特务团团长欧致富、政委郭林祥的指挥下，英勇奋战八昼夜，打退敌人十多次冲击，获得敌死伤 1000 余名、敌我伤亡六比一的战果，胜利地保卫了兵工厂。

1942 年 9 月，为纪念在保卫战中牺牲的革命烈士，在水窑山中修建了一座烈士公墓，并建起一座 7 米高的纪念碑，碑文上刻着 43 位烈士的英名和原八路军总部特务团团长欧致富撰写的碑文。1971 年又修建了"黄崖洞保卫战殉国烈士纪念塔"。1985 年省、地、县三级政府对黄崖洞进行大规模的修整，修复了兵工厂厂房，新建了牌楼、纪念塔、展览馆、镇倭塔及一些风景建筑。

晋绥边区革命纪念馆

晋绥边区革命纪念馆，位于兴县蔡家崖村。该馆建于 1962 年，是全国重点文物保护单位。

晋绥边区革命纪念馆馆址即原中共中央晋绥分局、晋绥边区政府、晋绥军区司令部旧址。这里曾是晋绥开明绅士牛友兰先生的宅院和花园，当地人称"花园院"。1940 年 2 月，这里成立了晋西北行政公署，后改名为"晋绥边区行政公署"。1942 年，晋绥军区司令部暨 120 师师部移驻此院，

晋绥边区革命纪念馆

同时成立了中共中央晋绥分局，从此，蔡家崖成了当时晋绥的政治、军事、文化中心，时人誉称"小延安"。晋绥边区党政军主要领导人贺龙、关向应、林枫、续范亭、周士第、李井泉、牛荫冠等长期生活和战斗在这里，毛泽东、周恩来、朱德、刘少奇、任弼时等中央领导也先后移居这里。著名的"晋绥干部会议"，就在这里的晋绥军区礼堂召开，当年毛主席发表了《在晋绥干部会议上的讲话》和《对晋绥日报编辑人员的谈话》（后被收入《毛泽东选集》第四卷），并亲笔题写了土地改革和新民主主义革命时期的总路线、总政策，对全国新老解放区的土改、整党工作，以及全国解放战争的胜利产生了深远影响。

毛泽东路居五台山台怀镇旧址

1948 年 4 月 8 日，毛泽东、周恩来等取道鸿门岩，前往西柏坡，途中路居五台山台怀镇塔院寺方丈院。路居旧址一进三院，毛泽东居住于后院正房的左间。正房共 3 间，毛泽东居室的军被、木桌、砚台、笔筒、木椅、火盆、铜壶

毛泽东路居五台山旧址

等物件，系1969年依据原样制成。周恩来居住于后院东房的右间，左间由任弼时居住。周恩来居室的圈椅、方桌、铜壶、火盆、被褥等物件，亦系1969年依据原样制成。

叶剑英、陈毅在先期前往西柏坡途中亦路居于台怀，并均赋诗。叶剑英《过五台山》诗吟道："南台山上白云低，人在云中路径迷；可有神工能扫雾，让吾放眼到平西。"

五台永安村徐向前故居

徐向前（1901—1990），原名象谦，山西五台人。1919年春考入山西省国民师范学校，毕业后任小学教员。1924年6月，考入黄埔军校第一期，毕业后留校任排长。参加讨伐军阀陈炯明的东征。1926年随军北伐，任国民军第二军参谋、团副。不久加入中国共产党。1927年12月参加广州起义，后转往海陆丰地区，与彭湃等坚持武装斗争。1990年9月21日在北京病逝。主要著作有《历史的回顾》。

徐向前在太原前线指挥作战

刘胡兰纪念馆

纪念馆位于文水县城东17千米的云周西村。建于1956年，之后又于1957年和1976年两次扩建。馆舍坐北向南，占地6万平方米，是为纪念女英雄刘胡兰烈士而修建的。

1947年1月12日，盘踞在文水大象镇的阎军包围了云周西村，由于叛徒的告密，刘胡兰和其他六名同志被捕，敌人见她年纪小，妄想从她的身上打开缺口，进而破获云周西村地下党组织。敌人用乱棍暴打其他六名同志之后，又残忍地用铡刀把他们铡死，妄想以恐吓让刘胡兰开口。刘胡兰强吞泪水，面不改色。敌人恼羞成怒，架起机枪要杀害群众，

刘胡兰雕像

刘胡兰厉声喊道："要杀要砍我顶着，不准残害乡亲。"阎军军官凶恶地问她："你怕不怕死？不坦白就杀头。"刘胡兰以"怕死不当共产党"做了果断的回答。然后从容地躺在铡刀上慷慨就义，时年15岁。毛泽东主席得知此事后，亲笔题词"生的伟大，死的光荣"。

兴县"四八"烈士纪念馆

"四八"烈士纪念馆又称王若飞纪念馆、"四八"烈士祠，位于兴县东南45千米的黑茶山脚下东会乡庄上村。纪念馆建于1960年，整个建筑坐北向南，有大厅五个，大厅里陈列着王若飞、叶挺、邓发等烈士的灵位、遗像、简历以及有关他们的悼词、记事碑等，展示着烈士生前革命活动史料和图片。王若飞等5位烈士及随员的13块石刻灵位（另有两通石碑）分载着烈士简历和遇难经过：1946年1月，国民党召开了一手包办的国民参政会，公然彻底撕毁政治协商会议决议和《东北停战协议》。4月8日，同国民党谈判的中国共产党代表王若飞、秦邦宪因形势严峻，不得不冒恶劣天气，由重庆飞回延安向党中央报告和请示。由于天空阴雨，飞机迷失方向，超越延安机场，于当日下午2时在兴县黑茶山山峰遇雾撞毁。遇难者有：政治协商会议中共代表、中共中央秘书长王若飞；《解放日报》社兼新华通讯社社长、政协宪章审议委员会中共代表秦邦宪；新四军军长叶挺；叶挺夫人李秀文；中共中央职工运动委员会书记邓发；王若飞舅父、教育家黄齐生；第十八集团军参谋李绍华、彭踊左以及随行魏万吉、赵登俊、高琼（女）和叶挺之子与女、黄齐生之孙黄晓庄。1999年，在黑茶山顶建遇难处纪念厅。

山西国民师范旧址

山西国民师范旧址革命活动纪念馆，简称国师纪念馆。位于太原市五一北路245号，原名"山西省立国民师范学校"，是太原市保存下来的较为完整的一处革命旧址，于1991年9月18日正式开馆。

山西国民师范旧址

山西省立国民师范学校始建于1919年6月，是阎锡山创办的一所专门为全省培养小学教师的师范学校。这里是第一、二次国内革命战争时期和抗日战争开始时期中国共产党在山西著名的活动基地之一。徐向前、薄一波、程子华、王世英等老一辈无产阶级革命家以及担任过重要领导职务的不少老同志，都在这里受到马列主义的启蒙教育，走上了革命道路。

左权县麻田镇八路军总部纪念馆

麻田八路军总部纪念馆坐落在左权县城南 45 千米麻田镇上麻田村西南部。坐北朝南，一进四合式院落，砖木结构瓦房 30 余间（北楼 5 间）。

1940 年 11 月 7 日至 1945 年 8 月 15 日，彭德怀副总司令率八路军总部机关驻扎上麻田村，指挥整个华北抗战。朱德、左权、刘伯承、邓小平、徐向前、聂荣臻、杨尚昆、罗瑞卿等老一辈无产阶级革命家曾

左权县麻田镇八路军总部纪念馆

长期在此居住，刘少奇、陈毅也曾在此短期停留过。总部纪念馆由三个自然院落组成，分别为总部办公室、邓小平旧居、左权旧居。

思考与分析

1. 山西省旅游资源有何特点？在山西省经济结构的转型过程中，如何将资源大省转变为旅游强省？

2. 如果有机会，让你在晋北、晋中或晋南三日游，你能设计一条线路吗？说明理由。

第五章　山西的民俗文化

山西地处黄土高原，历史上长期处于中国农牧业过渡带的位置，使其成为中华民族大融合的熔炉，在这里汇集了多种文化民俗。如黄河文化、晋商文化、佛家文化、道家文化等，都是非常值得挖掘和研究的宝贵历史文化遗产；多种节日习俗、传说掌故、风俗礼仪、民俗建筑、锣鼓社火、服饰饮食等内容丰富的三晋民俗风情，也是中国民俗文化中的瑰宝。

区域民情

黄土高原的自然条件，不同区域的生存方式和久远的历史文化传统，以及社会实践的改造，形成了山西各区域民众不同的性格。这种性格是生物的、地理的、文化的诸因素的综合表现，这里分别就晋南、晋北、晋中三个区域概括地作介绍。

晋南自然环境宜于农耕，史籍有"禹稷躬稼而有天下"之说，农业生产发达，历史悠久，故晋南民风是"勤于稼穑""务耕织"。在襄汾丁村民俗博物馆，可以看到所陈列的农具、纺织工具及专门的粮仓，晋南农家多有"稼穑维宝"之门楣。清代万荣人王赐连的《诫子歌》有"力田务农无他道，勤劳辛苦何待言"之句。各县地方志中有关劝农、节俭的词语出现频率也很高，所谓"勤者生财之道，俭者用财之节"，是值得发扬的优良传统。

在深厚的农业文明基础上产生的儒家文化，在晋南扎根很深。晋南人崇尚礼义，爱好和平，重名赴义，多有礼让之风，举止儒雅，较为内向。晋南人亦特别尊师重教，注重人才培养，文化程度相对较高，现今山西的大中专学校中，晋南学生约占一半以上，活跃在山西文化界的人才亦以晋南人为多，历史上晋南也是人才辈出之区。

晋北自然条件较差，生活环境艰苦，历史上与北方游牧的少数民族接触密切，长期处于战争环境，故其民间习武尚勇，多出豪杰之士。地方志的引述对晋北人多以"强悍""勇敢""坚毅""粗犷""豪放""直率""俭朴""仗义"称之。如忻州有"摔跤之乡"之誉。晋北人豪爽热情，往往在待友接客上热情大方。反映在北路梆子的唱腔上，被郭沫若称之为"激昂慷慨不寻常"。这种边塞豪壮悲凉之风，在晋北民歌小调中体现得尤为突出。

晋中，以其浓厚的经商风气著称于世，地方志中称晋中人善理财，勇于外出致富，如明清以来之晋商，曾富甲天下，票号林立。这使晋中人磨炼出较强的开放精神和个人奋斗意识，同时在农业生产上，晋中人既经商又不误耕耘，勤劳不懈。

民居特色

由于黄土高原的特殊环境和条件，山西民众住宅院落形成形制各异的特色。如大同民居，以砖木结构为主，四合院布局，但大门不全开在东南隅，门楼讲究，饰以砖雕拱头垂柱，门有广亮门、抱厦门和垂花大门之类别。大门与内门间称"门阖廊儿"，迎门正面有照壁，壁心嵌砖雕大"福"字或吉祥造型纹样。门楼有匾额文字，反映人们从事耕读或祈求祥和安居的愿望。

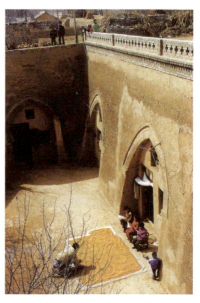

黄土高原上的特殊民居——平陆地窨院

浑源民居以平房和窑洞为主。家道富裕者开八字正门，五脊六兽，双瓦盖顶，修五正三配的三连四合院，门前竖安鼓石，栽双马桩，称为府第，亦有双连四合院，称"两接院"；贫寒之家则多为大杂院。

晋北的平房多平顶，前高后低，俗称"一出水"，正面多木柱式，满面开窗，采光较好；墙体为土打墙或土坯垒筑。旧平房亦多四合院，相互串通，俗称"穿心院"。

晋中地区居民主要是四合院，现今开放的著名旅游景点如祁县乔家大院和渠家大院，灵石的王家大院，榆次的常家大院，均系大型组合连通的四合院群落，结构复杂，错落有致，是大家族聚居之宅院，有的还有后花园。一般平民所居四合院多坐北向南，有居室和耳房、仓库，门开在东南方，正房高檐大厦，颇有气派。

晋东南住房多二层楼式，一层为住室，二层为仓房，与南方人有别。

山西丘陵区窑洞，是古人穴居遗风，如《诗经》所言"陶复陶穴"，经历了数千年的传承。窑洞可分靠崖窑、砖砌窑两种，也有向下挖成的地坑窑和天井窑。晋南有地窨院。窑洞冬暖夏凉，看似简陋，实则宜人。有的窑洞还挖暗窑、牲口窑及菜窑，为储藏和饲养家畜用。

晋南居民亦多四合院，为土木、砖木结构的大瓦房。晋南丘陵区以闻喜窑洞为典型，平陆有地窨院，少数地方盖二层楼。晋南多独门独院，以五间北房为主。

所谓天井窑，亦称地窨院，在平陆尤为典型，即从平地直挖成长方形大坑，深6~10米，长、宽15~18米，然后在坑壁四周掏挖窑洞，院角某处打隧道通向崖顶，为出口，安院门。院内挖出地沟，以为渗井排水，窑顶则为平坦场地，为夏秋打粮之处。这种民居，是前人因地制宜的创造，有很强的实用性和精巧的设计。

山西农村民居还习惯睡火炕，以土坯垒成，或铺石板，下有火道，与灶火相通，以便做饭并可取暖。炕面往往与窗相连，便于采光。家中陈设，晋中多"一条线"式，即在一面墙下放置木柜木箱。多有躺柜、扣箱，扣箱置炕上，内储衣被杂物，十分实用。

民众盖房多有讲究，破土立基，起架砌墙，择地择日，都有一定仪式，以祈福避灾。打地基俗称打夯、打硪，由有才华的领头喊号子，一唱众和，声音洪亮，有节奏，随事编词，兴味盎然，往往引人围观，场面活跃欢乐，有激励干劲之效。

山西方言

晋方言作为黄河流域、黄土高原上的一支古老方言，无论其形成的历史还是所保留的古代语言文化，在汉语发展史上均占有突出的地位。晋方言是全国十大方言之一，分布于山西省除南部以外的广大地区以及毗邻的河北、河南、内蒙古、陕西等四个省区临近山西的县市。

晋方言是汉语中最复杂、最有特色、最丰富多彩的一支语言。在山西，根本无法准确地说什么叫"山西话"。因为山西方言的多样性，本省人都听不懂自己人说话。县与县、乡与乡，甚至村与村，都有差别。同是一乡人，三里之外不同音的现象十分普遍。

山西话至今保留了许多古汉语的词汇，有大量古汉语遗存。如五台人说"我不饿"为"蒙不饥"。"饥"，同"饿"，今人多不用，而古汉语则多有之。"蒙"，自我谦称，"愚"意，今汉语中已消失，五台人则沿用至今。又如晋北、晋中人称头、脑袋为"得老""得脑"（音），因古代"首"音为"道"，与"捣""老""草"同韵。两人一起走叫"厮跟上"。家里穷困叫"家寒"。对照许多北方方言来看，山西话最接近文言。

山西方言里字词的组合结构是很有意味的，不但有感情色彩，也有概念的区别。比如说"牛"，一般不会说这一个字，而是说"牛儿"，这是指大的牛。说小牛，不说小牛，说"牛牛"，就有了可爱的情感色彩。但是"牛牛"还有

知识拓展：晋方言突出的特点

北京大学方言资深专家王福堂教授研究提出了现代晋方言最突出的特点：

一是保留入声调（现在的普通话没有入声字）并有喉塞韵尾。山西话继承了汉语的古韵，"平水韵"就是出在临汾地区。如：太原人读"不、说、国、别、局、一、六、七、八、十"这些字，调子读得很短，不能拉长。

二是前后鼻音不分。如：读"陈旧"为"成就"，"深信"为"生性"。

三是平舌、翘舌不分。如："志愿"念成"自愿"，"擦手"念成"插手"。

四是部分地区平声不分阴阳，去声分阴阳，部分地区阴平声与上声合流。如："天"同"田"、"诗"同"时"、"梯"同"题"。

五是一个字分成两个音节。如：摆——不来、拌——不烂、杆——圪榄、巷——黑浪等。这与晋方言区地理位置的闭塞，与官话区长期相对隔绝有重大关系。

另外的意思，是指那些可爱的小虫子。再比如，吃饭用的勺，山西人说"勺子"，是指用来从锅里往碗里舀饭的大勺，至于放在碗里碟里的小勺，山西人称之为"勺勺"。"恓惶"——山西人不说"可怜"，说"恓惶"。据《辞源》的解释，"恓惶"为烦恼不安貌，有奔忙不定、烦恼不安和悲伤恐惧三种含义。而这三种含义如果用一个意思来概括，那就是值得同情，可怜。而山西口语中的"恓惶"所表达的含义和情感，就包含了上述三个词语的意思。比如，"看那孩子哭得真恓惶哩"，意思就是说那个孩子哭得很"悲伤"；"那年月，日子过得真恓惶"，是说为生活奔波不定，受苦受难的意思。山西话里的"恓惶"可能比字典上的解释有了更加丰富的感情色彩。"倒插插"是指衣服上的口袋。"倒插插"，也简称"倒倒"，这是晋中一带的方言。为什么把口袋说成倒插插？这也是有些来历的。在明代及以前，服装样式有个显著的特点，就是袖子普遍很宽，袖口里面缝有口袋，可以装一些小的物件，如手帕之类。这口袋的口子和袖口的方向是倒着的，装东西要倒着插进去，所以就叫"倒插"。晋中人讲话，凡是指称小一些事物的名词喜欢用叠音来表示，这种缝在袖口的口袋当然不会有多大，所以就叫"倒插插"。到了清朝，改穿满式的马蹄袖，袖口变窄了，不便装东西了，口袋就不再缝在袖口，改在衣襟底下了，方向也不是倒着的，但是"倒插插"这个词还是保留了下来。

山西民俗

山西历史文化悠久，人们在长期的生活中也形成了许多适合当地特色的民俗，特别是关乎生育、生辰、婚喜等大事都十分讲究，形成了一整套的礼仪传统。例如，婴儿降生，山西乡间大都有挑红、报喜的习俗。晋南一带，孩子出生，要在自家的大门门首挂上几束干草，悬上红布条。生了男孩，则要另外用一大块红布，上用毛笔字书写"弄璋之喜"。在红布下方，还要挂上一面圆镜子，以寓孩子长大后前程远大，前途光明。晋中、太原一带的百姓，不挂镜子，但要在门首上方斜挂一至两束干草，干草要用红布条裹住，以示吉祥。同时也告诉外人，这家有人"坐月子"，请不要随便进入，以免"踩"着婴儿，造成婴儿昼夜啼哭及其他不良反应。临县一带是把干草插在门上，生男孩插两根，生女孩插一根。

长命锁

旧时的习俗，往往要送给婴儿一件有纪念意义的"长命锁"。还有的人家，要到祖坟上烧钱化纸，磕头报讯。

为了把孩子抚养成人，人们竭尽心思，想出了许多办法，这些办法世代口耳相传，逐渐演变成种种非常虔诚的习俗。

晋中一带，当奶奶的要背负孙儿走街串巷，到各家讨取少量米面和小布块，如行乞的样子，称为"讨百家"。回家后，用米面为孩子做饭，把布块拼凑起来做成小衣服，称之为"百家饭"和"百家衣"。认为这样能使孩子身体强壮，无病无灾。

临汾等地，讲究用奶奶穿过的旧蓝布衣服给孩子改制小衣服，取的是"蓝"、"拦"谐音，表示孩子穿上这种衣服，生命就有了可靠的保证。

山西有些地方为防止男孩夭折，每次理发时都要特意在脑袋后头留一撮头发，称为"百岁毛"，吕梁地区又称为"后扯辫"。有些地方的小男孩如果长住舅父家，脑袋后边留下的那一撮头发叫"舅舅毛"，以此表示不忘舅父家的养育之恩。"百岁毛"也好，"舅舅毛"也罢，越长越好，干脆就梳成一根小辫子，直到满12岁或者回到生身父母身边以后才剪掉。

对待生辰，山西人也很讲究。每逢生辰，山西各地都有举家庆贺，甚至大宴亲友和宾客的习俗。晋南襄汾一带有"三十石榴四十桃"的说法，即一个人满30岁，亲友要送面石榴祝贺；满40岁，则要送面桃。40岁或50岁以上，过生日便称为"做寿"，又名"祝寿"，其仪式相对隆重一些。临汾一带，祝寿时要吃"长寿面"，即浇汤面或臊子面。席间，宾客在吃第一碗时，要把面挑出一筷子，搭在事先放在饭桌上的一根大葱上，名为"添寿"，意在祝福老人益寿康宁。

庆贺60诞辰，是山西各地的寿诞风俗之一。每逢60寿辰，雁北、忻州的一些地方还有给老人做"寿材"即棺材的。

寿桃

55

另外，山西各地还都有"扎红"的习俗。凡在本人属相年内，小孩一般讲究穿红背心、红裤权，大人多扎红腰带或穿红色内衣裤，以此祛除邪恶，祈求吉利。

知识拓展：山西婚礼习俗点滴

迎亲：通常是由新郎亲自到女家迎娶新娘，但在忻州、吕梁的一些地方，也有媒人或小叔子带领迎亲队伍前往迎娶，而新郎在家坐候的。迎娶队伍进门后，女方设筵盛情款待。晋中榆次等地，招待女婿时，还有薄饼一样主食，当新女婿的一定要"偷"十几张饼、几双筷子和一些酒器，当地人称为"得富贵"。晋南襄汾一带讲究新郎、新娘同吃"合婚饼"。晋东南沁县等地，女儿临行前要吃鸡蛋饼，俗称"三颗鸡蛋一壶酒，打发闺女上轿走"。

传统节日与节庆

黄土高原的特殊生活条件和长久人文历史传承，造成了山西各地特有的节庆风俗。山西人同各地中国人一样，重视春节、元宵节、端午节、中秋节等民间传统节庆，此外还有一些本省特殊习俗，仅就饮食文化而言就有五光十色的特点。比如，春节初一，晋西北多数地方吃饺子，平鲁地区称为"捞元宝"，寓有发财致富之意。煮饺子若煮破，人们称"挣了"，寓挣了钱的意味。五寨县则于初一早吃面粉蒸制的"枣篮""枣山"或年糕。吕梁地区讲究春节吃隔年捞饭、隔年箕子（捞饭是小米蒸煮制品，箕子是豆面面条），忻州定襄一带晚上加食南瓜稀饭，河曲、宁武在初一忌荤，食素，早餐为长寿面，配以酒枣、麻糖、点心，中午吃油糕，晚餐吃素粉泡浓茶。

农历二月初二日，俗称青龙节。山西民谚有"二月二，龙抬头"的说法。龙抬头，是山西民间普遍流传的不成节日的节日。青龙节里，民间流行着许多驱毒活动。青龙节也有饮食习俗。晋东南地区习惯用秫粉制作煎饼，慰问妇女。晋北地区喜食面条、粉条，名为挑龙尾，并要吃糕"糊狼嘴"和吃梨败火、打脏气。吕梁地区喜食煎饼，称为"揭龙皮"。晋南这天则一定要吃麻花、馓子，谓之"啃龙骨"。晋北地区民间讲究吃灶王爷前的枣山，一家几口人，将枣山切成几块，人均一份，最上面的山尖部分归家长享用。晋中地区喜食春饼，内卷很多菜，叫做"吃龙鳞"。在山西，这一天要理发，借以去掉昔日的秽气，迎接来年的兴旺。过了青龙节，整个"过年"才算结束。

山西的民间社火，内容丰富，形式多样。据统计，全省约有200多种，按其形式可分为锣鼓类、秧歌类、车船轿类、阁跷类、灯火类、模拟禽兽类、模拟鬼神类、武技类等。主要有闹花灯、闹红火、放烟火、高跷、跑旱船、跑竹马、小车舞、挑椅舞、狮子舞、龙舞、龙舟舞、中黄高台、倒悬花鼓、铁棍与背棍、渔翁戏海蚌、沈老爷坐轿、晋南血社火。山西知名的社火主要有太原对垒锣鼓，清徐铁棍，太原跑场秧歌和划旱船，

山西元宵节民俗表演——脑阁

原平凤秧歌和杠箱，晋北踢鼓秧歌，宁武小秧歌，灵丘县的云彩灯，大同小车会，汾阳县和孝义县的汾孝地秧歌，孝义挑椅子，晋西北九曲黄河灯，岚县上明镇上明龙灯，柳林盘子，左权花戏，晋中瓦瓮灯，昔阳迎灯，榆次南庄的架火，太谷牌坊沈老爷坐轿，阳泉迓鼓，寿阳县平头的耍鬼，屯留县的瞪眼家伙，沁水花鼓，长治斤秤锣鼓，武乡县顶灯，高平县凤和村的九连灯，襄垣、武乡秧歌，长治秋千，陵川县五鬼盘叉，临汾威风锣鼓，源于万荣县的晋南花鼓，新绛县花敲鼓，晋南花鼓，洪洞县金鼓乐，襄汾县转身鼓，运城花篮灯，临猗县七巧灯，河津县转灯，运城市贵家营的龙灯魔女舞，曲沃任庄扇鼓等。

另外民间节日还有送穷节、七夕、重阳节、晒衣节、添仓日、寒衣节、寒食节、腊八节、道教中元节、伊斯兰教的开斋节、洪洞大槐树寻亲祭祖节等，其中一些节日，人们多已淡忘，只在少数地区流行。有些则是今人新设的节日，赋予了新的时代精神。

資料鏈接：每逢清明节的前一天，晋中一带的老百姓家家户户不生火，不做饭，这一天吃冷食，当地人把这一天称作"寒食节"。寒食节，已经延传了两千多年。春秋时期，晋献公的儿子重耳做了晋国的国君，成了晋文公。在他分封大臣时，竟把"割股奉君"的老臣介子推给遗忘了。当派人去请介子推时，介子推已经背着老母亲躲到当时的郇县绵山上隐居起来。重耳于是下令焚山，企图逼介子推母子出山，但事与愿违，介子推至死不出山，与其老母抱着一棵树死于林中。晋文公懊悔不已，即把绵山改为介山，郇县改为介休县，而且把放火烧死介子推的那一天，即清明节的前一天，定为"寒食节"。山西民间禁火寒食的习俗多为一天，个别地方为三天。

饮食文化

山西地处黄河中游，是世界上最早的农业起源中心之一，更是中国面食文化的发祥地，久远的历史、丰富的内涵、深刻的文化底蕴令世人瞩目。独特的自然特质孕育了具有"杂粮王国"之称的魅力山西。独特的杂粮品种、极富创造性的山西民众以及其热情好客的风俗习惯逐步形成了独具特色的山西饮食文化。

山西人的饮食特点

山西人的饮食风俗，有着浓郁的黄土高原气息和传统的生活特色，但与毗邻的河北、陕西、内蒙古、河南诸省区相比，既有相通的民族性，又有独特的地区性。

山西人嗜吃面食。剔尖、拉面、刀拨面、刀削面，号称"山西四大名面"。山西有"中国面食之乡"的称号。

山西面食

山西人离不开醋。山西水碱性大，加上以杂粮如莜面、高粱、玉米、土豆等等高热、耐消化的食品为主，醋可帮助消化，山西人被称为"老醯（xī）儿"，山西人无论面条、包子、饺子、馅饼、炒菜（大部分）都离不开醋。

知识拓展：山西土特产品

在山西流传着一首歌谣："平遥的牛肉太谷的饼，清徐的葡萄甜盈盈，稷山的枣儿肥又红，榆次的西瓜爱煞人；大同皮袄白圪洞洞，太谷定坤丹顶有名，阳泉煤无烟火焰红，平定的沙锅亮晶晶；蒲州的柿子甜又红，沁州黄小米香喷喷，杏花村汾酒竹叶青，闻喜的煮饼赛点心；太原老陈醋酸淋淋，清和元头脑暖人心，小飞刀削面香煞人，六味斋酱肉味道美，认一力蒸饺鲜又嫩……"歌谣形象地描述了山西各种地方风味的名吃特产。一种小吃成为一个地方形象的代指。

山西人吃食喜辛辣，一向将大葱、韭菜、花椒、大蒜、辣椒乃至生姜等视为必不可少的佐餐小菜和烹调佐料。

山西人尚饮酒。山西杏花村的汾酒，已有1000多年的酿造历史。竹叶青、长治潞酒、祁县六曲香酒、蒲州桑落酒、忻州特曲酒、汾雁香酒、隰县玉屏酒、垣曲菖蒲酒等，多得数不胜数。

民间艺术

奔流不息的黄河哺育了中华民族，创造了东方文明，历代生活在黄河岸边的山西人民在黄河的熏陶下，创造了灿烂的黄河文化，形成了独特的风土民情。山西民间艺术涵盖范围广泛，包括民歌、锣鼓、戏曲、剪纸、面塑等。

山西，被誉为"民歌的海洋"。早在春秋时，就有很大的成就，《诗经》中"唐风""魏风"（包括《伐檀》、《硕鼠》）都是山西民歌。山西100多个县，几乎每个县都有它自己的民歌。现在已经收集起来的民歌达两万余首。山西各地的民歌，在艺术风格上是很不相同的。河曲、保德、偏关一带的民歌，音调高亢，音行跳跃性大，因此听起来颇有塞上高原的那种特有的辽阔、雄浑之感，而且抒情憨直、泼辣，朴素明快之中，又洋溢着诙谐、缠绵之美。左权民歌自成脉系，清新、柔媚。其中有不少"三拍子"情歌，这是其他民歌中所没有的。祁县、太谷、寿阳、太原民歌，无论内容上还是形式上，都较为灵活、自由、富于变化。晋东南壶关，晋城市阳城、沁水一带的民歌，调式古板，乡土习俗气味较重。沁源县的民歌善于抒发当地农民在现实生活中的热烈感情，具有浓烈的时代气息。

资料链接：山西的民间舞蹈种类很多，到现在为止，大约还保留着二百余种。如：鼓类舞就有花鼓、转身鼓、花庆鼓、扇鼓、五虎爬山、穿箱锣鼓、腰鼓、口含花鼓、牙鼓等近二十多种。花鼓舞以运城、临汾地区为盛。万荣县被称为"花鼓之乡"。山西的秧歌舞遍及三晋。大体可分为踢鼓子秧歌舞、汾孝地秧歌舞、原平凤秧歌舞、左权小花戏舞、侯马白店秧歌舞、临汾伞秧歌舞等几种类型。此外，还有狮子舞、龙舞、高跷、旱船、背棍、抬阁、吹弹歌舞以及各式各样的灯舞等等。

戏曲艺术　山西是中国戏曲艺术的发祥地之一，早在汉代，山西就出现了戏曲萌芽。到了北宋年间，山西各地到处活跃着诸如滑稽戏、影戏、歌舞戏、百戏、技艺戏等多种土戏，这些土戏在当时已是中国戏曲的雏形。后经泽州（今晋城）说唱艺人孔三传把单宫调改为诸宫调，就把山西实际也是全国的戏曲提

坐落在山西高平市王报村山冈上的二郎庙戏台，是遗存的金代戏台，被认定是我国目前发现的年代最早的戏台，比此前被认为是我国最古老戏台的山西临汾牛王庙戏台还早110年

高到了一个新的阶段。到了元代，戏曲艺术日趋鼎盛，而山西，不仅"名伶辈出"，同时还成了全国戏曲艺术的中心。仅以元代戏台而论，目前全国所发现的元代戏台，基本上都在山西晋南。如临汾魏村牛王庙的"乐亭"，临汾东关村的戏台，翼城武池村乔泽庙的乐楼，等等。到了明代，山西蒲

州、陕西同州、河南陕州一带的民间艺人，又大胆地把北杂剧唱腔进行改革，把胡琴、锣鼓、唢呐等吸收入戏曲，特别是出于换板式的需要而加了一副枣木梆子，这样就在山西境内出现了"蒲州梆子"戏。后由蒲州梆子分别与晋中、晋北、晋东南等地的土戏及风俗人情相结合，就又逐步形成中路梆子（晋剧）、北路梆子、上党梆子。此外，山西的戏曲剧种繁多，全国300多个剧种，山西就有54个，占到六分之一。

元代广胜寺明应王殿（水神庙）戏剧壁画

山西剪纸

剪纸艺术　山西的剪纸艺术，从风格上说，基本上分为粗犷、质朴的单色剪纸和婉约柔丽的彩色点染刻纸两大类。前者遍布晋南、晋东南、晋中、晋西北，后者集中于雁北一带，其中尤以广灵称最。在山西的民间剪纸中，有不少纹样，是用谐音手法设计的。如用"鸡""馨""如意"的形象表示"吉祥如意"；用"莲""鱼"形象表示"连年有余"；用"莲花""桂花"等形象表示"连生贵子"等。还有的纹样是传说中的象征物表示的，如"鹿""鹤"表示长寿，用"龙""凤"组在一起表示婚喜，即"龙凤呈祥"。在大量的

孝义皮影

剪纸作品中，可以看出以"龙""蛇""鱼""蛙"为内容的纹样最多，这正是以龙、蛇为图腾的华夏民族文化的最大特征。山西的民间剪纸还和各地群众的各种民俗活动，包括一年四季的传统节日、礼俗及生、婚、寿、丧等紧紧相连。

皮影艺术 山西的皮影艺术，早在我国宋代就广为传播。皮影多以牛皮为料雕镂而成，造型极为丰富，从天上到地下，从人物到走兽飞禽无所不有。皮影以平面曲线构图，人物全为正侧面形，生、旦、净、末、丑各种角色俱全，与戏剧脸谱、服饰相似。表演时挑签人以三根小棍操纵皮影人物的身躯及四肢，借助灯光把影像投射在"纸窗"或"纱窗"上，看起来别有一番风趣。

资料链接：山西的木版年画，始于宋、金时代。其中晋南木版年画，与河北武强年画、天津杨柳青年画、苏州桃花坞年画齐名。

霍州面塑当地人称之为羊羔儿馍。春节来临前，农家妇女会捏制小猫、小狗、小虎、玉兔、鸡、鸭、鱼蛙、葡萄、石榴、茄子、佛手等形象的面塑制品，以象征吉祥如意、福寿荣华。寒食节时，上坟祭祖用的面塑造型是"蛇盘盘"。据说，吃掉"蛇头"便能"减毒头，免灾祸"。农历七月十五，霍州境内面塑种类最多，有猪头、羊头、麦秸集、针线箩筐、顶针、剪子、针线、坐饽饽、狮、虎、狐狸等等造型。新绛面塑注重彩色点染，花色绚丽，所以当地人称之为"花馍"。花馍造型比较夸张，尤其以"走兽花馍"最为出色。五寨面鱼是用面粉捏成鱼的形状，经过着色加彩，用文火烘干，便可当工艺品收藏了。

平阳木版年画《四美图》

思考与分析

1. 你家乡的地方话有何特点？试举例说明。
2. 想想你生活的地区，在节日庆典时有何节庆活动？

第六章　山西文化的源头

这是一片神奇的土地，有莽莽青山、滔滔黄河；这是一块厚重的土地，历史悠久、人文荟萃。

据目前考古资料表明，地处黄土高原的山西，是中华民族发祥地之一，其历史文化非常悠久，有文字记载的历史，若从西周初年算起，也已三千多年了。山西旧石器时代遗址已发现300余处，数量暂居全国之冠。经正式发掘的近30处，基本上建立起山西旧石器文化发展序列。主要分布在中条山南麓的垣曲盆地、晋西南黄河沿岸及汾河流域，以芮城西侯度文化和匼河文化为代表。新石器时代的仰韶文化遗址，更是遍布全省。可见，早在石器时代，山西就是中国的文化中心之一。

黄河文明的源头

早在180万年以前，在今天晋南芮城县西侯度村已有人类生息繁衍。

1959年在西侯度遗址出土了大批古脊椎动物化石、32件石制品，带有切割和刮削痕迹的鹿角，火烧过的骨、角、牙等。动物化石有鳡鱼、鳖、鸵鸟、巨河狸、剑齿象、平额象、纳玛象、鬣狗、古板齿犀、山西披毛犀、双叉四不像、步氏真梳鹿、粗面轴鹿、李氏野猪、步氏羚羊、古中国野牛、粗壮丽牛、中国长鼻三趾马、三门马等，多数属暖温带以北的动物，今已灭绝。从动物群生态分析，当时其地是四季分明的疏林草原环境。

石制品以石英岩为材料，有石核、石片、砍砸器、刮削器和三棱尖状器。从分析可知，当时人掌握了三种直接打击的石器制作技术，即锤击法、砸击法

山西芮城西侯度遗址

和碰砧法。石器有大有小，大的石核重8.3公斤，最小的漏斗状石核仅33克。两件有人工痕迹的鹿角，都有割切或砍研使用的遗痕，可推知当时人类学会了使用骨器。在文化层中出土的一些动物骨、牙、鹿角，经化验证明是被火烧过的，可知此时的人学会了用火，这比北京猿人用火要早得多。

西侯度遗址保护标志

西侯度出土石器

西侯度遗址发现前，在襄汾县丁村就发现了多处旧石器早期（较晚）、中期文化遗址，出土了三棱大尖状器、小尖状器、斧状器等典型石器物。与北京人的石器相比，丁村人石器的制作有了明显的进步。

丁村文化最突出的化石材料，是发现了早期智人化石，系年龄为12岁或13岁的3枚人牙化石，学者考证此时人类处于北京猿人向现代人过渡的中间环节；另有2岁幼儿头骨后部化石，观察发现有印加骨①存在。说明丁村人与北京人、现代黄种人有密切的亲缘关系。

丁村遗址出土的动物化石极多，有鱼类、软体动物、哺乳动物化石等，反映了复杂的动物群存在，其生态环境是多雨湿润的草原森林地区，其气候条件与今日长江中游相似。

丁村文化分布广泛，发现于汾河下游的襄汾、曲沃、侯马，汾河中游的交城、古交，汾河上游的静乐等地，因此有学者称丁村文化为"汾河文化"。

丁村出土的幼儿头骨化石；三枚牙齿

1974年在山西阳高县许家窑村发现了许家窑文化。许家窑人的化石有20件，多为头部骨块。专家考证，其人处于早期智人阶段，较北京人进化，而较现代人简单，处于中国猿人与尼安德特人之间。

许家窑文化遗址出土3万余件石制品和大量骨角器，工具类型繁多，制作

_____

① 印加骨：一般指出现在顶骨与枕骨之间人字点附近的两侧对称的缝间骨。印加骨在南美洲印加人中有较高的出现率。

许家窑石器

峙峪人石器

精细，有刮削器、尖状器、砍砸器、雕刻器、石钻、石球等。刮削器又有直刃、凸刃、凹刃、两侧刃、龟背状、复刃及短身圆头者，其他石器亦各有分类。石球多达千件以上，推测有的石球可制飞石索。除石球外，石器工具几乎都是加工精细的细小石器，故学者认为属于华北旧石器之小石器传统，下与峙峪文化衔接，上承北京人文化。

1963年于朔县（今朔州市朔城区）峙峪村附近发现了属晚更新世晚期的峙峪文化遗址。此处出土了1.5万件石制品，一块人类枕骨化石，一件石墨装饰品，大量动物碎骨，5000余枚各类动物的牙齿和用火遗迹。碳14测定为距今2.8万年左右，系旧石器时代晚期文化。

石制品类型有尖状器、刮削器、雕刻器、小砍砸器、斧形小石刀和石镞。用石墨做成穿孔的装饰品有明显的摩擦痕迹，说明其时已出现钻孔和磨制技术。大量动物碎骨上有人工打制痕迹，有少量骨器。在数百件骨片表面刻有道痕，专家认为峙峪人可能已懂得简单的数量概念及原始雕刻艺术。

动物化石多达十数种，系华北旧石器时代常见者，食草动物占99%，马类又占食草动物90%以上，因此峙峪人又称猎马人。

下川文化发现于沁水县下川附近。在1978年发表的考古报告中指出，下川文化属中国最重要的细石器文化之一，亦属旧石器时代晚期。其文化遗址有20余处，散布于中条山主峰历山东侧的山间盆地，距今约2万年左右。

石制品包括细小石器和粗大石器两大类，打制者居多，但锥状石核、柱状石核、楔状石核及相应的细石叶产品颇有代表性。加工技术除用传统的石锤直接修整外，同时运用压制法。工具组群中，琢背小刀、石核式石器、圆头刮削器、三棱小尖状器、石镞均很典型。粗大石器仍占一定比例。砺石和研磨器的出现，表明当时已掌握了磨制技术。出土有7件锛状器，6件为砂岩，1件为燧石，均加工精细，可以用来刨平木料，是新石器时代石锛、铁锛、铜锛的雏形。石镞的出土则说明当时已应用了弓箭武器。

旧石器晚期文化还有1964年发现于蒲县薛关村的薛关遗址，1980年发现于吉县的柿子滩遗址。前者从出土工具看，其时人已掌握了修整兽皮、缝制兽皮以御寒

柿子滩岩画

的技能；而后者发现了山西迄今留存的最早的岩画，一为裸女图，一似狩猎格斗图或舞蹈图，说明精神生活已较丰富。

山西的仰韶文化

中国新石器文化以仰韶文化为代表，由于该文化1921年发现于河南的渑池县仰韶村，故名。这种文化在山西呈现多种类型，主要有东庄类型、西王村类型和龙山文化类型等。

东庄类型于1958年发掘于芮城东庄村，故名。同样的文化主要分布于晋南各地。东庄遗址发现有圆形半地穴房址、储藏食物之窖穴、烧制陶器之窑穴；外表绘有黑色三角形图案和鱼形花纹的陶器；还有石斧、石锛、石刀、弹丸、纺线轮、敲砸器、陶锉等工具，以及石箭头、骨箭头、骨笄、牙饰、陶环等。同时发掘5座墓葬，其中有双人同性合葬墓、多人二次合葬墓、小孩瓮棺墓。发现表明，其时古人类已进入集农业、狩猎、纺织为一体的生活时代，也有了爱美的观念。墓葬还说明当时处在母系氏族社会，氏族内有若干母系家庭。社会进化已超越了西安半坡遗址文化。

西王村类型分布于山西全省，代表性的有夏县西阴村、芮城西王村、翼城北橄村三处文化遗址。西王村文化发现于1960年，出土有生产工具及猪、狗等动物骨骼，说明其时已能饲养驯化动物。还有彩绘陶器，绘有植物花纹或网纹。曲腹的碗盆、双唇小口尖底瓶是有代表性的生活用具。另有124件陶制环形装饰品，分圆形、六角形、九角形三种形状，陶环上有花纹、辫纹、乳丁纹，可见其时人类的审美观念，且表明已有了几何形体观念。

垣曲古城镇东关文化遗址也属西王村类型，系仰韶

夏县西阴村出土的尖底瓶

文化晚期。发现有地面木构建筑，建房技术大大改进，生产工具多为磨制，钻孔技术普遍运用，骨器、角器、蚌器及陶质工具增多，制作精良，反映了生产、生活水平之提高。

龙山文化以1928年发现于山东章丘镇龙山村得名，山西已发现此类型文化有100多处。重要的有芮城西王村，平陆盘南村，垣曲东关镇、丰村和龙王崖，夏县东下冯，襄汾陶寺，石楼岔沟，太谷白燕等。综观上述各址，出土陶器以篮纹为典型，制陶已使用轮制术，石斧较厚重，发明了双齿木末，还有半月形石刀、石镰和蚌镰。动物骨骼有猪、狗、牛、羊、鸡，渔猎在生产活动中也占

一定比重。住宅建筑较半地穴房屋有所改进，居住间抹有白灰。多数还有白灰面墙裙，是国内最早的窑洞建筑。

陶寺遗址发掘现场

陶寺出土的彩绘蟠龙陶瓷

龙山文化晚期还有陶寺类型，地处临汾盆地，遗址约 70 余处，以襄汾陶寺最为典型，绝对年代约在前 2500—前 1900 年。陶寺遗址发现有：地面建筑、半地穴建筑和窑洞基址，室内地面有经压实或熔烧的涂草拌泥表面，有白灰墙裙的室壁；有井底安装有圆木构架以护井壁的水井；有石灰窑。生产工具多数为扁平长方形石铲；此外的重大发现有木案、木俎、木几、木匣、木盘、木斗、木豆、木鼓等彩绘木器，还发现一件红铜铸成的小铜铃，含铜量达 97.8%，可知冶铜术已发明。公共墓地宏大，墓有千余座，占地 3 万多平方米。大型墓占 1%，有木棺，随葬品达一二百件，有彩绘的陶器、木器，成组的玉或石制礼器、木鼓、石磬、彩绘龙盘等，彩绘纹样接近商、周青铜器的装饰。中型墓约占 10%，亦用木棺，葬品较少，一般是成组陶器、木器及玉、石器及猪下颌骨，葬体多男性，女性者多葬于大型墓两侧。小型墓约占 90%，基本无随葬品。

另一种属龙山晚期文化的"晋中类型"，主要分布在太原盆地及周围，并向西北延伸到内蒙古河套一带，代表性遗址有太原东太堡、太谷县白燕、汾阳杏花村和峪道河。

中国史前社会大型石器制造场发现有 6 处，山西就有 3 处，分别在怀仁鹅毛口、太原古交、襄汾大崮堆山。这些石器场有可能从旧石器时代沿用到新石器时代，乃至阶级社会早期。

文献传说中的史前文化

中国古籍传说记载有许多有关山西史前文化的内容，比较具体、形象地反映了山西史前社会的情况，传说中著名的人物女娲、黄帝、尧、舜、禹都曾在山西活动。这些人物的名号有的可以视为一个人，有的也可视为原始部落联盟首领世代相传的共名。历史文献上的传说存在着许多荒诞成分，但是却未必都

山西吉县人祖山人祖庙内的女娲庙外景

66

壶关女娲湖

没有道理，许多历史传说中都或多或少含有一些史前事实的影痕，从中可窥视到当时的社会情境。

女娲 女娲被称为中华之母。女娲补天、女娲造人的神话传说流传久远，在山西留有许多关于女娲传说事迹的遗址或纪念地。太行山古称女娲山、皇母山。在吉县柿子滩、晋城浮山、平定浮化山、赵城侯村有女娲的补天窟、补天台、女娲葬地娲皇陵等。柿子滩有裸体女性岩画，有人猜想即女娲的形象。传说女娲"斩黑龙以济冀州"，《尚书·禹贡》记当时冀州之域正在山西。可以推想，女娲或是原始母系氏族时代的部落联盟首领，古人认为女娲有繁衍人类、首创婚姻制度之功，或称其与伏羲是兄妹成婚，为人类之祖。

炎黄二帝 炎帝和黄帝被中国人尊为共同的祖先，国人往往自称炎黄子孙。《国语·晋语》称"昔少典娶于有蟜氏，生黄帝、炎帝"。似乎二帝是兄弟行。黄帝时代发明养蚕、舟车、文字、音律、医学、算数；炎帝，又称神农氏，是农业创始或改进者，并发明医药学。这些均可看作中华文化的源头。

传说黄帝与蚩尤大战于涿鹿之野，并于此建都，有学者认为其地主要在晋南，活动范围辐射于华北、中原及江浙、四川等地域。

传说解州得名出于黄帝俘杀蚩尤，分解其身首的故事。解州有方圆百里的盐池，盐水鲜红，据说系蚩尤的鲜血所染。黄帝的名相有风后、力牧二人，风后死后即葬于晋南西南的风陵渡。黄帝史官仓颉相传为文字发明人，临汾南关外西赵村，传言有仓颉故宅遗址。

相传炎帝的遗迹在长治市北，有百谷山，宋代《太平寰宇记》称此为"神农尝百谷"之地；又传高平、长子县交界处羊头山有炎帝陵、神农城、炎帝行宫、神农泉，北魏《风土记》称此为"神农得嘉谷处"。长治市东10千米处的老顶山，相传炎帝在此活动频繁，现已辟为国家级森林公园，为炎帝的纪念地。传说中早于炎帝、黄帝的还

山西高平炎帝陵

羊头山石窟

资料链接：《山海经·北次三经》："炎帝之少女名曰女娃。女娃游于东海，溺而不返，故为精卫，常衔西山之木石，以堙于东海。""精卫填海"的所在地"发鸠山"就在长子县城西25千米处，那里也是"浊漳河"的发源地。

有吉县庖山顶的伏羲故宫及石楼县石楼山的有巢氏栖居处。还有传说是祝融氏修筑的古城，一在汾阳市城西，一在左权县城北。虽不可尽信，但可资游览。《左传·昭公元年》载，少昊金天氏的后裔名台骀，曾疏导汾、洮二水，筑堤防洪，封之于汾河流域，尊为汾神，其子孙分为沈、姒、蓐、黄四国。今太原晋祠有台骀庙，为后人祭祀处。

尧 尧出陶唐氏。史称尧都平阳，即今临汾市尧都区一带。今临汾城南有尧庙，为著名景点。尧是儒家尊崇的贤君，《尚书》称尧"克明俊德，以亲九族；九族既睦，平章百姓；百姓昭明，协和万邦"。《史记》评价他"其仁如天，其智如神"。尧重视农事，命羲和观察天象，制订历法。俗传尧时在黄河击鼓耕田，为今日河东威风锣鼓之起源；古老的民歌《击壤歌》"日出而作，日入而息，凿井而饮，耕田而食"等等，就出现在尧时。传说尧派后羿射日除害，救民于水火，又诛除了凿齿、九婴、大风、猰貐、修蛇、封豨等六害。这六害或是指凶猛怪兽，或是指以此为图腾的作乱的氏族。从尧到舜、禹，百姓都同洪水泛滥作了不懈的斗争。尧时出以公心实行禅让制，即尊重民意推举首领的交权礼让制度。

山西临汾尧都区尧庙

舜 舜出有虞氏，史称舜都蒲坂，即今永济。传说舜耕种于历山，打鱼于雷泽，制陶于河滨，皆在晋南。舜是大孝子，父母嫌弃他甚至加害于他，他仍然孝敬父母，友爱不成器的弟弟。舜经尧的考验成为继承人，任用贤臣八恺、八元，管理社会事务，并整顿内部，"流四凶族：浑敦、穷奇、梼杌、饕餮投诸四裔"。今晋南平陆传为有虞氏之虞国所在，永济有舜庙，蒲州苍陵峪有舜妻娥皇和女英遗迹。大约舜时部落联盟会议已逐渐向国家机构演化。

禹 禹是中华民族著名的治水英雄。史称禹都安邑，在今夏县鸣条岗，旧名夏故城，一名禹王城，有夏王朝殿故址，俗称金殿。传说禹父鲧治水用堵法，多年无功，被尧治罪诛杀，复命禹治水。禹用疏导法，艰苦卓绝，治水十三年，三过家门而不入，终于战胜洪水，保民安居乐业。《史记》称禹"导河积石，至于龙门，南至华阴，东至砥柱，又东至于孟津"。龙门一带今称禹门口（在

大禹像（芮城大禹渡）

今河津市西黄河岸），今芮城南黄河边有大禹渡，通河南，均为著名景区。今忻州有系舟山、禹王洞，又有禹"打开灵石口，空出晋阳湖"的民谚，均与大禹治水有关。在传说中，大禹被塑造成帝王的形象，说他平定九州，足迹遍布全国，他曾召开涂山大会，各方诸侯向他进献玉帛，防风氏因迟到被杀死。又说禹曾铸造九个大铜鼎，鼎上铸刻有九州山河及各处兽物形象，是大权在握的象征。大禹晚年选皋陶、伯益为继承人，但最终由其儿子启继位，开创了"家天下"的第一代王朝——夏。

叔虞封唐

了解晋文化，离不开先秦的晋国。这不仅因为晋国是山西简称"晋"的由来，而且晋国文化也确实是晋文化的源头。晋国之前的文化可视作晋文化的序幕，晋国则是中国进入文明时代后在山西最早的、呈规模的、长达600年的国家形态，尤有特色。

叔虞所封唐地原有古唐国。尧，又称唐尧、陶唐氏，其国号即为唐。尧都平阳，其政区范围在今临汾、运城地区。襄汾陶寺遗址的文化均符合尧的文献记载年代。平阳即临汾市古称，临汾一带关于尧的传说甚多，今翼城还有一个尧都村，以"唐"命名的村子有好几个。尧的后代继承唐的封号，唐在商代是有名的方国。

《史记》记载的传说"桐叶封弟"流传久远，似乎是周成王一时戏言所致，其实是不可信的。著名考古学家张颔先生有专文辩其致误原因。张颔先生认为，是桐、唐古文字音同形近的讹传，大抵出于战国人的附会。事实上，叔虞是有大功于周室而受封于唐的。《国语·晋语八》引叔向的话说："昔吾先君唐叔射兕于徒林，殪，以为大甲，以封于晋。"说明叔虞武艺高强。《左传·定公四年》也记载，唐叔受封时，曾分得"大路、密须之鼓、阙巩、沽洗、怀姓九宗，职官五正"等等。可见叔虞一定是因大功而获重赏，或可能是直接参与周公诛灭古唐国的

> ### 知识拓展：桐叶封弟
>
> 《史记·晋世家》："武王崩，成王立，唐有乱，周公诛灭唐。成王与叔虞戏，削桐叶为珪以与叔虞，曰："以此封诺。"史佚因请择日立叔虞。成王曰："吾与之戏耳。"史佚曰："天子无戏言。言则史书之，礼成之，乐歌之。"于是遂封叔虞于唐。唐在汾河之东，方百里，故曰唐叔虞。姓姬氏，字子于。

晋侯平戎盘铭（局部）

战争而立的大功。

叔虞受封时成王"命以《唐诰》，而封于夏墟，启以夏政，疆以戎索"。夏墟，即大夏之墟，地理位置亦在晋南。诰命嘱咐叔虞要用夏朝的制度治理华夏旧族地区，对边境戎狄等民族要照顾当地的风俗习惯。这种做法类似今天的"一国两制"，有利于民族和平融合，互利共存。并为后来晋国婚姻制度的开放、魏绛和戎政策的实施以及楚才晋用等奠定了基础。故有人评论说，晋文化有三大特征：艰苦奋斗的开创性，兼容并包的容纳性，以及历史悠久的传承性。

叔虞去世，其子燮父时唐改国号为晋。过去有一种说法，晋之得名源于其地有晋水，前人认为晋水即平水，在临汾城南入汾水；有学者认为即今翼城之浍水，"浍""晋"音近，浍水即晋水；也有学者认为晋水即今翼城、曲沃交界处天马—曲村附近的滏河。还有学者认为唐叔虞曾"得以嘉谷献之成王"，晋之得名由于"进献"之意，"晋"与"进"意思相同。又有学者认为，"晋"与"箭"古音义可通，当时此地习射猎、善造箭，故名之曰晋。这些说法都有一定的道理，究竟出自哪一种，目前还一时难以判定。

"曲沃"代"绛"

20世纪90年代，在山西曲沃天马—曲村遗址的中央发现了晋侯墓地。目前，共发现属于晋国早期9位晋侯和他们夫人的墓葬共19座。大量精美的青铜器、玉器是墓地出土的主要文物，数十件青铜器上有铭文，其中记录有6位晋侯的名字。一个叫"稣"的晋侯与史书中晋献侯的名字一致，考古学家排出的墓葬顺序也和《史记》记载的晋侯世系相吻合。9位晋侯，依次是改唐为晋的晋侯燮父、晋武侯、晋成侯、晋厉侯、晋靖侯、晋釐（xī）侯、晋献侯、晋穆侯和晋文侯。

晋国自唐叔虞创业以来，一直是周王室的股肱之国，伴随着周王室，稳稳当当地走完了西周275年的旅程。

公元前806年，晋穆侯随周王讨伐条戎、奔戎（大约活动在今山西绛县、夏县、平陆、永济一带），战败回来立公子仇为太子。晋穆侯十年，穆侯率军攻打千亩（今安泽县北）的戎族获胜，又生公子成师。当时就有国人议论：公子仇名字不吉祥；成师名字好听，够富贵。按照周代嫡长子继承制度，公子仇年长于公子成师，且都为正妻晋姜所生，那么晋国未来的国君就是公子仇，公子成师最多也是作为小宗分封出去，另立门户。

公元前785年，晋穆侯去世，其弟殇叔发动政变而自立。四年后太子仇率党徒杀殇叔，夺回君位，这是晋国史上有文献记载的第一次君位篡夺之争。

公元前781年太子仇登位，是为晋文侯，在位35年。晋文侯在晋国历史上是一位杰出的君王。他在西周末幽王之乱中，协助周平王迁都洛阳，是为东周之始。周平王为了勉励、嘉奖晋文侯勤王之功，曾作《文侯之命》，这篇文诰至今仍被保存在《尚书·周书》之中。

公元前746年，文侯逝世，公子伯继位，是为晋昭侯。此时的晋国内部矛盾激烈，农夫徭役沉重，公田、私田荒芜。而晋昭侯却忘记了其父袭杀殇叔夺取政权的艰辛，把他的叔父成师封于曲沃，史称曲沃桓叔，为自己种下了一枚难咽的苦果。此时的桓叔有丰富的阅历和政治经验，史书记载他"好德，晋国之众皆附焉"，善于笼络人心。曲沃很快成为晋国的又一个政治中心。公元前739年，桓叔指使晋大夫潘父杀了昭侯并迎接桓叔入绛。但由于晋王室旧贵族的反击，赶走了桓叔，把昭侯的儿子平扶为国君，即晋孝侯。

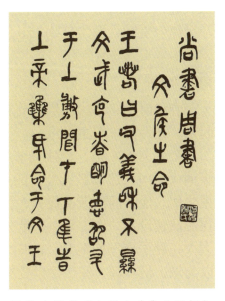

姚奠中篆书《文侯之命》（局部）

公元前732年桓叔病死，其子庄伯继位。公元前725年，庄伯攻入绛都杀死了晋孝侯。晋国王室拼死抵抗，并借荀国之力击退庄伯，又立孝侯儿子郄为君，是为晋鄂侯。

经历了这次挫折之后，庄伯一方面增强自己的实力，另一方面积极争取其他诸侯国乃至周王室的支持。几年之间，双方力量的对比发生了变化，形势对庄伯非常有利。公元前718年，庄伯曾率军逐走鄂侯。但是，一向支持他的周王室突然改变态度，反立鄂侯儿子先为哀侯，并命人讨伐庄伯。庄伯只得退回曲沃。

公元前717年，庄伯死，其子称继位，是为曲沃武公。武公杀哀侯与大夫栾共叔，晋又立哀侯子小子为君，称小子侯；武公又诱杀小子侯，晋又立哀侯弟缗为晋侯。公元前678年，武公一举扫灭晋公室，并尽掠晋国的青铜礼器、珠宝玉器贿赂周釐王，从而换取了周王室对曲沃小宗的认可。这样，晋武公终于完成了"曲沃代绛"的任务，正式当上了晋国的国君，晋国也重新获得统一。

纵观春秋一代，各诸侯国为争夺王位而展开内乱、弑君篡位之事可谓数不胜数。但是，像晋国这样的国内分裂长达67年，连杀五个国君并且赶走一个国君，斗争波及周王室以及七八个诸侯国，确实独一无二。从表面上看，曲沃小宗和绛都王室的争斗好似统治阶级内部争权夺利的斗争，而实际是一种新生力量代替腐朽势力的结果。曲沃小宗推行的政策都比绛都王室更进步一些。同时，小宗灭掉了大宗，也意味着分封制礼崩乐坏的开始，也使异姓卿有机会崛起。

曲沃代绛后，新兴的晋国充满活力，在晋武公及其子晋献公在位时期，晋国近乎疯狂地横扫太行山以西，领土面积急剧扩大，国力迅速膨胀。晋国逐渐强大起来，后又连续吞并周边16国，开疆拓土，为以后文公称霸、襄公接霸乃至悼公复霸，晋国延续150年的霸主地位，打下了坚实的基础。

晋文公称霸

春秋时期，各国争霸。晋国渐渐吞并了山西境内许多小国，势力慢慢强大起来，开始谋求霸主地位。

公元前676年，晋献公继位后雄心勃勃，先用离间计将曲沃与翼的公室贵族消灭干净，造成晋无公族的局面，把政权牢牢掌握在手中，接着清理周边敌视之国。他曾两次借道伐虢，伐霍、魏，又灭骊戎、东山赤狄皋落氏、翟柤等。在军队建设上"作二军"，献公统帅上军，其子申生统帅下军，靠此东征西讨，大大拓展了晋国的地盘，故周大夫宰孔称晋国当时疆域："景霍（即太霍山）以为城，汾、河、涑、浍以为渠，戎、狄之民实环之。"（《国语·晋语二》）大约占有了今山西南部与陕西的一部分、河南沁阳等一大片地区。《史记》则称："当此时，晋强。西有河西，与秦接境，北边翟，东至河内。"为以后晋称霸中原打下了基础。

公元前636年，在外颠沛流离19年的重耳，历经千辛万苦，在秦国的帮助下，回到晋国做了国君，史称晋文公。

晋文公逃亡期间辗转八国，备受艰难困苦，积累了丰富的政治经验，立志改革。

从《国语·晋语四》的记述来看，改革大致包括三方面的内容：一、改革生产工具，奖励农垦，发展生产；降低关税，吸引外商入晋；调整生产关系，减轻百姓负担，开源节流。二、任用了一大批功臣和多年被排挤打击的旧贵族。如胥、籍、狐、赵、魏、萁、栾、柏、羊舌、董、韩等大族都得到启用。同时对一些人不计前嫌，既往不咎，重新任用，如有罪者寺人披等，收揽了人心，增强了内部团结。三、明确规定了社会各阶层等级分明的俸禄制度，按照"公食贡，大夫食邑，士食田，庶人食力，工商食官，皂隶食职，官宰食加"进行有序治理。由于文公"明贤良"又"尊贵宠"，兼顾新人才与旧贵族利益，协调了内部关系，迅速达到了富国强兵的目的。

晋文公即位第二年，周王室发生王子带之乱，秦穆公屯兵河上。晋文公知道后，不顾政局甫定需要巩固，立即辞掉秦师，发兵兼程倍道攻破王子带驻地，俘获王子带送交周襄王，平息了周室内乱。此役速战速决，得周王赏赐大片采邑，同时大大提高了晋国在中原的国际声望。

公元前632年，晋文公为建立霸业与楚国进行了一场著名的大战——城濮之战。战争一开始，晋军看到楚军来势凶猛，便以报答当年文公在楚国流亡时受到的礼遇为理由"退避三舍"，以避开楚军的锋芒，最终诱敌深入，取得了胜利。

城濮之战后，晋文公在今天的河南原阳西南大会诸侯，被推举为诸侯之长。周襄王也被迫承认晋文公为霸主。

晋国的霸业从晋文公开始，一直延续到公元前482年晋吴黄池之会。在整整一个半世纪中，晋国的霸业使山西成为左右天下大局的中心。

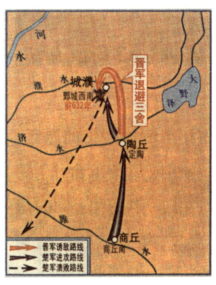

城濮之战示意图

三家分晋

从晋平公开始，晋国公室力量越来越弱，一些新的力量逐渐崛起，前期是赵、魏、韩、智、范、中行六卿，后期是韩、赵、魏三家。

晋平公即位后，所谓公室旧贵族能列入卿位的仅剩下栾氏一家了。但是栾氏骄横，与范氏结下了怨仇，在内讧中，范氏指使士鞅杀掉栾氏全族。栾氏灭亡之后，晋国的卿位全都落到了异姓贵族手中，即范、中行、智、赵、魏、韩六卿。

从公元前557年晋平公即位，到公元前453年百余年间，是从六卿专政到三家分晋的过渡时期。这一时期大致分为两段，前五十年为一段，即六卿轮流执政时期，后五十年为一段，是六卿兼并斗争的高潮期。

前五十年期间，因为六卿势力大致相当，基本维持着一种均衡的政治局面，而在暗中都加紧增强经济军事实力，建设牢固的根据地，为下一步的兼并做好准备。此时由于铁器的使用，牛耕的推广，私田不断开垦，井田制随之破坏。为适应当时的形势，晋国六卿中赵氏、韩氏、魏氏大力改革旧亩制，减轻了农夫负担。范氏、中行氏、智氏改革的步子较小。同时，为维护政治均衡的局面，公元前513年，晋国赵简子和荀寅把"范宣子"法铸在铜鼎上公布于众。晋国刑鼎的公布，引起很大的震动，孔子强烈反对，认为这种做法与周礼背道而驰。

在行政建置上，春秋前期，随着晋国的扩张，在地方行政组织名称上，出现了一种叫"县"的单位。晋国是靠武力拓展疆土的，其稳定性很差。为了调动功臣的积极性，就把这些边远的疆土赐给他们，使其逐渐稳定化。为了使这些疆土与晋国固有的邑相区别，遂称之为县。由于初建的县处于边地，必须驻兵把守，县便是一种军政合一的组织。

春秋晚期，卿大夫大力蚕食公田，县向内地发展，逐渐取代了都邑。到公元前6世纪，晋国已有50余县。原来县的地位高于郡，赵鞅即有"上大夫受县，下大夫受郡"的誓令，后来县地位下移，隶属于郡，成为一级行政单位。秦始皇时全国推行郡县制，即承此而来。

公元前525年，晋国赵鞅位列六卿，在韩起等人的协助下，赵鞅逐渐崭露头角。30多年后，赵鞅在韩、魏、智支持下，打败并逐走了范氏和中行氏。在此期间，赵氏为了团结宗人，共同对敌，曾多次与亲信家臣盟誓。1965年在山西侯马考古发掘中，在326个坑内出土了5000余件朱书玉、石片，这就是有名的《侯马盟书》。经考古研究，盟书内容分宗盟、委质、纳室、诅咒、卜筮五大类，反映了当时晋国内部激烈的争权斗争，盟书在古文字研究和书法艺术史上均有重大价值，是新中国成立以来最重要的考古发现之一。

侯马盟书：春秋晚期晋定公十五年到二十三年（前497—前489）晋国世卿赵鞅同卿大夫间举行盟誓的约信文书

赵鞅死后，其子无恤代立为卿，无恤即赵襄子。当时晋国的执政者是智瑶。公元前454年，智瑶与韩虎、魏驹、赵无恤瓜分了范氏、中行氏的全部领地，引起了晋国国君晋出公的强烈不满，晋出公想借齐鲁之师驱逐四卿，四卿联合起来围攻晋出公，晋出公匆忙逃往齐国，死在半路上。智瑶另立晋昭公的曾孙骄为国君，是为晋哀公。此时，智瑶专权自大，借机向韩、赵、魏索取领地。赵襄子拒绝了智瑶。于是，智瑶又联合韩、魏围攻赵氏，赵襄子跑到晋阳，从而揭开了三

晋侯墓地出土之玉龙

家灭智战争的序幕。

晋阳城（今太原市西南）非常坚固，军备也充足，智瑶与韩魏军队连续进攻三个月不下，便包围了晋阳城，并引晋水围灌晋阳城。城墙没有被淹的部分只剩三版（2.4尺，约0.8米）。城中"巢居而处，悬釜而炊，财食将尽，士卒病羸"，形势万分危急。赵襄子急派谋士张孟谈半夜出城，以"唇亡齿寒"的道理游说韩、魏两家，二家与赵暗定盟约，按时起事，决堤水反灌智伯营寨，智军大败。赵襄子追杀智瑶于榆次凿台。赵襄子杀智瑶，以其头骨为溺器。智氏家臣豫让因智氏曾以国士待己，决心为智氏报仇，要刺杀赵襄子。豫让先藏于厕中谋刺，未遂；又漆身吞炭，为哑人，伏于桥下谋刺，事觉被捕，请得赵襄子之衣，拔剑三跃而击之，然后慷慨自杀。豫让成为士为知己者死的楷模。

战国后期韩赵魏略图

灭智瑶之后，赵、魏、韩三家控制朝政。晋公室又历哀、幽、烈、孝、静五世君主。幽公时，三家以绛与曲沃二城留幽公管辖，其余晋地统统被瓜分，此后三家各自独立为国，是为"三家分晋"，成为战国时代开端的重大事件。公元前403年，周烈王册封三家为侯，赵、魏、韩分别成为战国七雄之一。

思考与分析

1. 为什么说山西是黄河文明的源头？请举史实说明。
2. 秦统一以前，山西文明的基本特点是什么？

第七章　山西的军事文化

翻开中国古代史，就可以发现，古代山西是游牧文明和农耕文明的交接地带，同时还有自己独特的三晋文化。多元文化汇聚的冲突往往以军事冲突为最高表现形式。

山西又因其特殊的山川地形和地理位置，自古以来就是兵家逐鹿的大舞台。当中央王权强盛统一的时候，山西就成为安国抚民的战略据点；一旦中央政权衰弱崩溃，手握重兵的将领们又以山西作为窥视中央政权的制高点，趁机称王称霸，割据一方。难怪清初著名地理学家顾祖禹提出了"天下之形势，必有取于山西"的观点。

战争的政治地理背景

山西山河相依，地势险要。东以太行为屏障，西倚黄河与吕梁山，长城雄踞北边。内部大同、忻定、晋中、临汾、运城、上党诸盆地既局部封闭，又有隘道互相连通，呈串珠状排列。

山西北接大漠，南接河南，右承陕西，左屏河北，不但在中原内部是历代

> **知识拓展：山西之形势，最为完固**
>
> 顾祖禹《读史方舆纪要》："山西之形势，最为完固。关中而外，吾必首及夫山西。盖语其东则太行为之屏障，其西则大河为之襟带。于北则大漠、阴山为之外蔽，而勾注、雁门为之内险。于南则首阳、底柱、析城、王屋诸山，滨河而错峙，又南则孟津、潼关皆吾门户也。汾、浍萦流于右，漳、沁包络于左，则原隰可以灌注，漕粟可以转输矣。且夫越临晋，溯龙门，则泾、渭之间，可折棰而下也。出天井，下壶关，邯郸、井陉而东，不可以惟吾所向乎？是故天下之形势，必有取于山西也。"

东西冲突的必争之地，也是游牧文化和农耕文化的交错之地。特殊的地理位置和地形特征，使山西成为历史上重要战争策源地之一，也成为不同性质、不同类型战争的战场。

历史上，当中原政权分裂、诸侯纷争或北方少数民族入侵中原腹地时，常以华北平原和关中盆地为基地相互对峙，或以山西为基地谋求兼并四方。故晋南的东、西边界或内部便成为诸侯之间军事对垒的战场。历史上许多有深远影响的大战，都发生在这个地区。

西北蒙古高原的游牧铁骑要南掠中原，山西是必经之地。同时因有长城、恒山等山河之险可以凭借，山西又成为以步兵为主要兵种的中原农耕民族政权的最佳防线。汉匈之间、唐与突厥之间、宋辽之间、明与蒙古之间的民族战争多发生在晋北地区。中国古代社会早期，最终能入主中原的少数民族，多是先迁居山西，和汉文化逐渐融合，趁中原王朝衰败和内乱之机，起竞争天下的雄心，兴兵发难。匈奴刘渊政权、北魏政权、后唐李克用等政权莫不如此。

秦汉以来，中央政权的早期都城咸阳、西安、洛阳以及后期都城开封、北京，其地理位置都处于山西高原周围的关中盆地或华北平原地区，故都把地处京师上游的山西，作为一个军事堡垒经营。许多王朝的末年，在以攻克都城为目标的改朝换代战争中，山西又成了厮杀的战场。重要的战略位置，使山西区域战争频繁，也给山西人更多的参与战争的机会。不管是在民族冲突中，还是王朝兴起的军事集团中，往往都有山西籍军人活跃于其间，历史上许多杰出的山西籍军事人才，多是从这些战争中涌现出来的。

三次军事人才涌现高峰

战争是军事人才产生的摇篮。山西历代众多军事人才的产生，就是和山西在历史战争中特殊的战略地理位置有关。长期的战争环境，使山西出现了许多战争文化景观，同时也产生了在独特的战争环境下人们生存与发展的生活方式。这种区域战争文化造就了山西军事人才荟萃。从春秋战国至宋初，山西军事人才的出现伴随着战争呈现出三个历史高峰期。

春秋战国时期，晋国崛起于山西，称霸天下百余年。三家分晋以后，山西是秦统一六国的主要战场。这时，山西军事人才出

资料链接：先轸是春秋时期晋国著名的军事将领，既有筹谋策虑之长，又有临阵指挥之能。先轸在城濮之战与崤之战中屡立战功，成为了我国历史上第一位有元帅头衔并有着元帅战绩的军事统帅。

公元前627年，狄人侵晋。先轸作为晋国主帅，出兵抗击。战争中，先轸免胄而冲入狄人阵中，结果身亡。他葬于今山西省晋中市左权县境内。

现了第一个高峰期，霸主晋献公、晋文公、名将先轸、孟明视、廉颇、李牧、勇士豫让等都出自山西。这个时期主要进行的是诸侯割据与统一战争，军事人才主要是山西晋南的汉族人物。

西汉与匈奴的民族战争中，卫青、霍去病等山西籍军事人物名垂青史。东汉末年至隋初，随着国家的分裂和西北少数民族匈奴、鲜卑南迁到山西等地，割据战争、民族战争、统一战争交错频繁，山西出现了第二个军事人才高峰期。三国时期"武圣人"关羽以及张辽、徐晃、郭淮、贾逵等山西籍名将辈出；西晋末年，从刘渊发难于离石开始，以后前赵石勒崛起于武乡，拓跋魏、尔朱荣、宇文泰、高欢先后从晋北兴起，代北猛将如云。

从这些将领来看，两汉至西晋的军事人才主要产生于晋中、晋南地区。如，东汉直到唐末的军事人才世家闻喜裴遵家族、太原王沈家族、阳曲郭淮家族、祁县温恢家族等多肇基于此。西晋末年以后的军事人才，则多是少数民族人物或"胡化"的汉人，如刘渊、石勒、拓跋魏、拓跋焘、尔朱荣、宇文泰等领袖人物以及长孙嵩、于栗䃳、王思政、斛律光等名将。

资料链接：尉迟恭，唐朝名将。鲜卑族，朔州鄯阳（今山西朔州市平鲁区）人。尉迟恭纯朴忠厚，勇武善战，一生戎马倥偬，征战南北，驰骋疆场，屡立战功。玄武门之变助李世民夺取帝位。后被尊为民间驱鬼避邪、祈福求安的中华门神。传说其面如黑炭，在中国传统文化中，尉迟恭（敬德）与秦叔宝（秦琼）是"门神"的原型。

隋末，李渊自太原起兵，山西人多"从龙之臣"，以后和突厥等之间的民族战争中，先后涌现了很多著名将帅，如尉迟恭、薛仁贵、裴行俭、封常清等。唐末到宋初，由于中原内部社会矛盾的激化和沙陀少数民族的南迁，山西又是战事不断，后唐、后晋、后汉先后从山西起家。山西出现了军事人才第三个高峰期。一部五代史列传，山西籍军事人才占立传人物的半数以上，不但有李克用、李存勖、石敬瑭、刘知远等领袖人物，名将如李嗣源、李存孝、王全斌、张永德、杨业等等，人数甚多。

金元以后，随着山西战争数量的减少，山西军事人才在全国各区域中的地位有所降低，明清时期，随着科举选士制度的完善，许多山西籍军事人才开始通过科举涌现，一是武进士出身，山西武进士有籍贯可查的明代184人、清代385人，多直接被授予武备、总兵、副总兵等武将职衔，如清乾隆年间武状元马全、任举等；二是文进士出身，在以后的仕途中，或者参加策划、指挥民族战争，如明代杨博、王崇古、万世德、任环等人，或者在镇压国内农民起义时参与了战争，如明代孙传庭、郑崇俭，清代乔松年等。明代的山西北部，由于长期和蒙古处于战争对峙状态，在大同、朔州军人中，许多人世代从军，成为名将家族，如麻贵、曹文昭等。

区域军事文化影响

长期生活在战争环境中，使当地人对战争有更多亲身感受和参与机会。如此的历史沉淀，形成了独特的区域战争文化。在山西，遗留下的战争物质景观，与人们对待战争的态度以及生存方式一起，组成了山西独特的军事文化。

在这种文化氛围的熏陶下，山西许多地方形成了强悍、朴质的民风。所以五代郭威说："河东山川险固，风俗尚武，士多战马，静则勤稼穑，动则习军旅。"《平定风土记》载，"其俗朴质，其民剽悍"；《蒲州志》载："其民勇敢慷慨，民性质朴。"北部大同自古就有"代北士马甲天下"的说法。

尚武、质朴、彪悍的民风以及成功人士的榜样，当兵吃粮成为许多当地人的职业或改变命运的机会。《大同市志》载："簪弁子弟，服习弓马，给事麾带，以裂车骑材官之盛。地近虎山，土著从戎者，十室五六。"直到清代，山西许多商业不发达的地区，当兵仍是许多年轻人的职业。

这种战争文化在山西已经影响了社会各阶层。唐代以歌颂杀敌报国为主体的边塞诗派，半数诗人是山西籍贯。在培养子弟的家庭教育中，江南家族以诗词文章为主，而山西多注意培养子弟文武兼备。运城闻喜县的裴氏家族，从东汉到五代，不但出了宰相59人，同时也出了大将军59人。唐代著名贤相裴度就是集将、相于一身的杰出人物。明清时期，

> 葡萄美酒夜光杯，
> 欲饮琵琶马上催。
> 醉卧沙场君莫笑，
> 古来征战几人回？
> ——唐·王翰

做官以科举为正途，即使是依靠文章科举出身的进士、举人，因为长期受战争文化的熏陶，面临战争也愿意积极参与、建功立业。如明朝有名的守边将领之一王崇古（今山西永济县西南人），虽是文进士出身，但"身历七镇，功著边陲"。

知识拓展：文武双全王崇古

王崇古（1515—1588），字学甫，号鉴川，别号清川。山西蒲州（今永济）人。嘉靖二十年（1541）进士。喜论兵事，悉诸边隘塞。历任刑部主事、陕西按察使、河南布政使。嘉靖三十四年（1555）为常镇兵备副使，击倭寇于夏港。嘉靖四十三年（1564）升任右佥都御史，巡抚宁夏。隆庆初年，受任总督陕西、延、宁、甘肃军务。隆庆四年（1570），改总督山西、宣大军务，力主与俺答议和互市，自是边境休宁。

重要战事

　　山西历来是兵家必争之地，发生的战争次数众多，从西周末年到清末，山西大约有280多处古战场，发生过800多次重要的战事。

长平之战

　　秦国在兼并六国的战争中，与赵国在长平（今山西高平附近）发生了战国时期规模最大，也是最残酷的一次战争。

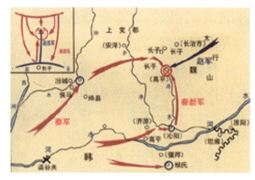

长平之战示意图

　　赵军统帅廉颇多谋善断，在秦军强大的攻势面前，采取坚壁固守、以逸待劳、挫其锐气的策略，自公元前262年到公元前260年，双方相持好几年。后来年幼的赵孝成王即位。赵孝成王刚愎自用，认定廉颇是胆小畏战，不敢与秦军决一雌雄。秦国得此消息，便派间谍到赵国挑唆："秦军不怕廉颇，就怕赵括。"赵孝成王中了秦国的反间计，启用只会纸上谈兵的赵括代替廉颇统率全军。志傲气盛的赵括一反廉颇的策略，改守为攻，全线出击。秦将白起诱敌深入包围了赵军。公元前260年9月，被围46天的赵军弹尽粮绝，赵括率军突围，中箭身亡。40万赵军被全部坑杀。这次战役后，赵军主力丧失殆尽，国力衰败，再也无力与秦国抗衡。

　　长平之战已经过去2200多年了，至今在当年战场（今山西省高平）一带还流传着许多凄惨的故事和传说，许多地名、村名的由来都与此次战争有关，如康营、谷口、围城、箭头、企甲院、三甲、赵庄、徘徊等。百里长城（又称秦垒）、营防岭、空仓岭、白起台、骷髅山、将军岭、廉颇屯等许多遗址遗迹尚存。围城村相传为赵军被秦军围困处，赵括就死于此地。赵庄村，相传长平大战后，此地成为一片废墟，赵括死后，当地老百姓将赵括尸体偷回，葬于村北的二仙岭上，为使子孙后代不忘赵国，遂将此地改名为赵庄。谷口村，相传是白起坑杀赵军的地方，因此，谷口村又名杀谷、哭头、省冤谷，位于高平市城西5千米处，村子里有白起台、骷髅山、骷髅王庙等古迹。

高平大粮山廉颇庙

　　骷髅王庙始建于唐代，唐玄宗巡幸至此，见白骨遍野，头颅成山，触目惊心，遂在头颅山旁修建骷髅王庙，"择其骸骨中巨者，立像封骷髅大王"。现骷髅王庙为清代遗构，庙内塑赵括夫妇像。明代诗人于达真写道："此地由来是战场，平沙漠漠野苍苍。恒多风雨幽魂泣，如在英灵古庙荒。赵将空余千载恨，秦兵何意再传亡？居然祠宇劳瞻拜，不信骷髅亦有王。"

白登之围

西汉初年，汉高祖刘邦曾封韩王信为代王驻守马邑，以防匈奴入侵。

公元前201年，匈奴南攻，兵临马邑城下，韩王信被困向朝廷告急。刘邦怀疑韩王信暗通匈奴，致书责备韩王信，韩王信担心被诛，一怒而降匈奴，马邑不战而降。匈奴军挥师南下，直逼晋阳。

公元前200年冬，刘邦亲率32万大军，出征匈奴，同时镇压韩王信叛乱。汉军进入太原郡后，连连取胜，特别是铜鞮（今山西省沁县一带）一战，大获全胜，使韩

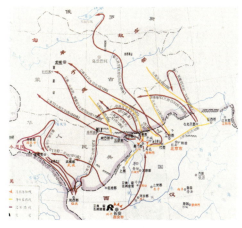

卫青、霍去病与匈奴战事示意图

王信军队遭到重大伤亡，韩王信逃奔匈奴。汉军乘胜追击，又在楼烦（今宁武西北）击败匈奴军队。由于汉军节节胜利，产生了麻痹轻敌的思想。刘邦到达晋阳后，听说匈奴驻兵于代谷（今山西省繁峙县至原平市一带），便派十多批使臣出使匈奴察看敌情。匈奴故意将精锐部队隐藏起来，将老弱病残列于阵前，以假象迷惑汉军。派去的使臣回来都说匈奴可以攻击。刘邦再派刘敬出使匈奴，他回来报告说："两国相击，此宜夸矜见所长，今臣往，徒见赢瘠、老弱，此必欲见短，伏奇兵以争利。愚以为匈奴不可击也。"刘邦不听劝告，大骂刘敬说："齐虏！以口舌得官，今乃妄言沮吾军。"将刘敬抓起来囚禁在广武城，准备凯旋后进行处罚。

随后，刘邦亲率骑兵直奔平城（今山西省大同市），被冒顿单于40万大军包围在白登山。此时汉军内无粮草，外无援兵，不能相救。刘邦组织突围，经过几次激烈战斗，仍不见效。双方损失很大，一直相持不下。此时正值隆冬季节，气候严寒，汉军士兵不习惯北方生活，冻伤很多人，其中冻掉手指头的就有十之二、三。《汉书·匈奴传》记载："平城之下亦诚苦！七日不食，不能彀弩。"匈奴围困了七天七夜，也没有占领白登。

危急时刻，刘邦采纳了谋士陈平的计策，绘美女图献给冒顿单于的皇后冒顿阏氏，对她讲，将献美女给单于。阏氏害怕单于有了汉女子而失宠，遂婉言劝单于撤兵。阏氏对冒顿单于说："两主不相困。今得汉地，而单于终非能居之也。且汉王亦有神，单于察之。"此时，冒顿单于与王黄和赵利约定了会师的日期，但他们的军队没有按时前来，冒顿单于怀疑他们同汉军有勾结，就采纳了阏氏的建议，打开包围圈的一角，让汉军撤出，刘邦才得以脱险。

第二年，匈奴又南下骚扰，代王刘喜逃回长安。鉴于匈奴不断骚扰，汉高祖采用了刘敬的计策，以宗室女嫁给单于，并送之财物，两国修好。此后，匈奴有所收敛。文帝、景帝时继续对匈奴采取和亲政策，直至汉武帝时大举反击。

刘渊起兵

216 年，曹操将匈奴分为五部，匈奴左贤王刘豹为左部帅居于新兴（今山西忻州市北）。刘豹死后，刘渊代为左部帅。289 年，晋武帝司马炎以刘渊为匈奴北部都尉。

刘渊（？—310）

刘渊，字元海，小时候酷爱读书，跟随上党人崔游学习经史，读过《史记》《汉书》及诸子之书，精通《左传》《孙子》等。后广结天下豪杰，受到很多人的赏识。

魏咸熙年间（264—265），刘渊以侍子（即人质）身份留居洛阳。西晋泰始初，鲜卑树几能在凉州起兵反晋。上党李憙建议让刘渊为大将军，发五部匈奴，西征凉州。刘渊做了五部帅后，推诚接士，轻财好施，幽、冀名流，纷纷不远千里，前来拜附。晋惠帝继位后，由杨骏辅政，杨骏任刘渊为建威将军、五部大都督、封汉光乡侯。

八王之乱爆发后，成都王司马颖执政镇邺，又安排刘渊为宁朔将军，监五部军事。此时由于中原战乱，并州境内的汉族居民大都流徙江南，在并州的胡汉势力的分布和力量对比发生了重大变化，匈奴刘氏贵族见有机可乘，开始策划"兴邦复业"，起兵反晋。刘渊的堂祖父刘宣对其族人说："昔我先人与汉约为兄弟，忧泰同之。自汉以来，魏晋代兴，我单于虽有虚号，无尺土之业，自诸王侯，降同编户。今司马氏骨肉相残，四海鼎沸，兴邦复业此其时也，左贤王元海姿器绝人，斡宇超世，天若不恢崇单于，终不虚生此人也。"

不久，并州刺史司马腾与安北将军王浚联合进攻司马颖。司马颖想以匈奴为外援，遂拜刘渊为北单于、参丞相事。刘渊托称要回并州招募五部匈奴，于是返回左国城（今山西离石）。刘渊回到离石后，被诸部匈奴共推为大单于，几个月便拥众 5 万。304 年自称汉王，建立汉国。

并州刺史司马腾闻讯，忙率兵前往镇压，部将聂玄与刘渊在大陵（今山西文水县）大战，聂玄大败。司马腾非常恐惧，遂率并州 3 万余户奔向山东。刘渊乘胜进军，接连攻下泫氏（今山西高平市）、屯留（今山西长子县）、中都（今山西平遥县西南）等地。

305 年，司马腾再次出兵讨伐刘渊，部将司马瑜、周良等驻军汾阳，刘渊派武牙将军刘钦等前往阻击，前后四战四捷，刘钦大胜而还。这年离石发生大饥荒，刘渊派太尉刘宏、护军马景等驻守离石，自率大军开赴上党壶关（今山西壶关县）。

308年，刘渊迁都到蒲子（今隰县），十月正式称汉皇帝，又迁都于平阳。他一面进攻西晋的并州刺史刘琨，一面发兵南下，直抵晋都洛阳，另派王弥、石勒攻占山东、河北，中原大部分地区落入刘渊之手。

310年七月，刘渊病死，在位六年。

刘渊是汉化的匈奴贵族后裔，他在西晋日趋衰败、各地流民纷纷起义反晋的浪潮中，趁势在中原建立了第一个少数民族政权——匈奴汉国政权，拉开了我国历史上十六国割据混战的序幕。从此，中原地区皇位更替频繁，各国兵戎相见。耐人寻味的是，战乱的火种从山西播扬出去，100多年后，十六国混战的局面最终还是在山西结束。公元438年，鲜卑人拓跋部在山西建立的北魏政权统一了中原地区，形成了与刘宋政权南北对峙的局面。

晋阳起兵

隋朝末年，隋炀帝暴虐祸民，激起天下反隋烽火。乘乱而起，乱中取胜的是自晋阳起兵的李渊父子。

山西可以说是当时首义的地区。610年山西就有尉文通领导的代州农民起义。615—617年之间，农民起义达到高潮，先后有六七支起义队伍转战山西各地。在山西南部，有毋端儿起义军，众至数千人，曾进攻龙门县（今山西河津市）；有敬盘陀领导的绛郡（治今山西新绛县）起义军，众至数万人。在山西中部，有甄翟儿领导的“历山飞”起义军，多次进攻太原。在此形势下，615年，隋炀帝任命李渊为山西河东慰抚大使，命其剿灭活跃在今山西地区的起义军。

李渊，字叔德，陇西（今甘肃临洮）人。其祖李虎是后周贵族，八柱国之一，其姨母独孤氏系隋文帝的皇后。隋炀帝即位时，民间有“李氏当为天子”的谣传，李渊以沉湎于酒，混迹凡庸，打消隋炀帝的猜忌。

李渊到河东后，先后击败了甄翟儿、毋端儿、敬盘陀等人领导的起义军，得到隋炀帝赏识。616年初，李渊被任命为太原道安抚大使，并拥有黜陟选补郡文武官、征发河东兵马的特权。七月，隋炀帝南下江都（今江苏扬州市）前，任命李渊为太原留守，另派王威、高君雅为副留守，让他们监视李渊。

此时，全国的政治格局已发生大的变化，

唐高祖李渊（566—635）

农民起义军已基本摧毁了隋王朝的统治力量，隋朝的官僚地主也纷纷打起反隋的旗帜，割据一方。在此形势下，早有野心的李渊，对次子李世民说："唐固吾国，太原即其地焉。今我来斯，是为天与。"在镇压农民起义过程中，李渊与其子接纳豪杰，收罗人才，积蓄力量。

617年二月，驻马邑（今山西朔州市）的鹰扬府校尉刘武周发动兵变，杀死马邑太守王仁恭，据马邑而自称天子，国号定杨。三月，刘武周攻破楼烦郡，进占汾阳宫，并与突厥勾结，图谋南下争夺天下。炀帝闻讯后大怒，要提李渊到江都治罪。在此危急情势下，儿子李世民对李渊说："事急矣，可举事。"周围的心腹裴寂、许世绪、武士彟等也纷纷劝李渊起兵，李渊终于下定了反隋的决心。于是，李渊借口防备刘武周和突厥南下，派李世民、刘文静、长孙顺德、刘弘基等人到各地募兵，很快募集到数千人。随后，李渊派人往河东召回其子李建成和李元吉。

唐太宗李世民（598—649）

五月十七日，李渊设计杀死了监军王威和高君雅，正式起兵。

七月初四日，李渊在晋阳宫城东的乾阳门街军门前竖白旗誓师，并任命四子李元吉为镇北将军、太原郡守，让其留守晋阳。李渊在誓文中历数了隋炀帝杨广的种种罪恶，宣布要"兴甲晋阳，奉尊代邸，扫定咸洛，集宁寓县"。初五日，李渊亲率长子李建成、次子李世民及义师甲士3万自太原挥兵南下，直指关中。

大军走到霍邑（今霍州），遭遇到隋将宋老生的拦截。李渊先引诱宋老生出战，然后由李建成、李世民两路夺霍邑东、南两门，断其退路，前后夹攻，宋老生被杀。随后继续南下攻克汾郡、绛郡，到达龙门，突破黄河蒲津桥。沿途收纳隋军降部，扩大力量。九月，大军云集，围攻长安，军士有20余万。十一月攻陷长安，立隋炀帝之孙杨侑为帝，是为隋恭帝。隋恭帝任命李渊为大都督内外诸军事、大丞相、录尚书事，进封唐王。第二年五月，隋恭帝被迫禅位于李渊，李渊在长安即位，建立唐朝，是为唐高祖。

三攻晋阳

北汉是契丹贵族卵翼下的一个小王朝，长期割据今山西中北部地区，以太原为国都。五代十国末期，后汉皇帝刘知远的堂弟、河东节度使刘崇在太原称帝，他自命为后汉的继承人，仍以汉为国号，史称北汉。北汉国力弱小，又与中原为敌，便依附北边的辽。从刘崇即位以来，凡国家大事，一定要取得辽的同意。

960年，大将赵匡胤发动陈桥兵变，黄袍加身，代周为帝，建立北宋王朝。

原后周部将太原人李筠，不满宋廷，举兵反宋。李筠派兵从潞州南下，袭取泽州（今晋城市），北汉主刘钧亦厚赐李筠财物，并率军与李筠会合。但二人内心不和，李筠便孤军南下。宋太祖赵匡胤派大将石守信和慕容延钊分兵夹攻李筠军，大败李军于长平。赵匡胤采用向拱计策，御驾亲征，渡黄河，越太行山，直逼泽州。在宋军猛攻下，李军大败，李筠见大势已去，蹈火而死，泽州被克复。宋灭北汉已经势在必行，但是在具体的战略上，宋太祖采取了丞相赵普的意见，实施了"先南后北""先易后难"的战略。

968年，北汉主刘钧去世，其养子刘继恩继承皇位，但是朝廷内部混乱。宋廷抓住时机调兵遣将征伐北汉。北汉一面派人向辽求救，一面调军队扼守北汉的南门团柏镇（今祁县东观镇南团柏镇）。结果，北汉军队被打败，宋军直抵太原城。但是太原城池牢固，宋军无力攻下。此时，辽的军队也赶来，宋军败退。第二年，宋太祖亲征北汉，一路屡胜，直抵晋阳城下。太祖因攻城不下，引汾水晋水灌城，仍遭到顽强抵抗。此时，天气炎热，宋军士兵因多住在草地上，很多人得了痢疾。与此同时，契丹援兵也赶来，宋太祖被迫撤兵，损失惨重。

976年，宋太祖第二次攻太原，分兵五路，又派兵攻克太原周围州县，北汉大败。在进军的关键时刻，宋太祖突然去世，各路宋军相继撤退。

赵匡胤死后，他的弟弟赵光义即位，是为宋太宗。宋太宗一即位，就发誓要夺取太原。

979年，南方割据政权先后为宋所灭，归于统一，士气高昂，而北方契丹因内乱，无力南顾。宋太宗养精蓄锐，

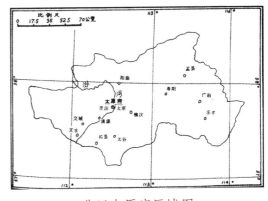

北汉太原府区域图

与北方契丹所建辽朝保持友好，使之不再援助北汉。宋太宗认为时机成熟，召见枢密使曹彬，下决心攻打北汉。同年，宋军先期攻占了太原以北地区，把守石岭关，太宗随即下令亲征。先分兵攻取隆州（祁县）、岚州（岚县）、沁州（沁源）、汾州（汾阳）及太原周边州县，并阻挡辽国援军。五月初，太宗一面招降北汉刘继元，一面筑堤蓄汾水灌城，迫使北汉守将先后投降。太原城危在旦夕。这时，北汉退休卧病在床的左仆射马峰，让人抬着去见北汉主，哭泣着劝北汉主为一方百姓的存活而降宋。五月六日，刘继元出城投降，北汉被灭。

除了城池牢固、战略地位重要之外，当时许多人还认为太原有天子气。南北朝时，北齐高氏几代，或经营太原，或以太原为陪都；唐朝李渊父子更是据此起兵而得天下；五代以后，李存勖、石敬瑭、刘知远也是从太原发兵入主中原；

太原晋阳古城遗址

到了北宋，北汉又是宋灭亡的最后一个割据王朝。因此，北汉投降之后，有人就向宋太宗建议，降低太原的等级。宋太宗决定毁其城，重筑新城。

宋太宗下令在汾河以东修筑新城，名为"平晋"，强令太原城的居民搬迁，接着就开始放火烧城。城内一片混乱，百姓夺门而逃，互相踩踏，死者不知凡几，而老弱病残，行动迟缓死于大火之中者更是不计其数。

除了毁掉太原城之外，宋军还对太原城的百姓进行了疯狂的报复，因为宋军在多次攻城战斗中，城中居民曾经大力支援北汉军队。北汉主投降后，城内居民依然不肯归顺。据元好问诗中说，"薛王出降民不降，屋瓦乱飞如箭镞"，继续坚持抵抗。占领太原后，宋太宗带头将"所得北汉嫔妃皆御驾，诸将亦掠北汉妇女充军妓，宋代军妓即始于此"。

第二年，宋军又壅汾水、晋祠水灌太原城。火烧水淹后，这座千年的古城化为一片废墟。

为了破坏太原城所谓的"龙脉""天子气"，赵光义在新修的太原城中将街道都改成"丁"字形，认为这样就可以"钉"住龙脉；又将城外系舟山的山头削平，表示割去了"龙首"。金代诗人元好问《过晋阳故城书事》诗中讲述此事时说："君不见，系舟山头龙角秃……官街十字改丁字，钉破并州渠亦亡。"是说太宗毁太原，却使中原失去屏障，致使后来金朝兵马长驱南下，灭掉了北宋王朝。

知识拓展：元好问《过晋阳故城书事》

惠远祠前晋溪水，翠叶银花清见底。
水上西山如挂屏，郁郁苍苍三十里。
中原北门形势雄，想见城阙云烟中。
望川亭上阅今古，但有麦浪摇春风。
君不见，系舟山头龙角秃，白塔一摧城覆没。
薛王出降民不降，屋瓦乱飞如箭镞。
汾流决入大夏门，府治移著唐明村。
只从巨屏失光彩，河洛几度风烟昏。
东阙苍龙西玉虎，金雀觚棱上云雨。
不论民居与官府，仙佛所庐余百所。
鬼役天才千万古，争教一炬成焦土。
至今父老哭向天，死恨河南往来苦。
南人鬼巫好禨祥，万夫畚锸开连岗。
官街十字改丁字，钉破并州渠亦亡。
几时却到承平了，重看官家筑晋阳。

杨业抗辽

宋太宗灭北汉，不仅大致统一了中国，还得到了一名骁勇善战的将军——杨业。

杨业，祖籍麟州新秦（今陕西神木市）。年轻的时候被刘崇重用，并赐名刘继业。北汉皇帝刘继元被迫投降北宋后，杨业也一起投降宋朝。宋太宗十分高兴："抚慰之甚厚，复姓，止名业。"并命为右领军卫大将军。

杨业府邸

杨业与辽"角胜三十余年"，主要战场在代州雁门关一带。其子杨延昭镇守三关，即高阳关、益津关、瓦桥关，主要战场在今河北中北部，其孙杨文广南征北战，主要战场在今陕西、甘肃等省的部分地区。杨业归宋后，三代人英勇抗辽，后人号其为"杨家将"，故事流传广泛，成为千古佳话。

北宋灭北汉后，决定顺势讨伐辽，试图收复燕云十六州，但未能得手。辽军乘胜攻宋，大军压境。此时宋辽对峙有两线，东线在今河北北部，沿今海河、大清河、白洋淀、白沟河、南易水一线相抗；西线在今山西境内，沿今恒山、雁门山、云中山、芦芽山一线相持。辽对宋形成攻势后，就今山西地区而言，辽兵常常南下到代州、岚州、忻州等处频频骚扰。为了阻御辽兵，宋太宗在灭北汉的当年十一月，以"杨业老于边事，洞晓敌情"，任命杨业为代州刺史兼三交驻泊兵马部署。杨业到任后，在辽军出入的要道今山西原平、繁峙、代县、应县等地修筑边寨。到年底共修了6个边寨，即阳武寨、崞寨、西陉寨、茹越寨、胡谷寨、大石寨。

980年，辽国皇帝耶律贤带兵10万余人进犯雁门。当时杨业的部队人数并不多，但是杨业不畏强敌，沉着冷静，以千余人敌辽兵10余万，设伏于峡谷，以突袭方式使辽军首尾不能顾，辽军大溃。自是，辽军畏惧，"望见业旌旗，即引去"。

杨业抗辽首战成功后，又在今山西原平附近增修了3座边寨，即楼板寨、土磴寨和石砍寨。边寨的不断增修和完善，巩固了边防、抵御了辽兵。宋军据此进可攻，退可守，掌握了主动权。

982年五月，辽又兵分三路，分别从河北、山西、陕西北部南下。东、西路均被宋军击败，中路抵雁门，杨业迎头痛击，歼灭辽兵3000多人，并追击到朔、应（今朔州市、应县）等州，俘获辽兵万余人。

同年秋天，辽景宗去世，其子圣宗耶律隆绪继位。圣宗年幼，才12岁，皇太后萧氏执政，且内部不和。在这种"母寡子弱"、皇权衰落的情况下，有11族7万余人降宋，高丽王也派使联宋击辽。宋太宗见时机已到，决定亲征。

986年正月，宋兵分五路北伐，三路由河北出发，第四路以潘美、王侁、杨业为将帅自雁门趋军都山（即居庸山），第五路为水军，由海道攻平州（今河北卢龙）。潘美一路以杨业为先锋，于雁门谷北口击败辽军，取寰州（今山西山阴）、朔州、应州，克浑源，节节胜利。辽方萧后随即分兵南下抵御。杨业部会合田重进部与辽军激战，俘其猛将大鹏翼，攻克广昌（今河北涞源）、灵丘、云州（今大同市），又救援河北曹彬部，取蔚州。宋军屡获大捷，全线撤军固守。此后，辽宋多次交战，互有胜负。宋太宗下令迁山西居民20余万口，安置于内地，杨业派军护送。

不久，辽军由萧后亲督大举南下。面对辽军，杨业提出的作战计划却遭到潘美的拒绝，监军王侁也责怪杨业："君侯素号无敌，今见敌，逗挠不战，得非有他志乎？"在这种情况下，杨业只好率军进攻寰州。双方交战中，辽军边战边退，诱使杨业陷入包围。杨业孤军作战，突出包围，退至狼牙村（今朔州市南），又被辽军追击。苦战之后，于黄昏时分到达陈家谷，却不见潘美等人的军队。原来此前潘美军队因得不到杨业的消息，已提前撤走。杨业陷入绝

杨家祠堂

境，只好奋力再战，身被数十剑，犹手刃数十百人，马重伤不能进，遂被辽将射伤落马被俘。在押解途中，辽军劝杨业投降，杨业叹道："上遇我厚，期讨贼捍边以报，而反被奸臣所迫，致王师败绩，何面目求活耶？"于是绝食三日而死。

杨业之死，使宋军元气大伤。辽军进取代州、忻州，河北防线一溃再溃，辽军深入德州（今山东陵县），尽驱居民北迁。宋太宗虽亲征，屯兵大名，毕竟强弩之末，难复失地。自是，边将无人敢言取燕幽诸州，北宋终为弱宋，难以复振。

思考与分析

1. 顾祖禹认为"天下之形势，必有取于山西"。请用具体的史实说明这一观点。

2. 除本课描述的山西古战事之外，请再收集一个发生在山西的战役案例，并分析说明其军事特征。

第八章　山西的民族交融与宗教文化

从某种角度而言，山西的历史就是一部民族融合史。特殊的地理位置，造就了山西自古以来成为多民族交汇交融的天然通道与对接点。周初至春秋时期，晋国与北方各戎狄比邻而居，纷争之中，相互融合。秦汉至魏晋南北朝时期，匈奴、鲜卑、羯等族纷纷南迁。山西成为北方民族融合的基地，不同文化与宗教信仰交流融合，走到了一起。

在中国宗教文化园地里，古代山西地区格外光彩夺目，佛教和道教文化异常繁荣兴盛。古代山西成为中国佛教文化和道教文化发展的重要基地之一。

赵武灵王胡服骑射

战国中后期，赵国逐渐衰弱。赵武灵王（约前340—前295）即位后，虽多方努力，形势仍然没有明显改观。此时对赵国的军事威胁，不仅有东、南、西三方的中原强国，还有北方少数民族的各个部落，当时统称为"三胡"（林胡、东胡和楼烦），以及早期灭亡于魏国，后来又复国的中山国。这些北方的少数民族，军政合一，指挥方便，通常是整体行动。更重要的是，他们的军队由于穿戴利索，骑马而行，行动快捷便利，打得赢就打，打不赢就跑，来去迅速。而中原诸国的军队却穿着笨重的战袍，以车战和步战为主，对少数民族的进攻，防不胜防。

面对四方的困境，赵武灵王决定改革，实施"胡服骑射"政策，即效仿胡人的军服，短身小袖、皮靴皮带；把主力部队由乘车和步行改为骑马，并学习马上射箭。"胡服骑射"作为一个国家移风易俗的变革，在酝酿的初期，肯定不会一帆风顺。为说服众人，赵武灵王先声夺人，率领他的人数不多但却十分精锐的骑兵向北进攻中山国，在房子（今河北高邑西南）大败中山国主力部队，从南至北横穿中山国，到达赵国的代郡。整个过程如入无人之境，大大地鼓舞了赵国国民的信心。赵武灵王又到达赵国与楼烦边境的重镇无穷之门（今河北张北南），继而穿过楼烦和林胡的势力范围，向西折向黄河。赵武灵王渡过黄河，登上了黄河西侧、林胡人长期活动的黄华地带。此行中，赵武灵王与游牧民族骑兵发生多次战斗，无一败绩。

赵武灵王先声夺人的试验取得成功后，对各方人士做工作求得同意。

赵武灵王耐心地说服了宗室贵族集团的首领公子成，向他表明了自己改革的决心和对以"胡服骑射"为标志的全面改革的整体构想。公子成被说服了。由于公子成对"胡服骑射"的接受，赵国的宗室贵族也就都跟着同意了。

知识拓展：赵武灵王与公子成的对话

公子成："臣闻中国者，圣贤之所教也，礼乐之所用也，远方之所观赴也，蛮夷之所则效也。今王舍此而袭远方之服，变古之道，逆人之心，臣愿王孰图之也！"使者以报。王自往请之，曰："吾国东有齐、中山，北有燕、东胡，西有楼烦、秦、韩之边。今无骑射之备，则何以守之哉？先时中山负齐之强兵，侵暴吾地，系累吾民，引水围鄗；微社稷之神灵，则鄗几于不守也，先君丑之。故寡人变服骑射，欲以备四境之难，报中山之怨。而叔顺中国之俗，恶变服之名，以忘鄗事之丑，非寡人之所望也。"公子成听命，乃赐胡服，明日服而朝。于是始出胡服令，而招骑射焉。　　——《资治通鉴》

于是，赵武灵王正式颁布法令，赵国全境实行"胡服骑射"，以能任官，明确了游牧文化的主导地位，结果大批出身低贱和有戎狄背景的人得到重用。赵武灵王主动打破华夏贵、戎狄卑传统观念的勇气在中原各国中是十分罕见的。

赵武灵王在全国推广"胡服骑射"后，本来在赵国就占有主要地位的胡人文化由于正式得到了国家的肯定、扶持，胡人的地位得到了很大的提高。胡人歌舞、胡人医药、胡人服饰、胡人语言在赵国得到了更大范围的普及。

赵武灵王的胡服骑射对赵国的经济结构造成了很大的影响，使之更趋近于游牧经济。对游牧经济、骑兵生活熟悉的大量胡人精英通过选拔，进入到赵国的军政领导层，改变了赵国的权力结构。胡人文化的升扬，稳固了其在赵国的主导地位。胡人吃苦耐劳、重义尚武的精神，在赵武灵王的宣扬下，对赵国国民的心理也产生了巨大的影响。

赵武灵王从赵国游牧文化重于农耕文化的实际出发，通过以"胡

山西大同赵武灵王墓

服骑射"为代表的一系列措施，对赵国的政治、军事、经济、文化领域进行了一次大改革，使赵国消除了分裂的内在隐患，在人力、物力上得以优化配置。赵武灵王在位期间消灭了长期为赵国心腹大患的中山国，消除了赵国分裂的外在威胁，使赵国从外形到精神真正统一起来。赵武灵王赶走了林胡，消灭了楼烦，夺得它们的大片好牧场，成为北方草原的霸主，一跃成为当时的超级强国，成为战国后期争霸的主角。

北方民族的汇聚

从东汉开始，居住在中原西北部、北部边地和东北地区的一些民族陆陆续续向内地迁徙。内迁的五个民族中，匈奴、羯、鲜卑三个民族主要活动区域在山西境内。

匈奴是生活在大漠草原上的一支游牧民族。东汉时，蒙古草原大旱，匈奴分裂为两支，北匈奴向西方迁移，南匈奴依附了东汉，先居住在五原郡，后来逐渐南移，进入到山西汾河流域，加速了融合的过程。东汉建武二十六年，光武帝刘秀让匈奴呼韩邪单于入居西河郡美稷县（今内蒙古准格尔旗）。建安二十一年（216），曹操将入居山西的几十万匈奴分为五部，分居新兴（忻州）、兹氏（汾阳）、祁县、蒲子（隰县）、大陵（文水）。晋武帝时（265—290），塞外匈奴出现四次大规模内徙，总数10万以上，主要安置在平阳、西河、太原、新兴、上党、乐平等地。南匈奴内附的部落多达19种，大都与汉族交融汉化。特别是太原地区成为移民的集中地。与此同时，杂居在山西的还有羯人、鲜卑人、羌人、氐人等。

羯族原是中亚人，相貌是深目、高鼻、多须。后来东迁，一部分随匈奴人迁入山西，故称匈奴别部。他们主要聚居在上党武乡（今山西榆社），后来散布在太行山一带。

东汉至南北朝山西民族分布图

鲜卑族原是生活在大兴安岭的一支原始部族。东汉初年，鲜卑族中的拓跋部开始南迁，进入蒙古大草原。公元4世纪初，鲜卑族的拓跋部占据了山西北部和内蒙古等地，建立代国，几经周折逐渐发展起来。

西晋末年，社会动荡，各族竞相称雄。从公元304年刘渊建汉开始，直到北魏统一，山西先后处于众多少数民族政权的统治之下，成为北方民族融合的大舞台。

两晋及南北朝时期统辖山西的少数民族政权一览表

政权	民族	创立者	时期	辖 区
前赵	匈奴	刘曜	319—329 年	今山西、陕西中部与北部、河北西部与南部、河南北部、甘肃东部
后赵	羯族	石勒	319—351 年	盛时有今河北、山西、陕西、河南、山东及江苏、安徽、甘肃、辽宁一部分
前燕	鲜卑族	慕容皝	337—370 年	今山西东部、吉林、辽宁、河北、河南
代国	鲜卑族	拓跋猗卢	313—376 年	今山西北部、内蒙古南部、河北北部
前秦	氐族	苻健	351—394 年	一度控制山西全部
西燕	鲜卑族	慕容泓	384—394 年	盛时有今山西、河南各一部分
后燕	鲜卑族	慕容垂	384—407 年	盛时有今山西、河北、山东及辽宁、河南大部
后秦	羌族	姚苌	384—417 年	盛时辖有今陕西、甘肃、宁夏及山西、河南的一部分
大夏	匈奴	赫连勃勃	407—431 年	今山西北部、陕西、甘肃东部、内蒙古西南部

　　民族融合的结果，大大改变了原来山西汉族的风俗习惯和生活方式，从饮食、服饰、信仰、祭祀、年节庆吊、车马器用、语言词汇、礼节交往、行政管理、文学艺术等诸方面，丰富发展了汉族文化。在各民族文化各自扬弃、取长补短的进程中，也使社会生活日益优化，丰富多彩。

北魏时期的民族交融

　　公元 386 年，北方鲜卑族拓跋珪即位为代王，又改称魏王，史称北魏。拓跋珪称王后，先统一大漠诸部，公元 395 年大败后燕于参合陂，再取晋阳、真定、信都等，后取邺城，尽占山西、河北，与东晋隔河相峙。公元 398 年，拓跋珪迁都于平城（今大同市），称魏帝，是为道武帝。北魏第三代皇帝拓跋焘在位时，北败柔然，西俘夏王赫连昌，又灭北燕冯氏、北凉沮渠牧犍，西凉李暠亦降，终于统一北方，向南攻宋，与南朝对峙。

北魏都城——平城图（杨守敬《水经注疏》）

　　北魏在平城建都 97 年，历经六帝七世。当时平城分皇城、外城、郭城。宫殿代代扩建，规模宏大，以太极殿为中心，构成完整的宫殿群落。和平初年，就开始在平城建造云冈石窟，历 35 年而成，雕饰奇伟，冠于一时。

北魏孝文帝元宏时开展大规模汉化运动。前此，道武帝已注意吸收汉族士人参政，元帝拓跋嗣曾下诏求贤，其本人亦好览经史；拓跋焘特别征召汉士，任以要职，大大改变了野蛮愚昧的习气。

孝文帝在位时认为平城偏北，多旱灾牛疫，既不利发展，也不便控御中原，并且易受柔然攻袭，特别是当地保守势力大，改革阻力强，故于太和十七年（493）迁都洛阳。迁都后，为巩固汉化成果，规定南迁者定居，断其北返之念。其次改革官制，仿汉人政权，颁发俸禄，严禁贪赃。在爵位方面，规定非道武子孙皆不得封王，又定王、公、侯、伯、子、男等爵，食邑有差。三是禁胡服胡语。四是改鲜卑姓为汉姓，拓跋氏率先改姓元氏，八大著姓相继改为穆、陆、贺、刘、楼、于、嵇、尉。汉人世家大族，才有资格任高官。五是禁止鲜卑同姓相婚，使鲜卑贵族与汉人士族高门联姻，血统融合。六是在礼乐刑法等方面相应进行改革，用汉制。

在经济改革方面，实行了均田制，整顿户籍，限制豪强，以保证赋税收入。此制从平城开始，继而推广到四方。孝文帝还鼓励开荒，增加农业产品，允许百姓屯田。这些措施极大促进了生产力的发展，生产工具与技术多有进步，贾思勰《齐民要术》一书对此有较细的描述。手工业和官府工业也有大的发展，民间丝织业十分发达，甚至优于江南；采矿业普遍，金银器皿制造精致，已懂得应用煤炭炼铁；河东的池盐闻名于世，河东郡刘白堕善酿名酒，称白堕酒，又称擒奸酒，以其远至，号曰"骑鹤"。山西名酒汾酒大约亦产生于此时。

鲜卑族在民族融合中汲取了汉族文化，从拓跋珪开始，形成了儒、佛、道三教并尊的一套意识形态。这是多民族共存的产物，促进了民族融合的进程。同时，三教也在北魏政权下取得妥协，各自将自己改造成了共同为北魏统治服务的思想。

大同冯太后墓

冯太后（442—490），汉人。14岁时被选为北魏文成帝拓跋濬的妃子，后被册封为皇后。拓跋濬死后，冯氏操纵政权。北魏献文帝尊冯氏为皇太后。在冯氏的指导和辅佐下，北魏孝文帝把"太和改制"推向高潮。

佛教、道教在山西的传播

在古代中国，山西地区的佛教和道教文化异常繁荣兴盛，成为中国佛教文化和道教文化发展的重要基地之一。这种现象，在一定意义上也和山西地区的历史文化传统以及当时的社会政治背景有着深刻的内在联系。

佛教在山西的盛行，与十六国和北魏拓跋族的推动有着密切的关系。

入居中原的少数民族自觉不自觉地把佛教作为自己的宗教，一开始带有与中原固有的儒、道抗衡的含义。后赵的创立者石勒对中原文化了解肤浅，在观念信仰上几乎是空白，佛教首先得到他的青睐。佛学大师佛图澄一到赵国就受到石勒的器重。

佛图澄是在北方传教布道的第一个高僧。他在后赵的传教活动，使佛教在后赵占领的北方地区迅速普及，为佛教深入社会，深入民间打开了局面。继佛图澄在山西传教之后，相继出现了多位由山西出家的著名高僧，他们为山西宗教文化的发展做出了杰出的贡献。其中最著名的有法显、慧远、昙鸾等几位高僧。

法显是东晋时杰出的佛经翻译家和旅行家。俗姓龚，平阳武阳（今临汾市西南）人，平民出身。他的三个哥哥都在童年夭折，父母唯恐他不能成人，在3岁时就送他到佛寺当了沙弥（小和尚），希冀依靠"神佛"的保佑，免除夭折。法显从小对佛很虔诚，20岁时受了"大戒"，信仰更加坚定，行为更加严谨，众僧称誉他"志行明敏，仪轨整肃"。

法显生于南北分裂、社会动荡的东晋十六国时代，佛教在北方广泛流行。但是，佛教的迅速发展也带来不少混乱。为了保卫佛教的纯洁性，以利于佛教的发展，他决心西行印度，到佛教发源地找回完整的戒律，由此建立一套维持僧众团体及僧众个人的规章制度，作为佛教团体和个人的行为准则。于是，东晋隆安三年（399），法显与同学数人从长安出发，"至天竺寻求戒律"，登上了西向印度取经的征途。

法显西行

法显从长安出发时已是65岁高龄，他们一行数人，西经戈壁，越葱岭，周游天竺，后经印度洋、太平洋到山东半岛登陆，最后回到东晋都城建康（今南京市）。在外历时15年，历经30多个国家，包括今日我国的西北和阿富汗、克什米尔、巴基斯坦、印度、尼泊尔、斯里兰卡、印度尼西亚以及我国南海、东南沿海等地，归来时已是80岁的老人。他是当时中国走得最远的人，"汉之张骞、甘英皆不至此"。

法显在印度刻苦勤学掌握了梵文梵语，把大量口传佛典记录下来带回中国，归来后，又亲自译成汉文，从此，中国内地佛经结束了西域的中转，直接沟通了东方的两个文明发源地，中国佛教更系统地发展起来。同时，法显撰写的《佛国记》不仅是一部佛教典籍，在中国佛教史上具有重大意义，而且也是我国最早记录中亚、印

山西大同云冈石窟

度、南洋各国历史、地理、科学、艺术和文化的伟大旅游撰著。唐代高僧义净指出："自古神州大地，轻生殉法之宾。（法）显法师则创辟荒途，（玄）奘法师乃中开正路。"就是说，法显是我国西天取经的开山大师，唐代玄奘进一步开拓了取经道路；而且，法显的《佛国记》也可以同玄奘的《大唐西域记》相媲美。

北魏北齐时，山西佛教进入黄金发展时期。北魏统治者建都平城后，已经把佛教作为他们进行思想统治的工具。北魏统一国家建立后，为佛教经典的传译以及大型佛寺的建造提供了条件。北魏迁都前，平城已经造佛寺百余所，北魏境内的佛寺达到了6478所。

东魏、北齐的时候，昙鸾大师在山西交城的玄中寺建立了净土宗。

昙鸾是北魏雁门（今山西代县）人，他"家近五台山，闻其神迹灵怪，幼即往寻之，便出家"，可见他是在幼年时代怀着对佛教的神奇向往而出家为僧的。出家之后，"广读经籍，尤研四论与佛性"。一方面广读博览佛教经书和儒道典籍，同时更深入钻研鸠摩罗什所译的大乘佛教中观派的四种基本著作《中论》《十二门论》《百论》《大智度论》和有关佛性的学说。

昙鸾后来云游时，遇到印度名僧菩提流支，得到佛教的《观无量寿经》，引导他信仰净土。昙鸾回到故地后，大力弘扬净土念佛，民众纷纷皈依，名声大振。北魏分裂后，东魏开国君主孝静帝对他十分崇敬，尊称他为"神鸾"，并下敕令要他住持并州大寺。他后来又移住汾州北山石壁玄中寺（今属交城县），在这里讲经授徒。从此，玄中寺成为传播净土信仰的重要中心。到唐代，昙鸾的再传弟子、山西文水人道绰继续在玄中寺传道；后来，道绰的弟子善导来到长安，建立起了完备的净土宗派，使净土宗的发展，达到了一个极盛时期。

净土宗在印度佛教中没有形成宗派，却在中国得到发展并连绵不绝地流传了下来，主要是因为它的教义和修行方法简便易行，得到平民大众的信奉，所以如同禅宗一样，称得上是真正中国化了的佛教。

净土宗主要是在山西大地上形成发展起来的，它的发展，与山西地区和由山西出家的高僧有着密不可分的血肉关系。

净土宗在唐代正式形成后，进而传入了

山西交城玄中寺

日本，日本僧人"依据善导一师开创净土宗"，使净土教在日本得到广泛流传，成为日本众多佛教宗派中的一个重要宗派，也因此，日本的净土宗一直尊奉昙鸾、道绰、善导为净土三祖师，尊奉玄中寺为净土宗开山祖庭。历代日本净土名僧，多来玄中寺朝拜，视为"圣地"，对促进中日文化交流起了重要桥梁作用。

关于道教的传播，据说远在西汉初即有炼丹者活动于山西恒山一带，西汉景帝时，传说有茅盈、茅因、茅衷在恒山修炼神仙方。文帝刘恒曾于翼城求访河上公学道。

北魏时期，山西是北天师道的策源地和活动中心，对于道教在北方的传播起了有力的推动作用，山西的道教文化也在这时进入了第一个历史高峰期。

资料链接：慧远大师（334—416），东晋时名僧，雁门楼烦（今山西宁武）人。他从小资质聪颖，勤思敏学，13岁时便随舅父游学许昌、洛阳等地。精通儒学，旁通老庄。21岁时，偕同母弟慧持前往太行山聆听道安法师讲《般若经》，于是悟彻真谛，感叹地说："儒道九流学说，皆如糠秕。"于是发心舍俗出家，随从道安法师修行。佛教史上称佛图澄、道安、鸠摩罗什与慧远四位僧人为佛教之泰山北斗。

道武帝拓跋珪崇信老子之言，颂之不倦，道教开始出现在平城。后来嵩山的道士寇谦之来到平城传教，在宰相崔浩的大力鼓吹下，太武帝拓跋焘扬道抑佛，在平城东南新建天师道场，重坛五层，十分壮观。后来太武帝因皇孙出生改元"太平真君"，并于太平真君三年正月，接受寇谦之的建议在大道坛受符箓，按照道家的颜色，将旗帜全部改成青色，开创了皇帝当道士的先例。从此以后，北魏诸帝都要举行如此入道仪式，道教成为北魏的国教。

寇谦之在北魏时期，对道教也进行了改造，建立和健全了北天师道的活动。寇谦之的新道教实为儒、释、道三家思想的产物，虽为道教的形式，但其内容多为儒家的礼法、佛教的戒律，并且吸收了某些当时流行的以老庄思想为中心的玄学思想。北方的道教文化也由此进入了繁荣兴盛的发展阶段。

南宋和金、元时期，道教又进入鼎盛，当时全国形成遥相呼应的南北两大教派，即北方的全真教和南方的正一教。

创立全真教的王重阳，把理学家的"道德性命之学"作为全真教的宗旨，并宣称："儒门释户道相通，三教从来一祖风"；"释道从来是一家，两般形貌理无差"（《重阳全真集》卷一、卷十）。同时，全真教也更加世俗化了。它把民间传说"八仙"之一的"纯阳子"吕洞宾奉为"祖师"、"天尊"，俗称"吕祖"。吕洞宾为唐河中府永乐县（今山西芮城县永乐镇）人，出生于山西，也因此，山西地区特别是晋南地区成了全真教文化宝库之一，留下了大量的全真教文物遗产。

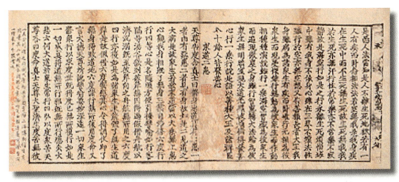

《玄都宝藏》部分内容

1237年，全真教文化的著名代表人物丘处机的弟子宋德方，遵其师遗志与嘱托，来到平阳（今临汾市）玄都观，主持刊刻《玄都道藏》，他往返奔波于山西管州（今静乐县）、上党、太原、晋南等地，搜集遗经，设局雕刻，历时近10年，刻成7800余卷，版藏于玄都观，称《玄都宝藏》。《玄都道藏》大功告成后，宋德方被赐号"玄都至道真人"，死后被追认为"玄通弘教披云真人"。宋德方对中国道教文化做出了杰出贡献。《玄都道藏》的出版也成为山西道教文化发展的光辉一页。

古代山西宗教文化特点

古代山西的宗教文化特点分明，具体而言，可概括为三点。

三教合一、多元宗教文化

到过悬空寺的游人，常常为奇特的儒、佛、道三教合一的寺庙景观而惊叹。寺庙最高处的三教殿内，老子、孔子和释迦牟尼三人微笑着坐在一起。小小的庙宇，竟包含了道教、佛教、佛教三大文化体系。

悬空寺三教合一殿

民族交融常常也是文化融合的过程。十六国北朝是中国古代社会的大分裂、大动荡时期，也是民族文化交融的一个高峰期。在这个时期，山西因其独特的自然地理环境和历史文化传统，再度成为多民族活动的大舞台及多民族文化的大熔炉；这个时期，山西一直处于北方民族统治之下，这些民族的统治者为了有效地统治汉族人民，在不断学习吸取汉民族文化的同时，又大力宣扬和扶持宗教文化发展。此时期，虽然儒、释、道三教共存而互相论争，特别是上层统治者时有排佛之议，甚至有毁佛之行，但主张三教一致的思想却始终占据着主导地位。传统儒家道德伦理仍然是维护中国王朝政治的正统思想，无论是佛教还是道教，都在从理论上论证，从实践上奉行儒家之忠君孝亲之伦理观念，以维护中国传统社会的统治秩序。这种理念就为山西出现佛、道教交替或者共同信仰的局面提供了一种特定的和相当有利的社会政治背景和历史文化氛围，促使山西成为三教合一突出的地域。

这种多元宗教文化共处的局面在山西其他地区也能时常看到。

山西娄烦三教寺

位于娄烦县城监河南岸的南山坡上有一座三教寺，是佛、道、儒三教合一的古代建筑，始建于 1400 多年前南北朝时期的北周。整个建筑群由寺院和戏院两部分组成，总占地面积 5500 平方米，总建筑面积约 2300 平方米。寺院内的大雄宝殿建筑面积约 300 平方米，气势宏大巍峨，走近如临山壁。全殿均为木构建筑，梁柱粗长，殿顶镶有各色琉璃瓦，屋脊插有吻麐。前粉庭的飞椽上 13 组大型莲花斗拱构建精致，交织层叠，巧夺天工，如仙境中异花争奇斗妍，为山西省罕见，体现了我国古代建筑师的高超艺术。殿内供奉着三教的始祖释迦牟尼、太上老君和孔子的塑像，以及阿难、迦叶尊者和观音、文殊、普贤三大菩萨及十八罗汉塑像共 26 尊。神态高大清逸，千姿百态，栩栩如生。

五台山寺庙壁画反映这方面的内容更为典型。如公主寺的壁画中有佛、菩萨、道教神仙、天地日月、四海龙王、山神土地、阎罗判官、帝王后妃、农工士兵等，整个画面阵容整齐，是天宫地狱、佛道各路神仙的大聚会，是五台山三教合一的历史见证。

多元宗教文化相融以及寺庙这种脱俗融洽的供奉形式，其实是"山西人"的认同与选择。无论在哪里，各教派由于信仰和利益不同，肯定会有矛盾与冲突，但关键在于这里的人民为它们制定了"公平竞争，和谐共存"的游戏规则。在西方及中东历史上，很多酋邦、民族因宗教信仰分歧而引发纷争的惨剧举不胜举。但是，在古老的中国土地上，鼎足而立的儒、释、道三派却在悄无声息地进行着潜移默化的融合。正如联合国前秘书长安南在呼吁宗教领袖们进行新的合作时所指出的："问题从来不在于信仰，不在于圣经、摩西五经和古兰经，而在于信徒，在于人的行为。"

也正因为山西人尊奉此种道理，多元宗教文化相安无事地共处才能一直延续下来。

伊斯兰教传入山西至少有六七百年历史，信奉伊斯兰教的回族聚居点主要有太原、大同、长治、晋城、阳泉五市。教徒多属逊尼派而尊奉哈乃斐教法的派别，同时还有老派、新派和新兴派的渊源。

天主教与基督教于唐初传入中国，时称景教，元时复盛，称也里可温教。至少在明代万历间已传入山西。

据文献记载，1620年（明万历四十八年），意大利人耶稣会士艾儒略（Iulius Aleni）第一个进入山西绛州（今新绛县）传教。四年后，比利时籍耶稣会士金尼阁（Nicolausrrigault）在绛州定居，并建一小教堂，这是山西有天主教堂的开端。之后，意大利人耶稣会士高一志来到绛州一带传教，取得绛州刺史的支持，前后15年间，8000多人被洗礼。后又有传教士不断来山西。1696年，山西成为罗马教廷在中国建立的九个代牧教区之一。至1705年，有教徒3000余人，分属太原、绛州两个本堂。1892年，山西有教徒近3万人。

在山西，这种多元宗教文化相容共处的发展格局从古代维持到今天。如今太原五一广场的西边起凤街口坐落着道教吕洞宾的纯阳宫；东边狄梁公街上有始建于唐代的佛教崇善寺，有复建于清代的体现了儒家文化的文庙；北边五一路边有基督教教堂，离五一广场不远的解放路还有一座伊斯兰教的清真寺。如此狭窄的空间内居然共存着多种宗教的殿堂，实属全国首例，也足以印证山西是一个包容多元文化、和

太原天主教堂

谐共融的独特区域。当然这种和谐并不是简单、消极的平衡，它是一个深层次的十分复杂的有机构成。正如耗散结构理论的创建者、曾获诺贝尔奖的普里戈津所说："中国文化具有一种远非消极的整体和谐。这种整体和谐是各种对抗过程的复杂平衡造成的。"当然，最基础的作用力还是这块"黄土地"塑造的山西人勇于包容、善于包容的品德，也许佛学道说只有在这样的历史文化深厚的土壤中才能健康成长，在这种宽容的氛围中才能实现真正的融合。多少年来，山西子民受这样的感化，淳朴、善良、勤劳、简约，正是这虔诚的信仰孕育出朴素的民风、构建起和谐的家园。

佛教与藏传佛教的融合

在山西，不同源不同脉的宗教能够融合得如此默契，长期和谐相处，更何况同一宗教内部的互通互融了。山西五台山是国内目前唯一保存有汉、藏两大佛教体系的佛国圣境。在这里，青庙与黄庙并存，显教与密教共生，多少年来，两大教派在这里和谐共存，共同呵护着三晋大地。他们不仅护佑着山西百姓的福禄安康，也协助统治者一统太平盛世。

五台山南禅寺

五台山佛光寺

藏传佛教自元代传入我国内地，在许多地方留下独具特色的文化胜迹，五台山、北京、承德最终成为藏传佛教在汉地的三大中心。其中五台山的地位最高。

五台山与藏传佛教的因缘很深。唐代，五台山佛教十分兴盛。各宗各派都在五台山开宗演教，建立弘法基地。其中以文殊崇拜为核心的密宗在当时影响极大。随着汉地佛教在唐时传入吐蕃，藏地也知道了五台山的佛教文化，从此也有了藏地僧人至五台山的朝礼活动。据藏文史书《拔协》记载，赤松德赞时，吐蕃派往汉地的使臣桑喜等5人，曾往五台山求取佛寺图样。吐蕃占领河西后，在敦煌石窟壁画上还留下五台山图。但藏传佛教大规模地传入内地，是在元代。

元代的皇室信奉藏传佛教的萨迦派，并在全国范围内加以推广。据记载，藏传佛教萨迦派第五代祖师八思巴曾经前往五台山学法，并著赞文4篇。在赞文中，他依密教的观点，将五台山的五顶看作是密法金刚界五部佛的佛座。因八思巴之地位和影响，由他赞颂诠释的五台山在藏传佛教中更是盛誉空前。八思巴曾铸千斤玛哈嘎拉铜像，作为元朝的护法神，奉祀于五台山。至今在五台山华严谷还有普恩寺（俗称西天寺）遗址，寺中有一高约十米的藏式佛塔，当地人认为是八思巴的"衣冠塔"，就是为了纪念八思巴与圣地五台山的这一段因缘。

八思巴圆寂后，元仁宗于延祐六年（1319），下诏令各郡建帝师八思巴殿，后又绘制八思巴像，颁发各省。五台山作为有缘必朝之地，自然受到藏地僧众的崇拜。

八思巴之后，在五台山活动的藏传佛教高僧是八思巴弟子胆巴，他受老师的举荐常驻五台山寿宁寺。胆巴住持寿宁寺期间，建立道场，传秘密法，开创了在五台山藏传佛教演法之先。元时还有许多藏地高僧于五台山活动。五台山这一地位，使元代皇室对五台山的佛教更加尊崇，不仅下诏加以保护，大兴土木建造佛寺，而且将大量土地赐予寺院。经过元代诸帝的崇建，汉、藏、蒙人民的信奉，五台山在元代成为兼弘汉地佛教和藏传佛教的圣地。

明朝诸帝也都崇信佛法。为了笼络蒙、藏民族，维护大一统的王朝统治，特别重视藏传佛教，并不断地对五台山遣使供养，建寺修塔。由此，使五台山自元代始兴的藏传佛教，在明代发展到与汉地佛教等量齐观的地位。

明代西藏宗教改革家宗喀巴创立了藏传佛教中的格鲁派。"格鲁"，藏语意即善律，该派强调严守戒律，故名。该派僧人戴黄色僧帽，故又称黄教。格鲁派认为宗喀巴为文殊菩萨的化身，于是文殊道场五台山与宗喀巴紧密相连，越发加重了五台山在藏地人们心中的地位。正统十年（1445），明英宗敕造《大藏经》送普恩寺。明成化十七年所立《敕谕碑》中，已明确将朝廷任命的五台山僧官称为"钦依提督五台山兼管番汉僧寺"，这说明五台山佛寺已分为汉僧寺和番僧寺。自元代藏地佛教传入五台山以来，当地寺院就逐渐分化为"青庙"和"黄庙"。汉地僧人因着青衣而称"青衣僧"，格鲁派僧人因戴黄帽而称"黄衣僧"。

清代出于国家统一、民族团结的意愿，更加重视五台山的佛教地位。《山西通志》记载，从康熙开始国家绥柔蒙古，特兴黄教。康熙皇帝曾五赴五台山，敕建寺院5所。后又将五台山的罗睺寺、寿宁寺等10座汉庙改为黄庙，和尚也一并改为喇嘛僧。寺内所有塑像和陈设俱以藏传风格重新布置。乾隆皇帝也赴五台山6次，每次都要在菩萨顶建坛讲经，焚香礼拜，尤对藏传佛寺赏赐钱物，宠遇极隆。

伴随清帝对五台山佛教的持续重视，寄居于此的藏传佛教也水涨船高。据记载，嘉庆年间，仅菩萨顶就有喇嘛561人，最多时达3000余人。

藏传佛教传入五台山、发展、壮大的历程，从一个角度反映出西藏地方与中央王朝的隶属关系，反映了汉、藏、蒙、满各民族的友好相处的融洽关系。历代中央政府以五台山佛教信仰为纽带，通过对宗教领袖的册封、佛教寺院的崇建，缓和了民族矛盾，进而达到对蒙、藏地区及周边信仰藏传佛教的各民族的有效统治。

五台山寿宁寺

无可争辩的历史事实证明，山西的环境，尤其是五台山的特殊地理位置以及悠久的佛教文化传统，促成了独特的汉藏寺院格局，也使山西成为了汉、藏、蒙、满等民族友好往来的地区，为统一多民族国家的巩固和发展，做出了卓越的贡献。

宗教文化遗址繁多、灿烂

佛教和道教在山西绵延兴盛逾千年，大大小小的寺院道观遍布山西群山之中，几经兴废，今天仍留有庞大的寺庙和道观建筑群。一座座殿堂楼阁、古塔经幢，以及附属于这些建筑的精美雕塑、壁画、碑记、匾额，都堪称宗教文物中的瑰宝。

山西是佛教文物、艺术的宝库，是全国佛教遗产最为丰富的地区之一。如五台山位居佛教四大圣地之首；玄中寺为中日净土宗摇篮；云冈石窟文化可与敦煌媲美；广胜寺稀世罕见的金版藏经《赵城金藏》为当今整理出版《大藏经》的主要底本；以及遍布全省各地的斑斓多姿的佛教建筑、雕刻、绘画等等。

永乐宫全景

和北京的白云观、陕西终南山的重阳宫并称为当时全真教的三大祖庭的永乐宫，为奉祀中国道教北五祖之一的吕洞宾而建，原名"大纯阳万寿宫"，因原建在山西芮城县永乐镇，初被称为永乐宫。永乐宫系公元1247年动工兴建，包括彩绘壁画在内，直至公元1358年竣工，施工期长达110多年。

永乐宫内，宫宇规模宏伟，布局疏朗。除山门外，中轴线上还排列着龙虎殿、三清殿、纯阳殿、重阳殿等四座高大的元代殿宇。这些元代建筑，不仅是中国古建筑中的优秀遗产，也是中国道教文化的艺术瑰宝。

永乐宫绘制精美的壁画美妙绝伦。三清殿内的西、北、东三壁上，绘满了4米多高的神仙群像，三壁的画面连成一气，表现的是同一个时空。一幅题为《朝元图》的大型壁画，描绘的是群仙朝谒元始天尊的情景：青龙、白虎两神为前导，南极长寿仙翁和西王母等八个主神的四周，簇拥了雷公、电母、各方星宿神及龙、蛇、猴等多位神君，还有武将、力士、玉女在旁侍奉，全图近300个神仙朝着同一个方向行进，形成了一道朝圣的洪流，气氛神圣而庄严。

除芮城这座较有规模的纯阳宫之外，太原和大同各建有一座纯阳宫。三座纯阳宫，芮城永乐宫为"南宫"，太原纯阳宫为"中宫"，大同纯阳宫，又称吕祖庙、吕祖观，为北宫。三座纯阳宫正好处在一条

坐落在太原五一广场的纯阳宫

中轴线上，南北呼应，各有千秋。

在山西，十分丰富的佛教、道教文化遗产之外，其他宗教的文化遗产也很多。

今存清真古寺有太原、大同、长治、壶关、晋城等数处，其中太原清真古寺最负盛名。太原古清真寺，为唐代贞元年间创建，后又经宋代重修。现存寺宇，是明代重建后的遗物。横匾"清真古寺"四个镀金大字笔力雄健，分外醒目，引人观瞻。

寺内大殿为砖木混合结构，殿内为阿拉伯式古典装饰。圆形立柱挖槽叠楞，施沥粉贴金彩绘，极其富丽典雅。柱周木壁，刻有阿拉伯文《古兰经》，经文雕刻工整、清晰、精细、优美。整个大殿宽大疏朗，布局严谨。宋代著名书法家黄庭坚碑刻草书，元代赵孟𫖯、清初傅山观后题铭碑刻，字迹劲秀，笔力挺拔，愈益加重了清真寺古朴、苍老的气氛。

天主教、基督教的文化遗址在山西的留存范围也较为广泛，遍布山西东南西北许多地方。

太原北郊阳曲县是各种宗教活动活跃的地区，仅此一县就有 24 个天主教活动场所。坐在从太原到北京的高铁上，途经阳曲县，一座座各式各样的教堂从眼前掠过。圆顶、尖顶的，灰色、红色与黄色的，高低错落，相互映照，别有一番文化色彩。

思考与分析

1. 从历史的角度谈谈，山西是怎样成为民族大融合基地的。
2. 试分析南北朝时期，山西形成儒、佛、道三教并尊局面的原因。

第九章　山西明清的晋商文化

晋商，显赫一时，汇通天下，称雄商界五百年，纵横欧亚九千里，留下了至今仍被人们关注和研究的商业传奇。追溯源头，是山西这片厚土以及相关文化的酝酿与驱动。或可以这样认为，一方水土养一方人，如果没有山西深厚而丰富的商业文化积淀，那就肯定不会有后世的商业繁荣和"晋商"的形成与崛起。被尊为商业鼻祖的陶朱公——范蠡，和与陶朱公齐名的猗顿，其商务思想与商业成就都与山西有着至为密切的关系。在通商管理和营商导向上有重大突破的晋文公，用"轻关易道，通商宽农"而励商；"晋之大驵"段干木在商业政策和经营推介上做出了贡献，等等，皆是晋商所特有的地域文化上的历史刻度。这说明，晋商所拥有的商业文化资源之富厚、商业文化根脉之久远、商业文化源流之丰沛，既列于全国之首，又居于古今之冠。

晋商的崛起

山西商人的活跃，古代文献多有记载。先秦时代，晋南一带就有了商业交易活动。唐朝时，太原城成为商业繁华的有名城市，韩愈诗中描述道："朗朗闻街鼓，晨起似朝时。"宋代的时候，从太原到平阳（临汾）这一带的商人遍及全国各地，获得巨额利润。明清时期，晋商走向鼎盛。

明初为抵御北方蒙古骑兵的袭扰，在长城沿线设立军镇，有九边之称。为保证九边军队的大量军饷，明朝政府利用盐池之利，支持军饷。官府让商人将粮食等物资运输到边镇，换取盐引①，然后持引到盐场支盐，售于各地。由此获利较丰，商人颇为积极。九边之大同、偏头关在山西，宣府、延绥亦靠近山西。明朝政府的盐利政策，刺激了晋商的发展。况且晋人早与蒙古草原有民间商贸

---

① 盐引又称"盐钞"，是宋代的取盐凭证，"引"是指有价证券，还可以作为"代币"流通。

往来，亦为晋商活动提供了条件。

明中期，明朝政府改纳粮为纳银。晋商一部分到两淮盐区纳银换引，专为盐商，一部分则散布南方各地采购粮布物资，贩到北边谋利。这样，出现了经营多种行业的商人帮伙。经营范围十分广泛，有粮、棉、丝、茶、颜料、煤、铁、木材、烟草、人参、油、纸、干果、杂货、铜、锡制品等商品。经营方式主要是独资、贷金形式。晋商逐步形成行帮，或有资与无资合伙互济，出资者与伙计间订有合约，彼此诚信协力。

明代到清代初年，山西商人势力得到进一步发展。明代全国较大的 33 个商业城市中，山西就有太原、平阳、蒲州（永济）三处。山西商人资本积累也相当可观："平阳、泽、潞富豪甲天下，非数十万不称富。"

晋商经商路线

清代，山西商人通商之路，逐渐形成了三条。一是经多伦诺尔，往漠南，一是往张家口，再北通库伦（乌兰巴托），一是往归化（呼和浩特）通伊犁等地。

清代前期，山西商人的货币经营资本逐步形成，不仅垄断了中国北方贸易和资金调度，而且插足于整个亚洲地区，甚至把触角伸向欧洲市场，南自香港、加尔各答，北到伊尔库茨克、西伯利亚、莫斯科、彼得堡，东起大阪、神户、长崎、仁川，西到塔尔巴哈台、伊犁、喀什噶尔，都留下了山西商人的足迹。有些商人甚至能用蒙古语、哈萨克语、维吾尔语、俄语同北方少数民族和俄国人对答如流。可以说，从蒙古草原上的骆驼商队，到吴淞口正在出海的商船，都有山西人在计价核算；从呼伦贝尔的醋味，到贵州茅台的酒香，都有山西人在酿造叫卖。无怪有人说："凡是有鸡鸣狗叫的地方，都有山西人。"

山西商人活动过的地方遗址，至今到处可以看到：甘肃的老西庙、新疆的古城塔，昆明金殿的铜鼎、江苏扬州的亢园、安徽亳州的花戏楼，大都是山西商人创建的；安徽雉河集（涡阳）的山西会馆，曾经是捻军起义的发源地；著名的贵州茅台酒是 1704 年山西盐商雇杏花村汾酒厂工人和当地酿造工人共同首创的。以山

苏州全晋会馆

西商人字号命名的城市街巷，至今犹存：张家口的日昇昌巷、包头的复盛西巷、外蒙古科布多的大盛魁街、呼和浩特的定襄巷、宁武巷，等等。由此在各地流行着许多谚语：东北有"先有曹家号，后有朝阳县"，在内蒙古流传着"先有复盛公，后有包头城"，在西北有"先有晋益老，后有西宁城"等。

清朝前期，能够兴旺发达二百余年的商业世家，最有名的是：榆次的常家、聂家，太谷的曹家，祁县的乔家、渠家，平遥的李家，介休的侯家、冀家，临汾的亢家，万荣的潘家，阳城的杨家，等等。他们既是大商人、大高利贷者，又是大地主，都拥有极为雄厚的资本。

"汇通天下"的山西票号

山西商人资本中的货币经营资本形式，最著名的是票号。票号又叫票庄或汇兑庄，是一种专门经营汇兑业务的金融机构。在票号产生以前，商人外出采购和贸易全要靠现银支付，在外地赚了钱捎寄老家也得靠专门的镖局把现银运送回去，不仅开支很大，费时误事，而且经常发生差错。这就迫使外出经商的山西商人不得不寻求新的办法。相传平遥县"西玉成颜料庄"在北京、天津、四川等地都设有分庄，总经理叫雷履泰。"西玉成"北京分庄经常为在北京的山西同乡办理北京与平遥、四川或天津之间的现金兑拨。比如平遥商人在北京把现金交给"西玉成"，那么"西玉成"北京分庄就写信给平遥"西玉成"总号，让汇款人在平遥领取现金。这种异地拨兑，开始只限于在亲朋好友之间进行，并不收费。后来，要求拨兑的人越来越多，在双方同意的原则下，出一定手续费就可办理。这位雷经理很聪明，发现这是一个生财之道，于是改设"日昇昌"，兼营汇兑业务，果然营业很旺盛。接着，他就放弃了颜料生意，专门经营汇兑业务，这就是中国历史上第一家票号。以后，他们调查了山西商人贸易的地点，选派

山西平遥日昇昌票号

知识拓展：日昇昌

日昇昌票号在一百多年的经营中，始终坚持着存款自愿，取款自由，严格为客户保密的经营理念，当时有"一纸汇票汇通天下"的说法。这既是对日昇昌票号生意兴隆，营业范围宽广的佐证，也充分显示了日昇昌票号在汇票防伪制度上的严密。

汇票长1尺2寸，宽8寸，填好的汇票从中间折好，一撕为二，由客户和票号各持一半，票号这一半通过政府邮政部门寄到客户指定的提款地的票号分支机构，客户及其亲属持另一半汇票可到那里提取银两。汇票防伪的标识有：（1）笔迹（即票号由专人来写汇票）；（2）印章；（3）水印（在汇票的四个角上都有日昇昌记的防伪水印）；（4）汉字密押（这也是最重要的一种防伪标识）。

通过以上防伪措施，日昇昌票号在一个多世纪的经营过程中从未发生过一起误领、冒领等事件。

精悍的伙伴，先后在天津、张家口、沈阳、苏州、上海、厦门、广州、桂林、重庆、长沙等地开设汇兑分号招揽生意。由于这种汇兑在此处交款，彼处用钱，手续简单，使用方便，所以除山西商人和其他地方商人汇款以外，还有政府及官员来托办汇兑事宜。随着资本的增加，通汇地点越来越大，利润也越来越多。接着又吸收现款，发放贷款，"日昇昌"的生意一派兴旺。

看到这种景象，山西商人纷纷学习"日昇昌"的经验，投资票号。票号著称者有平遥、太谷、祁县三大帮，称平遥帮、太谷帮和祁帮。

到鸦片战争前夕，山西票号大约有八家。鸦片战争后的十年内，仅日昇昌、蔚丰厚、日新中三家山西票号在各地设立的分支机构就有35处，分布在全国23个城市。他们除专门经营汇兑业务外，还兼营存款、放款业务，并把汇兑、存款和放款结合起来，利用承汇期占用客户的现金放高利贷，得到了很高的利润。据史料记载，1847年末，山西票号蔚泰厚苏州分号已有存款（白银）36000两，放款80000两；1850年，日新中北京分号有存款近37000两，放款近70000两。太平天国起义后，清政府的财政更加困难，山西票号也由起初为商人服务转向为清政府服务。为了承揽清政府对外活动款项汇兑等国际业务，票号商人在国外设立分支机构，祁县合盛元票号总经理贺洪如于1907年在日本神户、东京、横滨、大阪都开设了分支机构，平遥的永泰裕票号在印度加尔各答开设分号。此时的山西票号真可谓是"生意兴隆通四海，财源茂盛达三江"了。

山西票号的出现，在金融业界具有创新意义。票号的创新有：一、两权分离，即资本所有权与经营权分离，经营有方；二、转账结算，加强监管，有利资金流通；三、钱市交易，同业拆借，可以增加优势；四、票据贴现，支票旅行，有利于商业安全；五、首创密押，防范欺诈，培养诚信之风。

晋商八大家

清代，全国排名前 16 位的大财团都在山西。在晋商这个显赫群体中，都有哪些"财神"呢？

山西祁县乔家大院

祁县乔家

祁县乔家，是晋商中靠勤劳诚信，白手起家的典型。

乔家始祖乔贵发是祁县乔家堡人。早年是一个衣不遮体，无依无靠的光棍汉。乾隆初年与一位秦姓结拜兄弟一起走西口，先做当铺伙计，后开草料铺，兼做豆腐、豆芽及零星杂货等生意。乾隆二十年（1755），当地粮食丰收，他们为给自己磨豆腐、生豆芽做准备，趁粮低价时购存了一批黄豆。不料次年黄豆歉收，价钱高涨，于是把黄豆售出，获利颇丰，进而扩大经营，开设了客货栈广盛公。到嘉庆时，广盛公生意十分兴隆，但一次经营"买树梢"蚀本，几乎倒闭。亏得乔氏平日与当地"相与"诚信往来，信誉尚存，得到来往户支持，延缓了欠款归还日期。经多方筹措，又赖广盛公掌柜悉心经营，扭亏为盈，复兴了乔家基业，遂把"广盛公"改为"复盛公"。

乔家子弟恪守祖训，严守家规，家业日益兴旺。而秦姓子弟疏于经营，坐享其成，逐渐抽走股份，最终复盛公几乎成为乔家独资。复盛公成为乔姓商号后，买卖兴隆，在包头先后增开复盛全、复盛西等 19 个门面，有职工四五百人，成为包头城开办最早、实力最雄厚的商号，故有"先有复盛公，后有包头城"之说。乔氏依托复字号，又向国内各大中商埠发展。光绪十年（1884）又设大德通、大德恒票号。到清末，乔家在全国各地有票号、钱庄、当铺、粮店等字号 200 多处，有流动资金 700 多万两，加上土地、房产等不动产，总资产达千万两以上。

乔贵发共有三个孩子。其中老三的儿子乔致庸，是乔家一位出类拔萃的人物。他尊崇儒道，秉持"修身、正己、齐家、治国、平天下"之心，诚信为本，执著追求，艰苦奋斗，不断开拓，实现了货通天下、汇通天下的理想，为乔家的繁荣立下了大功。

榆次常家

榆次的常家，在晋商中以外贸著称。据《山西外贸志》载：在恰克图从事对俄贸易的众多山西商号中，经营时间最长，历史规模最大者，首推榆次车辆常家。常氏一门从乾隆到宣统七朝，沿袭外贸150多年。尤其是晚清，在恰克图十多个较大商号中，常氏一门独占其四，堪称清代晋商中的"外贸世家"。

山西榆次常家庄园

常氏家族经商的始祖常威，当年去张家口经商，从家里出发时，身不带分文，一路为人占卦算命，赚取吃饭住店钱。常威有三个儿子，长子常万玘和三子常万达，都以经商见长。万玘一支，即后来所说的"南常"；万达一支是"北常"。常万达少年聪慧，长大后随父到张家口经商，十年如一日，生活俭朴，为人处世诚恳守信，为商界同行所器重。常家从开布铺，经营布匹，获得厚利，又扩大规模，兼营茶叶、杂货，外销蒙古等地，逐步积累商业资本，设立了"大德玉"商号。

到乾隆年间，恰克图被清政府定为中俄贸易的唯一地点。中俄贸易的庞大交易都被压缩到了恰克图。常万达看出了其中蕴藏的巨大商机，他将张家口经营的"大德玉"字号改为茶庄，倾其资财来到恰克图，实现了由内贸到外贸的转变。常万达向俄商出口茶叶，兼营绸缎，由俄方引进皮毛、银锭，有出有进，获利甚丰。常万达"满而不盈，视有若无"，不断倍厚资本，为常家外贸事业的发展奠定了坚实基础。随着事业的发展和资本的增加，常氏先后增设大升玉、大泉玉、大美玉、独慎玉商号，形成了常氏"玉字"连号，遍布苏州、上海、汉口等地，独慎玉还在莫斯科设立了分店。

太谷曹家

太谷曹家，是明、清之际声势显赫的晋商巨富。

曹氏家族发迹，始于明末清初时的曹三喜。当年，曹三喜因生计所迫，随人到东北三座塔（今辽宁辽阳县）经商。他先是租地种菜、种豆，后与人合伙磨豆腐，用豆腐渣养猪。后独自经营。曹三喜勤劳踏实，以诚待人，生意越做越好，增添了酿酒业、杂货业、典当业。

山西太谷三多堂

之后，又在沈阳、四平、锦州等地设立商号，逐步成为省外大商。清兵入关后，曹家的商号又向关内发展，规模越来越大。到道光、咸丰时期，曹家的商号已遍及半个中国，国外发展到莫斯科。经营项目有银钱业、绸缎、布匹、呢绒、颜料、药材、皮毛、杂货、洋货、酿酒、粮店等等，雇员达 37000 余人，总资本达 1000 余万两。曹家创造出总号辖分号、大小分号连锁管理的办法，据说，全国各地究竟有多少曹家的商号，连管家的也说不清楚。有钻营者，未通过曹家同意，擅自打着曹家旗号，借贷资金开设商号，只要在其钱庄、银号管辖之下，外贷不足 2 万两以下，曹家亦不问所以，可见曹家财势之大。

介休侯家

介休侯氏人称"侯百万"，史料记载有资产七八百万两白银。侯氏发迹于清康熙年间，十世侯万瞻，专跑苏州、杭州贩卖绸缎，家业发展很快，到他的孙子侯兴域时，已成为赫赫有名的大财主了。

侯兴域是侯家承前启后的重要人物，他继承祖业，用心经营，积累百万。他的三儿子侯庆来更是精明练达，颇有才干，一手掌家，野心勃勃，首先把在平遥开设的经营绸缎、茶叶、钱币的蔚盛长、协泰蔚、厚长来、新泰永都改为蔚字号，后来又把蔚字号改为票号。他的儿子侯荫昌接管了家业后，在与平遥日昇昌票号的竞争中，又把其他蔚字号也都改为票号，成为山西赫赫有名的"蔚字五联号"。大约 30 年间，蔚字号声势日增，分号遍布全国 30 多个城市，大有后来居上之势。

祁县渠家

祁县商人云集，号称祁帮，是清代商界的一支劲旅，而渠家是祁帮中的大户。渠家的茶庄"长裕川"声名卓著，票号"三晋源"汇通天下。

渠家发迹，始自元末明初渠敬信、渠于信、渠忠信三兄弟，他们从贩运的小本生意做起，起先把潞麻和梨贩到祁县，再把祁县的粗布和枣运到上党。到清乾隆、嘉庆年间，渠家的生意已涉足对俄、蒙的茶叶贸易。从渠氏十七代源字辈开始，进入了生意兴隆的黄金时代，成为当时晋中八大富户之一。源字辈渠源桢先后与他人合资开设了"百川通"票号、"存义公"票号、"长盛川"票号，并独资开设了"三晋源"票号、"汇源通"票号。在开设票号的同时，渠家在各省设有茶庄、盐店、钱店、当铺、绸缎庄、药材庄等，实现了票号资本与商业资本的相互转化，这是渠家商业经营的特色，并获得了成功。

渠源桢的长子渠本翘中进士后，曾被清政府派任驻日本横滨领事。后投入保矿运动。在晋商保矿运动中，渠家父子配合默契，渠源桢主持渠家大票号协力相助，不但出巨资入股保晋公司，还帮助公

渠本翘像

司发行、募集股票。

临汾亢家

山西平阳府（今临汾市）的亢家，在明清时期聚财数千万两，堪称山西首富。

亢氏致富也源于经商。亢氏首先是大盐商，清代实行盐专卖制，由政府特许盐商凭盐引到指定地点运销。亢氏正是凭这种贩运特权，获取丰利，成为巨富。亢氏在盐商聚集的扬州修建了著名的亢园，显赫一时。其次，亢氏是大粮商。当时在北京，由于是京畿要地，四方辐辏，买米糊口之人倍繁于他省，而北京资本最多、规模最大的粮店就是亢家在正阳门外开设的粮店。在原籍平阳府，亢家"仓廪多至数千"，藏有米粮万石。再次，亢家是一个资本雄厚的典当商。传说当年，亢家为了挤垮当地另一家当铺，连续三个月拿出90尊金罗汉到这家当铺去典当，每尊典银1000两。这家当铺慌了，问典当人，何以有这么多金罗汉，来人说："我家主人有金罗汉500尊，现在还有410尊等着典当呢！"这家当铺只好让亢家将90尊金罗汉赎回，自己关闭当铺远走他乡。此外，亢氏在原籍平阳还拥有大量田宅和储粮，号称"宅第连云，宛如世家"，"上有老苍天，下有亢百万，三年不下雨，陈粮有万石"。

介休范家

介休范氏经商始祖叫范永斗，明末时在张家口经商，经常出入辽东，是当时有名的"八大商人"之一。

由于当时商人经常出入关内外，为清朝提供军需物资和情报，清朝入关称帝后，顺治皇帝为答谢"八大商人"，在紫禁城设宴，亲自召见，赏赐朝服，编入"御用皇商"行列。范永斗被任命主持贸易事务，并"赐产张家口为世业"，取得了别的商人无法享有的经济特权。范毓馪是范永斗的孙子，他具有聪颖卓越的经济头脑，继承祖业后不负众望，使范家商务达到登峰造极的境地。他主政时，担当了"承办、采运军粮"的大官差。清朝初年，康熙皇帝亲征准噶尔部，由于运送军粮花费过大，"输米馈军"付出了惨重代价。作为皇商接受这项官差后，范毓馪认为虽然运贩军粮艰苦，但依仗自己多年经商的经验，认为不仅有利可图，还可报效国家。他请求以每石米低于官价三分之二的价格自费办售军粮，康熙闻奏大喜，遂即准请。范毓馪感受皇恩浩大，表现出令人感慨的忠诚。他凑足144万两白银，补运军粮计百万余石，为清政府节省费用600余万两。《清史稿》列传中说，范毓馪"辗转沙漠万里，不劳官吏，不扰闾邻，克期必至，省国费亿万计"。忠诚换来了丰富的回报。范氏家族中有许多人被授予官爵，甲第联辉，显赫一时。朝廷还慷慨地把对西北游牧民族的贸易权交给了范家，使之获得了巨大的商机。范氏由皇商兼获高官，在清朝二百多年历史上实属罕见。范家并不满足于既得利益，继续寻求发展机会。康熙时，国内铜斤（造铜钱用的原料）严重短缺，政府允许商人赴日本购买铜斤。范氏把握时机，奏请内务府，承担了贩运洋铜的大部分业务，获得巨大利益。

灵石王家

王氏家族最初以佃耕为主，后兼营豆腐坊。他们做的豆腐，坚而不硬，嫩而不酥，加上诚实和蔼，童叟无欺，因此当地人都愿意买，豆腐生意做得十分红火。王家从第十世起，有人开始经营棉花、杂货和典当行业，但属初创时期，不具规模，未形成主业，家族仍以农耕为生。王家在农耕、经营的同时，十分注重教育，其家族从八世起，读书人逐渐多起来。

山西灵石王家大院

至十八世，共有生员 129 人，监生 211 人，且有举人、进士。家族对修文庙、办义学、建学馆等教育公益事业十分重视，慷慨解囊，大力资助。到十一世，资本增多，逐渐成为巨商大贾。康熙十二年（1673），吴三桂叛乱，清政府急需军马粮草。王家弟兄将 24 匹良马献给平阳府，支援平叛，受到平阳知府及步军统领的赞赏，从而受命为清军筹集军马粮草，王家兄弟从中不仅得到经济利益，政治地位也大大提高。康熙十五年（1676）叛军投降，步军统领上奏朝廷，王氏兄弟受到康熙帝的褒扬。王氏家族借清政府的势力，生意规模更大，很快便发展成为当地有名的巨贾大商、官僚士绅和大地主。

王家由农到商，耕读传家，具备了一定的经济基础和文化层次，为步入官场铺平了道路。从十三世至十五世，开始做官为宦。十四世王谦受首先以 2000 两白银为其子王梦简捐了个"州同加五级"官，后又诰授为"中宪大夫"。此后，王家被封典的共有 52 人次，有资政大夫（正二品）3 人次，通议大夫（正三品）3 人次，太仆寺卿（从三品）3 人次，中宪大夫（正四品）14 人次，昭信校尉（正四品）2 人次，朝议大夫（从四品）6 人次，奉政大夫（正五品）5 人次，奉直大夫（从五品）4 人次，儒林郎（正六品）7 人次，修职郎（正七品）2 人次。王家最大的官为十八世孙王肯任，二品，曾任户部广西司郎中，候选知府加五级，诰授资政大夫。

王家由耕读起家，因商宦富族，发迹后，便大兴土木，不断营造住宅、祠堂、牌坊、坟茔。从康熙一直修到嘉庆年间。现有的王家大院只是其中的一部分。

晋商的文化精神

晋商在长期活动中，形成并发扬了一种极可宝贵的文化精神，简言之，一是崇商建业，励志为贾；二是以诚取信，以义取利；三是艰苦奋斗，团体共济；

四是审时度势，应变图强；五是任人唯贤，节约俭朴；六是勇于开拓，严于管理。晋商也因此列在明清三大商帮（晋、徽、潮）之首。

山西的地域环境以及商业利益的诱惑，造就了山西商人的进取心。清人纪晓岚说："山西人多商于外，十余岁辄从人学贸易，俟蓄积有资，始归纳妇。"这就是说，事业不成，甚至连妻子也不娶。可见山西人是把经商作为大事业来看，他们通过经商来实现其创家立业、光宗耀祖的抱负，而这种观念正是使其在商业上不断进取的巨大的精神力量。明代著名商人席铭（山西平阳府人），"初时学举子业不成，又不喜农耕，曰：丈夫苟不能立功名世，抑岂为汗粒之偶，不能树基业于家哉！于是历吴越、游楚魏、泛江湖……起家巨万金，而蒲大家必曰南席云。"席铭经商成功后，"自是崇义让，淳宗族，睦邻里亲友，赈贫恤乏，解纷讼，成人之美……嗟蒲之州大夫、所将军不以行伍众庶待之，而席氏之家声益振。"席氏通过经商致富，提高了其家族的社会威望和地位，自然鼓舞着更多的人走向经商之路。

山西商人的进取心还表现在强烈的开拓精神上，所谓"天行健，君子自强不息"。有许多山西商人就是靠这种自强不息的精神，白手起家而成大业。如著名的大盛魁商号，其创始人之一山西太谷人王相卿，幼年家贫，为生活所迫，曾为人佣工，充伙夫，服杂役。后来与山西祁县人张杰、史大学一起随营贸易，先是肩挑负贩，拉骆驼，后在乌里雅苏台、科布多开"吉盛堂"商号，其后改名为"大盛魁"，几经磨难，到雍正时"大盛魁"已经是一家具有相当规模的商号了。

山西商人的进取精神还表现在他们不畏艰辛，敢于冒风险。他们拉着骆驼，千里走沙漠，冒风雪，犯险阻，北走蒙藏边疆，东渡东瀛，南达南洋。他们不仅要经历天气环境之险，而且还常常遇到被盗贼抢掠乃至丧失生命之险。山西商人到包头经商，杀虎口是必经之路。有民谣称："杀虎口，杀虎口，没有钱财难过口，不是丢钱财，就是刀砍头，过了虎口还心抖。"但是旅蒙晋商并不因此退缩，而是人越去越多，势如潮涌。

晋商的敬业精神，也是常为人所称道的。在中国古代社会中，传统的观念是重儒轻商，故四民中以士为一等，商为末等。但明清山西商人却不这样看，他们认为商和士农工是同等重要的事业，都是本业，同样要敬。晋人摒弃旧俗，褒商扬贾，以经商为荣。榆次富商常氏，有清一代不绝于科举，但绝不轻视商业，而且是把家族中最优秀的子弟投入商海。常氏家族弃儒经商、弃官经商的子弟很多。如十三世常维丰，幼年从师就读，辞章粹美，识者器重。长大后放弃科举，赴张家口经商。常维丰极具才能，办事干练，尤精用人、通变之道，凡事一经裁酌，立即决断，为同仁所不及。十四世常旭春，是清末举人，曾任晚清法部员外，书法艺术名冠三晋，诗词也做得很好，时人称他是"书宗李北海，诗步王渔洋"。但他最热衷的还是经营商业。常氏一改"学而优则仕"为

晋商用书《交易须知》序

"学而优则商"，能数代集中优秀人才锐意经营商业，从而形成了一个具有相当文化程度的商人群体。

随着山西商人活动区域和业务范围的扩大，商业竞争也愈来愈激烈，于是山西商人从家族到乡党，逐渐形成"同舟共济"的群体。山西商人在经营活动中很重视发挥群体力量。他们用宗法社会的乡里之谊彼此团结在一起，用会馆的维系和精神上崇奉关圣的方式，增强相互间的了解，通过讲义气、讲相与、讲帮靠，协调商号间的关系，消除人际间的不和，形成大大小小的商帮群体。

明代隆庆、万历年间，蒲州张四维家族、王崇古家族、马自强家族，均是大商人家庭，三家联姻为亲戚，张四维曾任礼部尚书兼东阁大学士参赞机务，王崇古官居宣大总督、兵部尚书，马自强曾任礼部尚书。三家的联姻，增强了其商业竞争实力。王崇古在河东业盐，张四维的父亲是长芦大盐商，累资数十百万，张、王二氏联手，结成了盐商团伙，控制了河东、长芦两处盐利，具有一定的垄断性。在亲缘集团的基础上，晋商又逐渐发展地缘组织。清朝乾隆末年，在典当业中已出现了所谓"江以南皆徽人，曰徽商；江以北皆晋人，曰晋商"的说法。"晋商"这一名称的出现，说明清代山西商人已逐步形成一个地域性的商帮。

山西商人认为良好的经营作风是商业成功的一个关键，他们在经营活动中形成了一些宝贵的作风。

山西商人认为"诚信不欺"是经商长久取胜的基本因素，所以把商业信誉看得高于一切。他们认为经商虽以营利为目的，但凡事又以道德信义为标准，经商活动属于"陶朱事业"，须以"管鲍之风"为榜样。对待顾客、商家，无论大小，都以诚相待。销售商品，绝不缺斤短两，而是货真价实，童叟无欺。如发现货质低劣，宁肯赔钱，也绝不抛售。他们深知，只有讲信用，重然诺，不欺不诈，人们才乐与他们交易。商业盈利靠商品的质量和服务态度来取得，永保信誉，才能成功。一旦信誉丧失，商业必然招致失败。山西商人在经商活动中总结出了许多有关经商诚信的商谚，如："宁叫赔折腰，不让客吃亏"；"买卖不成仁义在"；"售货无诀窍，信誉第一条"；"秤平、斗满、尺足"。可见，诚信不欺，利以义制，是山西商人经营活动中严格遵循的一个信条。因此，在山西商人中讲信誉的商人和商号比比皆是，如盂县人张炽昌，"贸易关东，与人然诺，坚如金石，一时侪辈推为巨擘"。祁县富商乔致庸把经商之道排列为一是守信，二是讲义，三才是取利。清末，乔家的复盛油坊曾从包头运大批胡麻油往山西销售，经手伙计为图暴利，竟在油中掺假。被掌柜发觉后，立即饬令另行换售，代以纯净无假的好油。这样商号虽然蒙受一些损失，但信誉昭著，近悦远来，商业越发繁盛。又如祁县大德通票号存款户以山西本省最多，放款却多在外省。1930年蒋阎冯中原大战后，晋钞大幅度贬值，约25元晋钞才能兑换1元新币。当时大德通如果对存款户以晋钞付出，票号可以趁晋钞贬值之机发一笔横财。可是大德通票号没有这样做，他们不惜动用历年公积金，不让存款户吃晋钞贬值之亏，使票号信誉益著。

山西商人在为人之道上也表现了诚实忠厚的一面。他们认为"和气生财"，"和为贵"，凡事不做过分，不做法外生意，讲求以诚待人。史籍中有关晋商忠厚待人的记载很多。如明代临县人王子深以开客店为生，有客商住宿后遗金一袋，王收金待客，后客商啼还，王验证给之，客分以其半，拒之，客商叩恩而去。清代泽州人王文宇，"贸易保定府完县，与葛东岗友善，东岗有子弗立，惧其毁败，阴以白金800两付文宇，不令子知。东岗死，文宇督其子，俾其成立，将东岗所遗金还之"。清代汾阳人崔崇于，"以卖丝为业，往来张垣、云中，一岁折十余金，其主人偶有怨言，崔恚愤，以刃自剖其腹，肠出数寸，气垂绝，曰：吾拙于贸易，致亏主人资，我实有愧，故不欲生。"由于山西商人主张行商不欺诈，为人诚恳忠厚，故人皆愿与之共事。

山西商人具有上进心、敬业、诚信品质并形成一个团结的群体，既得益于山西黄土的养育，也是山西人儒商相结合的结果。人们把有文化素养的商人称为儒商，明清山西商人中有不少受过严格的传统文化教育，具有相当的文化素养，从而对经商活动产生了很大影响，并形成了他们的新文化观。

对于儒和贾，明清社会上的一般看法是"儒为名高，贾为厚利"，认为儒、贾追求目标不一。但一些山西商人却提出了儒、贾相通观，他们认为行贾也可习儒，儒可贾，贾可仕，仕而不失贾业。榆次常家代代恪守"学而优则贾"之家训，并把儒家教育的诚信、仁义、忠恕精神引入商界，从而有了常氏商业之繁盛。今天的常家庄园有一副对联："晋商席卷天下，雄风安在？留十二万庄园遗风堪赏览；常氏囊括四海，精神何存？有五百年诗礼传家可追寻。"这副对联点出了常家儒商之精髓。

思考与分析

1. 分析晋商崛起的背景以及其成名天下的因素有哪些。
2. 对比古今晋商，谈谈今天山西经济腾飞可以借鉴晋商哪些特点。

第十章　近代山西的文化变迁

古代山西有着光辉的历史和灿烂的文化。但是到了近代，尽管山西出现过一些惊世之举，但是从总体上讲，山西开始落伍了。这种落伍是外侵内患的结果。山西资源的富饶，成为西方列强掠夺的要地；山西独特的地形又成为与日寇厮杀以及内战的重要战场。掠夺与战争破坏和延缓了山西的发展。

为了民族独立和国家富强，山西儿女在痛苦的沉沦中觉醒、抗争。抚今追昔，近代山西给人们带来太多的回忆与思考。历经近代风雨沧桑和文化浩劫后的山西，出现了许多叱咤风云、力挽狂澜的传奇人物，一个个令人荡气回肠的故事令人缅怀；许多金戈铁马、气吞万里的可歌可泣的战斗事迹，令后人回味与追思。

走向近代的山西

山西近代工业起步较晚，第一家近代企业太原火柴局诞生于1892年，与东南沿海地区兴起的洋务企业相差30多年。最早将洋务之风吹进山西的应该是山西巡抚张之洞。

张之洞（1837—1909）是晚清"清流派"办洋务的重要人物，在政坛颇有影响。他任山西巡抚在光绪七年至十年（1882.1—1884.5），期间为山西走向近代化起到了奠基的作用。他重视李提摩太的洋务方案，招引各地洋务人才，设洋务局，广购有关洋务书籍，又从上海购置若干新式织机、农器，运到山西作洋务局的器用，又拟开铁矿冶炼，只因中法战争调任两广未遂。张之洞重视通商惠工，开发泽州铁货，整顿盐务，均有利于山西实业发展，商贸通畅。张之洞又奏请量才任人，不分满汉，改革吏治，条陈十二事，同时改革晋军恶习，推广火器，强化军事实力。在教化方面，他拨款修缮贡院，推广义学，在山西设令德堂，教学以汉、宋学并重，兼采西学，曾聘杨深秀、杨秋湄、吴锡钊等名士任教，培育人才。

张之洞之外，对山西近代文化兴起贡献较大的还有山西另一个巡抚胡聘之。

胡聘之（1840—1912），光绪十七年至二十五年（1891—1899）历任山西布政使、山西巡抚。胡氏上任之初，即以办洋务自任，奏请清廷准许开发山西煤炭，以兴工业。在其主持下，首先在太原三桥街兴建火柴局，生产"牴羊"牌火柴，是为山西近代工业开端。继办太原机器局，用蒸汽机为动力，建机器、翻砂、熟铁、木样、铜帽及锅炉等工房，虽多系英国旧机器，然在当时令人耳目一新。又从天津、汉阳高薪聘请技工30余名。该厂曾因慈禧西逃经太原时为其马队修好枪械，受慈禧奖励，一时声名日隆。后来机器局主要制造火枪、步枪、小炮、火炮，为山西军工业先驱。又利用晋南产棉优势，办绛州纺织厂，但因所购锅炉笨重，无法运到厂内，无功而废。还开办山西通省工艺局，分织布、织带、木工三项，成绩可称。后来阎锡山治晋时在此局基础上，办起山西工业试验所。胡氏又于1896年请准在山西开征烟酒税；在光绪帝催督下，胡氏在太原设山西商局，开办了葡萄酿酒、奶油制饼、熔铁炼钢、烧造玻璃等企业。在胡氏悉心筹措下，兴建了正太（太原至河北正定柳堡）铁路。同时筹建开矿事业，是为山西近代煤炭工业开办之始。但因《老残游记》作者刘鹗与方孝杰二人买空卖空，向外国人所办福公司借款，并订立了出卖山西矿权的合同和章程，受到山西正直人士一致反对。1905年，知识界首先发起收回矿权保晋运动，山西大学堂和中学堂学生纷纷罢课抗议，发表宣言，要求收回矿权。山西留日学生亦大造舆论，响应晋省。1908年，在光绪帝支持下，清廷将对外交涉权收回总理衙门，山西人士夺回了山西的矿权。胡氏在开矿一事上，未能维护祖国权益，颇受世人谴责，但在文教事业上，胡氏提倡中学西学并重，奏请将令德堂改为山西省省会大学堂，并在太原筹建武备学堂。胡聘之又主持修纂光绪版《山西通志》，编撰《山右石刻丛编》40卷，受到大学者缪荃孙的称道，这些都是对晋省文化发展的有益之举。

太原火柴火花

山西大学堂旧址（太原侯家巷）

辛亥革命在山西

　　辛亥革命是中国近代史上一场真正的、具有完全意义的资产阶级民主革命。武昌起义后不足两旬，山西同盟会员即起响应，在清廷的侧翼和清军的后方点燃了起义之火，不仅彻底推翻了清政府在山西的专制统治，而且极大地动摇了清廷在全国的统治地位。孙中山先生说："武昌起义不半载竟告成功，此实山西之力。"

鸦片在山西的种植由来已久，早在道光十九年，道光皇帝在支持林则徐虎门销烟之时，也忧虑山西鸦片种植的泛滥。他在一份上谕中警告说："朕风闻山西地方沾染恶习，到处栽种。"这样使得"多种一亩罂粟，即少收一亩米粮"，"粮食渐缺，粮价日增"。

鸦片战争以后，清政府为了应对各种战争和赔款所带来的财政危机，至少两次在政策上纵容鸦片的种植。其一是咸丰九年（1859），为了筹集镇压太平天国的军费。山西巡抚英桂于省城设立筹饷局，对鸦片采取加征厘金税的办法，实际上使得种植罂粟合法化。其二是光绪二十七年（1901），为筹集"庚子赔款"，又对洋土药推行了征收政策。这种纵容使得罂粟花在山西的开放更加普遍。

泛滥的罂粟让山西人付出了血的代价，当"丁戊奇荒"发生时，整个北部中国在长达三年多的时间里，旱魃肆虐，遭受了一场特大的浩劫。由于长年粮食产量不足，山西全境饿殍遍野，成为饿死人现象最严重的一个省份。

面对泛滥种烟的现象，山西巡抚丁宝铨采取了强硬的手段，派兵进驻交城县广兴村和文水县城内，引发冲突，军队打死百姓40余人，伤60余人，制造了震惊全国的"交文惨案"，进一步激发了山西的官民矛盾。

"交文惨案"发生后，由同盟会控制的《晋阳公报》总编王用宾（同盟会会员）派人实地察访，按其见闻写成新闻，揭诸报端。丁宝铨见报大怒，逼迫报社经理辞职，逮捕相关人员。山西巡抚简单的处事方式给山西同盟会进一步的宣传创造了契机。在舆论压力下，丁保铨离开了山西。

"交文惨案"后，山西军界出现了重大的人事变动。同情革命的黄国梁接任驻扎在城外狄村和岗上村一带的新军第85标的标统（相当于团长），山西同盟会中坚力量的骨干阎锡山接任了驻扎在紧靠太原都督府的后小河的第86标的标统。这一变化正是革命党人所期望的，在此后的太原起义中发挥了关键性的作用。黄国梁、阎锡山上任后，为了使革命分子渗透到各营、各连，便以整顿军务为名，选了同盟会会员及一批激进的青年，成立模范队，重新分配到各营充任班长。把编余的老兵组织起来开赴绥远河套，以垦荒为名，配置革命实力，准备在起义的时候相互呼应，形成一支军事力量。这就使山西响应武昌起义具备了群众基础和军事基础。

1911年10月10日，武昌爆发革命。武昌起义爆发时，山西巡抚陆钟琦调兵严防，同盟会会员即于1911年10月28日在黄国梁家中开会商议，决定在太原起义。次日，诸骨干分头行动，并动员新军管带姚以价参加起事。10月29日早两点，姚以价下达起义命令，宣布纪律，姚亲率五百人攻打抚台衙门。天刚亮时，军队冲入新南门（即首义门，今太原五一广场处）。义军一路冲向

太原首义门

满洲城（今新城街）；一路直取巡抚衙门。他们用石条砸开大门，冲入大院，开枪打死陆钟琦及其子陆光熙。第86标标统阎锡山宣布发生兵变，以保护为名包围了衙门。城中巡防的马队闻讯溃散。攻打满洲城战斗激烈，阎锡山率军猛攻，迫使守军投降。新军首义大获全胜，清廷在山西的统治覆灭，随即宣布山西军政府成立，阎锡山、温寿泉分别被推举为都督、副都督，并任姚以价为陆军总司令，率兵驻扎娘子关，准备迎敌。

不久，阎锡山接待驻守石家庄准备反清、与义军联合进军北京的爱国将领、清军第六镇统制吴禄贞的使者，阎锡山对此计议颇犹豫，后二人于11月4日会晤于娘子关车站，吴登台演讲，获得一致拥护，公推吴为燕晋联军大都督兼总司令，阎锡山为副。

时袁世凯新任清廷内阁总理大臣，企图镇压起义军。他派人刺杀了吴禄贞。在娘子关前线的景梅九与其他同志立即赶赴石家庄，动员吴禄贞所部为吴报仇。但因该部吴鸿昌等首领不敢起事而带兵逃遁，山西军队又力量薄弱，故未能实现联军北上的大计。

1912年秋，已辞去临时大总统的孙中山先生决心从事国内实业建设，他应阎锡山之邀赴晋考察，逗留晋省两天三夜，随行者有胡秉柯、张继、景耀月、朱卓文、叶恭绰等。山西各界人士盛大欢迎。是年9月18日，孙中山专车抵太原，途中视察正太铁路沿线情况。在太原，孙中山

孙中山在太原

与各界人士聚会多次，发表了不少演讲，并接见民众，鼓励山西人民把民主革命进行下去，不怕牺牲，建设国家，受到了山西民众的高度评价。离晋前，孙中山还建议山西"从速调查户口，修筑模范道路为各省倡"。

阎锡山对山西的统治

研究山西近代史，阎锡山是一个绝对无法回避的人物，他既是国民政府在山西的封疆大吏，同时又是行割据之实的"乱世诸侯"，从1911年太原起义到1949年仓皇辞庙，他对山西38年的统治，时间之长超过了历史上任何一个军阀。

阎锡山（1883—1960）

山西首义后，阎锡山执掌了晋省军政大权。

1912 年，阎氏通过与袁世凯为结拜兄弟的定襄人董崇仁疏通，被袁任命为山西都督。他通过各种手腕，扣捕了晋南反袁的实力人物李鸣凤、张士秀，逼走了晋北反袁的忻代宁公团领导人续桐溪和首义功臣姚以价，迫害在晋的革命党人，使之逃亡在外达数百人，开始实现自己在山西的统治。

阎锡山统治山西近 40 年，为了巩固自己势力，也办了不少事业，成效显著，虽也存在一些专制弊政，却使山西省经济颇有起色，声名鹊起，成为享誉全国的"模范省"。

辛亥革命前，山西是较贫困的省份。阎锡山留学日本，开了眼界，深感家乡积弱积贫之困境，故而上台后，即打算以筹补生计之法，别辟生利之途，以期达到"美善人生"即"厚生"的目的。

为此，阎氏于 1917—1918 年提出发展农业经济的"六政、三事"措施。六政者，即兴三利、除三弊。兴三利为兴水利、种树、蚕桑；除三弊为禁烟、剪发、天足；三事即种棉、造林、牧畜。并设立六政三事考核处，查考督促实施。实施几年后取得明显成效。

阎锡山意识到山西要发展，只抓农业不行，必须发挥山西煤铁之乡的优势，兴办工业。1919 年他制订了厚生计划，包括炼油、炼钢、机器、电气、农业、林业六方面的方案，前四项设工厂 44 处，经费 1128.8 万元，后两项经费 160.2 万元，工业经费占总经费的 87.6%。

1932 年，阎锡山出任太原绥靖公署主任，又着手编订《山西省政十年建设计划案》，积极使"人尽其力，地尽其利，以达造产救国之目的"。在厚生计划基础上，大大发展了一步。这个十年计划设想前三年以"用民政治"和"村本政治"为政治建设内容，使行政、警政及各项实业、文教均有改善。经过十年努力，使全省人民每年平均至少增加 20 元生产价额。计划案分三篇，一为总则，二为省建设之部，三为县村建设之部，别附专案 40 余件。并设建设考绩委员会，定出考绩法 30 条，依次实施。

从 1917 年至 1937 年，特别是 1932 年实施十年计划后，阎锡山督办甚力，诸事发展迅速，建设规模前所未有。20 年间，农业经济成就明显，1936 年全省粮食总产量达 336.74 万吨，棉花 3 万吨，油料、烟叶、蚕茧、水果、家畜等均有增产，达到当时山西农业最高水平，其中 1936 年的粮食总产量，直到 15

年后的 1952 年才再次达到。

工交经贸建设成就尤为显著。1937 年，西北实业公司有工厂 36 个，资本达 2 亿余元。其中机车厂、机械厂、炼钢机器厂、电气机械制造厂等较大的 9 个工厂在 1935 年有资本 483 万元，工人 3000 余人，年产值 187 万元，占当时全省工业总产值的 2/3 以上；1936 年，西北实业公司有工人 18.6 万人，其中 9 厂资本增至 524 万元，占全国机器业资本总量的 60%。9 厂平均资本 58.2 万元，为全国同类工厂平均资本量的 22 倍多，其他如造纸、皮革、火柴、卷烟、印刷、纺织、水泥、煤炭、炼钢、化工等均有很大发展。1936 年西北洋灰厂投产后，第一年即还清了 60 万元的筹借款。交通方面，1937 年修成南北同蒲铁路，长达 860 千米，建设又快又省，为国内罕见。1937 年 9 月全省自营铁路通车里程提前 5 年达到预定目标，并修通了 11 条公路干线和许多小公路，形成了全省公路网约 3000 千米。

1930 年后，山西开设了 6 家银行，1935 年的资本约 1000 万元，次年即增加到 3320 万元，相当于国民党中央政府四大银行（中央、中国、交通、农民）资本总量的 1/5。

十年计划的前五年，山西企业数增加了近 40 个，相当于前十年的两倍多，新增资本 8 亿元。其中金融业增加 3170 万元。

山西实业的兴旺原因有四：一是社会少战乱，军阀混战战场多在晋省境外，阎氏提倡保境安民，又大搞村本政治，稳定了社会，为经济发展提供了较好的环境。二是放手金融业发展，能筹措大笔资金，并加强了对工人阶级的榨取，采取低工资、高强度劳动手段，盘剥剩余价值。同时实行地方保护政策，坚持使用土货，进行自产、自用、自足，以减少输入。三是坚持经营上的自主权，不容列强与中央政府染指，利益独享。四是重视教育和人才培养。

山西的经济发展为阎锡山的统治提供了物质基础，客观上抵制了列强的经济侵略，为山西现代科技进步和资本主义发展创造了条件，准备了人才，这使阎锡山能与外省军阀和中央蒋氏政权抗衡，同时使工人阶级队伍逐渐集中壮大，在后来的人民革命中成为阎氏统治的掘墓人。

阎锡山故居

121

山西党建

1919 年，五四爱国运动爆发，波及山西。山西学界群情激奋，热烈响应，同全国青年一道共同抗争，赢得了运动的胜利。其间，信仰共产主义的北京学联负责人高君宇（原山西省立第一中学学生）曾在暑假时回到太原，组织发动群众，并派人赴上海参加"全国学联"成立大会。8 月，高君宇与省立一中的王振翼、贺昌创办《平民周刊》。次年 2 月，高君宇在《新青年》发表了《山西劳动状况》一文，太原多所大中学校纷纷成立了进步社团，如青年学会、马克思主义读书会、共建学会；又筹办书社，如晋华书社、觉民书社；创办了《共鸣》《新共和》《青年半月刊》等刊

高君宇（1896—1925）

物，传播马克思主义和民主科学思想，成为新文化阵地。

1921 年 5 月，高君宇在省立一中召集王振翼、贺昌、李毓棠等 10 多名学生，成立太原社会主义青年团。但不久，该团刊物《山西平民周刊》被阎锡山查封，高、王被迫离晋，贺昌成为负责人。

1922 年 1 月，高君宇、王振翼一同参加了共产国际在苏联召开的远东各国共产党及被压迫民族团体第一次代表大会。其间，社青团改名中国社会主义青年团太原支部，贺昌任书记，曾领导印刷工人大罢工；9 月，团员发展到 40 余人，组织了正太铁路工人大罢工。1923 年春，贺昌遭追捕，李毓棠、蔡振德相继主持团务工作。1924 年春，中共中央决定，全体团员以个人身份加入国民党，5 月底，傅懋恭（彭真）任委员长。这个革命团体，为山西中共建党准备了条件。

1923 年，高君宇受中共北京区委委托，陆续批准贺昌、傅懋恭、李毓棠等由社青团员转为中国共产党党员。1924 年 6 月，受李大钊委托，高君宇等人成立中国共产党太原支部，这是中共在山西的第一个支部，后由傅懋恭任书记。此后，在中共领导下，山西民众不断开展斗争，截至 1927 年 3 月，全省党员发展到 696 人，太原为 420 余人；5 月，中共基层组织发展到 30 余县，党员 1500 余人，5 月 19 日成立了中共山西省委，6 月，成立了共青团山西省委。

1927 年，蒋介石发动四一二政变；6 月，阎锡山拥蒋反共，开始在山西"清党"。中共的活动重点转向工农和士兵，中共组织一度受到破坏，不少党员被抓捕。1928 年 2 月，中共在霍州召开扩大会议，决定在全省发动暴动，受到阎锡山无情镇压，党组织多次改组。

1929 年 9 月，中共六届三中全会结束了李立三"左倾"错误路线，次年中共重新成立山西省委，后改为中共山西特委。1931 年，全省党员发展到 300 多人，同时建立太原、阳泉、河东、榆次、绥远等地党组织。在省委领导下，于晋西

成立了中国工农红军晋西游击队，于平定成立中国工农红军第二十四军。1931年，因叛徒出卖，中共山西党的负责人及骨干多人惨遭杀害，近300名党员被捕。1932年9月成立中共山西特委，恢复发展了党组织；1934年又因叛徒王光甫出卖，党组织遭破坏，中共山西特委改组为中共太原临时工委。1936年2月红军东渡黄河，在中阳、石楼、灵石、新绛、汾西建立了一批党组织，发展了一批党员，因阎锡山派兵阻拦红军，在太原抓捕共产党人，党组织再遭损失。5月，红军回师陕北，政治形势好转，山西的抗日统一战线开始形成。

1937年发生七七事变后，抗日战争全面爆发。全省30余县建立或恢复了县委、工委或临时委员会，中共北方局迁至太原，派员赴雁北、晋东北、晋东南、晋西南恢复、扩建党组织，中共山西工委改称中共山西省委。11月，太原失守，中共北方局和中共山西省委撤到临汾，八路军第115师、120师、129师则分赴晋东北、晋西南、晋西北、晋东南，在上级与山西新军、牺盟会、战总会配合下，开辟抗日根据地，开展抗日游击战争。1938年5月，党组织调整成立中共晋冀、晋东南、晋豫、冀豫、太岳5个特委，下属44县，有党员8600余名。1939年10月，因日军进攻，将根据地分割为4块，中共又将各地分为8个地委，党员达3万余人。

抗日战争开始后的首战大捷——灵丘平型关战役遗址

1939年12月，阎锡山发动晋西事变，中共山西各组织在中央领导下开展反顽斗争，打退蒋阎军进攻。1940年2月，中共坚持统一战线，与阎锡山达成协议：汾离公路以南为阎军驻防区，以北为八路军驻防区。不久，根据中央"隐蔽精干，长期埋伏，积蓄力量，以待时机"的方针，在乡吉地区成立中共晋西南工委（乡吉），后中共晋西南、晋西北党委合并为晋西区党委，同时成立山西省第二游击区行政公署（后改晋西北行政公署），成立晋西北军政委员会。4月，成立晋绥边区党委。在晋东南，分别成立中共晋冀豫区党委（后称太行区党委）、太岳区党委、太南区党委和晋豫区党委，党的力量不断壮大。1941年5月中条战役后，太南区党委改为晋豫区党委，后又与太岳区党委合并为中共太岳区党委。先是，1940年中共北方局在黎城召开高干会议，成立太行军政委员会，在太行、太岳、太南区开展整顿党风活动，纯洁党的队伍。1941年8月，成立晋冀鲁豫边区政府。晋东北成立了北岳区党委。1942年，中共晋绥分局在兴县成立，领导晋西北、晋西南、大青山三个地区党的工作，后又有分有合，适时改组，到1944年，晋绥边区（晋西北、晋西南、塞北）共有党员22570人。

9月，中共北方局太行分局成立，领导晋冀豫、太岳、晋豫、冀南4个区党委。次年，更名太行区党委。1945年日军投降时，中共太行区党委下属8个地委，61个县委，有党员8万人左右；太岳区党委下属6个地委，41个县委，有党员1700余人。全省共22个地委，157个县委，3973个基层党组织，党员15万人，抗日根据地面积占全省60%，人口近一半。

抗战胜利后，中共坚持反内战、反独裁斗争，1945年8月撤销北方局和晋察冀分局，成立晋冀鲁豫中央局、晋察冀中央局，另有中央西北局晋绥分局。各局领导人民开展武装斗争，打击阎锡山军的频繁进攻，先后组织了晋北战役、大同和集宁战役、晋西南战役和汾孝战役，使晋西南与晋西北连成一片，太岳区与吕梁区贯通。太行军民参与豫北对国民党军的作战，扩大了解放区。相继组织了正太、晋南、晋中等战役。随着各地区战争的节节胜利，终于在1949年4月24日解放省城太原，是年9月成立了中共山西省委、山西省人民政府、山西省军区。山西跨入了新的历史纪元。

抗战怒潮

1935年底，中共中央决定渡黄河东征，对日作战，次年发布《东征宣言》。红军渡河，突破晋军密集防线，一举攻克中阳、石楼两县城，毛泽东在孝义郭家掌村召开军团以上干部会议，做了关于形势和任务的报告。阎锡山十分恐慌，忙向蒋介石急电求救，中共以抗日大局为重，重申"停止内战，一致抗日"，主动撤军。东征军在山西历时72天，歼敌7个团，转战53县，传播了抗日救国的火种，为后来八路军在山西创建抗日根据地打下了基础。

此时蒋介石的军队留在山西，派特务渗透至阎锡山的党政军机构，策动晋军独立。阎氏倍感威胁，开始认识抗日必须联共的必要性，在中共抗日统一战线的感召下，于1936年7月发表讲话，提出"守土抗战"口号。

1936年11月，日军与蒙奸德王军队三路进攻绥远，阎锡山派傅作义的军队于11月24日一举收复百灵庙，取得胜利。

在高涨的爱国热潮推动下，共产党人杜任之等在太原发起成立山西抗日救国同盟会，阎锡山表示支持，改其名为山西抗日牺牲救国同盟会，并自任会长。1936年秋，阎邀请中共党员薄一波回山西，中共中央北方局决定由薄一波组成山西公开工作委员会，以合法形式参与阎锡山的政权机构，即"戴阎锡山帽子，说山西话（阎氏发表的抗日言辞），实行共产党的抗日主张"。牺盟会从事大量

牺盟会会标

抗日宣传，山西成了全国抗日前哨，全国22个省市的四五千名爱国青年慕名而来，投身抗日。

牺盟会更重要的工作是培训干部和组建新军。1936年底经阎锡山同意，成立村政协助员训练班，有近千人经培训分派各县宣传抗日和发展组织，还接办了军政训练班。1937年在太原又举办国民兵军官教导团，训练了约1.6万名中下级军事干部，其中有大批中共党员，成为推动抗战的先锋。

七七事变后，1937年9月，中共领导人周恩来、彭德怀、左权、徐向前、肖克、程子华等抵太原，与阎锡山商谈八路军入晋抗战事宜。在周恩来的建议下，在太原成立了第二战区民族革命战争战地总动员委员会，简称战动会，由爱国志士续范亭任主任，主要在晋北、绥察活动，发动群众抗日，建立根据地，并培养抗日干部。毛泽东曾评价战动会是国共"最好的合作形式"。

1937年8月1日，第一支山西新军——山西青年抗敌决死队成立，按红军建制实行政治委员制，薄一波任政委，该队有许多成员是共产党员。决死队后发展为4个总队，是八路军的助手和抗日骨干队伍。

在日军紧逼下，阎锡山动摇，并与日军暗中勾结。对此，八路军驻山西办事处代表王世英同阎谈话3小时，对其晓以大义，使之受很大震动，与此同时，山西各界纷纷进行反投降活动。1942年2月，民族革命大学学生在大宁县三多镇宣布起义。在民众的压力下，阎被迫收敛了投降活动，未敢当民族叛徒。

抗日战争期间，山西发生了震动全国的三大战役。

平型关战役　1937年7月底，日军攻入山西。华北日军板垣第5师团由广灵、浑源两路夹攻平型关，准备而后联合南攻太原。平型关位于繁峙县东北与灵丘西南交界处，是军事要隘，关内外有两个袋形谷地。阎锡山指挥晋绥军与在晋中央军及八路军林彪、聂荣臻率领的第115师，于关内外山地预设埋伏。9月25日，八路军在关外对日军进行了出奇制胜的侧后伏击，毙敌近千人，击毁汽车百余辆、大车200余辆，缴获军械一大批；26日，阎锡山首赴东山底督战。27日，再次开展平型关正面争夺战，彼此奋力，血战拉锯，战至28日下午，中国军队损失不少。29日，国共两党军队联合再战，由于恐日军断我后路，主动撤退。最终以万余人牺牲歼敌6000人，其间八路军屡战皆捷，创造了中国抗战史上以弱胜强的范例，打破了日军不可战胜的神话，极大地鼓舞了中国人民抗战必胜的信心，提高了八路军的威信。

忻口战役　1937年10月，日军南下进攻太原，中国军队设防于忻口，双方交战异常激烈。15日，争夺204高地，中国守军六失七得，国民党第9军军长郝梦龄壮烈殉国。八路军在敌侧翼和后方展开游击战，多有捷获。19日，八路军第129师夜袭阳明堡机场，毁敌机24架，配合支援忻口守军，使日军转入劣势。10月下旬，日军从东面另路派3个师团进攻娘子关，进逼榆次、太原，忻口守军腹背受敌，撤军南下。11月8日太原失守。此役系抗战以来国、共两党军队在

125

忻口战役遗址

华北正面战场联合抗日规模最大的战役，开创了联合御敌的先例，在中华民族抗战史上写下了壮烈篇章。

百团大战 1940年8月至12月，中共领导的八路军进行了抗战史上一次大规模的战役，即在山西的百团大战。大战从聂荣臻指挥八路军攻克战略要地娘子关开始，抗日军民进行了大规模破袭战，使正太路彻底破坏。刘伯承、邓小平部把榆次至阳泉的日军据点全部拔掉，摧毁了两百里正太路上的交通设施。贺龙、关向应部破袭了大同至阳泉段铁路，攻克日军最大据点康家会。彭德怀部进行了著名的武乡关家垴歼灭战。山西各抗日根据地的地方武装、民兵、群众有力配合，晋中出动民兵2万余，动员群众7万余，征调牲口4500头，供应军粮1.4万石，军鞋3万双。山西人民的大力支援奠定了胜利的基础。

百团大战之后，日军疯狂进行报复，动用4.8万兵力对太行山区"扫荡"四次，还实行惨无人道的"三光政策"，对根据地人民不论男女老幼，一律杀死，制造无人区。仅太行山区，1941—1942年被日军杀害、抓捕的无辜民众就达35万人。为粉碎日军扫荡，在中共领导下，各根据地人民坚持斗争，重大斗争有1941年8月至9月粉碎日军对晋察冀北岳区的"大扫荡"；1941年11月黄崖洞保卫战；1942年八路军总部在辽县（今左权）偏城等地的突围战；1942年5月的田家会战斗；1942年11月至次年5月的沁源围困战等。这些战斗，充分显示了山西人民抗日御侮、反对侵略的民族正气和大无畏精神。

左权将军殉难处——左权县十字岭

山西解放

抗战刚结束，内战的危机便摆到了中国人民的面前。国、共两党的首次军事冲突是发生在山西长治地区的上党战役，这场战役成为第二次国共内战的序曲。

1945年8月中旬，国民党军第二战区司令长官阎锡山秉承蒋介石旨意，以其第19军军长史泽波率1.7万人入侵晋东南，占领了八路军从日伪军手中解放的襄垣、潞城以及被人民武装包围的长治、长子等县城，并试图进一步扩大战争占领整个晋东南。

为了保卫抗战胜利果实，中共中央军委命令晋冀鲁豫军区坚决歼灭进入上党地区之敌，除去心腹之患。晋冀鲁豫军区司令员刘伯承、政治委员邓小平遵照军委指示，针对史泽波所部孤军深入、守备分散的特点，决心以所属的太行、冀南、太岳军区部队及地方武装共3.1万余人，在解放区人民群众支援下，首先逐个夺取长治外围各城，吸引史泽波的主力从长治出援，力争在运动中予以歼灭，而后收复长治。

从9月1日我军攻克襄垣，上党战役便打响了。至19日，我军已经相继攻克了屯留、潞城、长子、壶关，使长治敌军陷入孤立境地。为解长治之围，阎锡山指派第七集团军副司令彭毓斌率领2万余人增援，战斗规模进一步扩大。我军分兵两线，一线继续包围和佯攻长治，一线兼程北上截歼阎锡山的增援部队。打援部队历经9个昼夜的激烈战斗，运用迂回、包围、分割、追击等战术，于10月7日终使敌军溃不成军，除2000余人逃跑之外，其余人被全歼，彭毓斌丧命。阎锡山见援军失败，急令史泽波突围。10月8日，史泽波突围南逃，12日，在沁水以东被我军拦截消灭，史泽波被俘。上党战役结束。

上党战役是抗日战争胜利后，党领导的人民军队保卫抗战胜利果实的第一个反击战，也是晋冀鲁豫军区部队由分散的游击战向集中的运动战转变的第一个大战役，它不仅直接沉重地打击了阎锡山的军队，保卫了上党解放区，而且有力地配合了毛泽东在重庆与蒋介石的谈判。

解放战争开始后，山西成为国、共双方力争的重要战略要地。从中共方面看，山西是晋绥、晋察冀、晋冀鲁豫三大解放区的依托和腹心地带，是东北、西北、山东和华中各解放区相互之间联系的枢纽。在整个解放战争中，它始终处于华北战场的中心，既是消灭阎锡山和傅作义、胡宗南集团的主战场，又是支援人民解放军在西北、中原和东北战场作战的重要配合战场和战略后方。从国民党方面看，山西则是策应其在大后方的军队进占华北、抢占东北的必经之路，也是进攻中共首脑机关所在地延安的重要通道。因此，控制山西既可以造成对陕北东侧之威胁，又可以破坏共产党占领晋北，建立以张家口为中心的基本战略根据地的计划。按照蒋介石的计划，以山西为中心的晋冀鲁豫解放区、晋绥解放区和晋察冀解放区及环绕与穿插其间的平汉铁路、同蒲铁路、正太铁路和平绥铁路，乃国民党进攻的主要目标和重点地区。

针对国民党的进攻，晋绥野战军和晋察冀野战军先后于1946年6月、7月发起晋北战役和大同集宁战役。两个战役共歼敌2万余人，相继解放了朔县、五台等一批县城。晋冀鲁豫野战军第四纵队和太岳军区部队主力在7月进行了闻（喜）夏（县）战役，8月进行了同蒲铁路中段战役，9月进行了临（汾）浮（山）战役。三个战役歼灭了国民党军队2.5万余人，解放了洪洞等5座县城，使太

临汾战役战前誓师

岳解放区和晋绥的吕梁解放区连成了一片。之后解放军又相继发动了吕梁战役、汾孝战役、正太战役等。在内战爆发的第一年里，解放军在山西扩大和巩固了解放区，到解放战争进入战略反攻阶段时，山西已经成为策应全国解放战争的战略后方和基地。

从 1947 年 6 月开始，解放战争进入战略反攻阶段。第一战选择了攻击敌人在晋南的主要战略目标之一运城，接着由南向北，连续发动了临汾战役和晋中战役。

1947 年 12 月 17 日夜，晋冀鲁豫野战军第八纵队、吕梁军区独三旅、太岳军区的 3 个团和西北野战军第二纵队共计 5 万人，在王新亭、王震的统一指挥下，第三次发起攻打运城的战役。战役采用强行坑道爆破战术，炸开城墙后，即以强有力的突击部队插入城内，继之以第二梯队接续入城，经过反复争夺，28 日，终于解放了运城。

运城战役告捷之后，由徐向前统一指挥的晋冀鲁豫野战军第八、第十三纵队及太岳军区、吕梁军区各一部共 5.3 万人，于 1948 年 3 月 7 日发起了临汾战役。战役经过夺取东关、扫清外围、攻城歼敌三个阶段，于 5 月 17 日结束，临汾宣告解放。此战役的结束，拔掉了敌人在晋南地区的最后一个据点，使太岳和吕梁两个解放区连成一片，为进军晋中，消灭阎锡山主力创造了有利的条件。

1948 年 6 月 18 日，由徐向前统一指挥发起了晋中战役。整个战役分歼灭阎锡山"亲训师"、北上创造战场和总攻歼灭赵承绶集团等三个阶段，至 7 月 21 日宣告结束。晋中战役共歼灭敌人 10 万人，创造了大兵团作战以少胜多、全歼敌军的范例，解放了 14 座县城，使阎锡山的老巢太原陷入解放军的包围之中。

1948 年 10 月 5 日，开始了攻打太原的战役，到 1949 年 4 月 24 日结束。整个战役经过夺取东山战略要地、控制外围；发动政治攻势，争取和平解放；总攻太原，全歼守敌等三个阶段，最终摧毁了阎锡山 38 年的统治。

太原解放后，大同成为阎锡山在山西统治的最后一个据点。在军事围攻和政治攻势下，大同守敌于 5 月 1 日无条件接受解放军和平解放大同的五项条款，大

太原解放伊始

太原解放纪念馆

太原解放纪念碑

同宣告和平解放。山西全境的解放离不开山西人民的大力支持，仅晋中战役中就有40多万人支前。山西人民流血牺牲，付出鲜血和生命，迎来了山西的新生。

思考与分析

    1. 根据本课内容，编排近代山西的大事年表。
    2. 用史实说明近代山西是一部可歌可泣的战斗历史。

第十一章　山西现代文化发展的基础——经济腾飞

1949年山西全境解放，结束了山西战乱的历史，古老的三晋大地获得了新的生命。三晋儿女在时代的召唤下，以前所未有的热情投入到家乡的恢复和建设中。经过中华人民共和国成立初期国家对农业、手工业、资本主义工商业的社会主义改造，实现了从新民主主义到社会主义的伟大转变，进入社会主义初级阶段。从社会主义建设的起步，到中共十一届三中全会以后的发展，中间经历了漫长而又艰难的探索和不断的改革实践。山西人民发扬自力更生、艰苦奋斗的光荣传统，在各项经济建设中取得了辉煌的业绩。60多年来，山西的面貌发生了翻天覆地的变化。展望未来，一个崭新的山西正在崛起。

走在时代前列的农业

山西的农业合作化运动起步较早，早在抗战时期，抗日根据地开展减租减息运动，抗日民主政府即开始着手组织带有社会主义萌芽性质的农业生产互助组。新中国成立以后，中共山西省委、省政府采取了分类指导的原则和方法，对老区和新解放区提出了不同的要求。农业合作化运动采取的是由互助合作到半社会主义初级合作化、再到社会主义高级合作化的逐步过渡形式。到1951年底，全省加入互助组的农户即达1071086户，占总农户的33%。在大力发展农业生产互助合作的同时，在长治开始试办以"土地入股，统一经营"为特征的半社会主义性质的初级农业生产合作社。到1952年底，全省的互助组发展为199120个，入组农户占总农户的42%；初级社发展为564个，入社农户占总农户的0.4%。到1956年2月，实现了全省的社会主义高级农业合作化。仅用5年时间，山西就基本完成了对农业的社会主义改造任务，比全国提前了一年。

李顺达，是山西农业战线上的杰出代表。1951年9月，李顺达应邀列席中国人民政治协商会议，并参加了国庆观礼，作为农民代表第三次受到毛泽东主席接见。在国庆宴会上，毛泽东主席鼓励他更好地建设山区。毛主席说："你住在太行山上，那个地方石厚土薄，你做出了贡献，我敬你一杯。"

　　大寨，是山西农业走在时代前列的又一个标志。走进大寨，如同走进了中国现代农业的历史长廊，大寨的每一步变化都体现了社会主义农业的发展。大寨坐落在山西省昔阳县的虎头山下。中华人民共和国成立前，这里穷山恶水，七沟八梁一面坡，土地贫瘠，水土流失严重，群众生活十分艰苦。中华人民共和国成立后，在农业合作化运动中，以党支部书记陈永贵为带头人的大寨人决心改变落后的面貌，他们制定了改造大自然的规划，向穷山恶水要良田。主要做法是：把怪石移开，把荆条除根，修平荒地，将砸下的石头和铲下的土填在沟里，再垒上一层层石坝，形成一片片阶梯形的"土台子"，这就是著名的大寨梯田。没有炸药和机械，只有几近原始工具的镢头、铁锹、钢钎、大锤。从1953年到1962年，从初战白驼沟到三战狼窝掌，大寨人硬是凭着自己的肩膀和双手，劈山填沟，重新安排山河，在7条山沟里垒起了总长7500米的180多条大坝；把300亩

陈永贵带领大寨人开山造田

坡地垒成了水平梯田；把4700多块地修成了2900块，还新增加了80多亩好地。平均亩产从65公斤上升到385公斤，有的梯田的亩产量竟然超过了500公斤，这个产量甚至比当时江南一些地区的产量还要高。在三年困难时期，大寨不仅没有人挨饿，反而每人向国家上缴余粮400多公斤。

凭着自力更生、艰苦奋斗的精神，大寨人对自己的家乡进行了山、水、村、田、路的综合治理，昔日的穷山恶水改变了面貌，一个崭新的大寨屹立在人们面前。

1964年，毛泽东主席向全国发出了"农业学大寨"的号召。大寨从此成为全国农业战线上的一面红旗，成为当时人们心目中的圣地。

周恩来总理对大寨精神作了如下的概括："政治挂帅、思想领先的原则；自力更生、艰苦奋斗的精神；爱国家、爱集体的共产主义风格。"周恩来总理的概括抓住了大寨精神的三个重点：一是基层党组织的引领作用这个核心，二是自力更生、艰苦奋斗这个精髓，三是弘扬社会主义道德风尚这个亮点。虽然因为国家的过分宣传，以及有些地方盲目学习大寨开展农田基本建设的做法，给大寨带来了一些负面影响，但大寨人自力更生、艰苦奋斗的精神以及无私奉献的高尚情操却永远激励着山西乃至全国人民，影响深远。

中共十一届三中全会后，大寨发生了历史性的变化。20世纪80年代后期，大寨开始尝试发展乡镇企业，先后建起水泥公司、制衣公司、毛衣厂等企业，还建成了虎头山森林公园。

大寨新路

如今的大寨，"小有教，老有靠，考有奖"——孩子从幼儿园到小学全部免费，60岁以上老人享受养老金制度，大学生享受奖学金制度。一些城镇还没有完全达到的社会保障制度，在大寨已初步建立起来。

中共十一届三中全会以后，中国改革开放首先从农村兴起。1978年春，山西闻喜县南郭村将土地联产承包到组，拉开了山西省农村改革发展的序幕。从1978年到1982年，山西农村普遍实行了以"家庭联产承包责任制"为主要形式的经济改革。

20世纪80年代初期，壶关县把治理荒山的任务承包到户，培养了林业专业户、重点户2345户，每年完成承包造林5.2万亩，育苗5000亩。集店乡黄角头村造林专业户路其昌2年承包绿化荒山580亩，是该村30年来造林总和的13倍，他也因此当选为山西省劳动模范。

应县一位普通农民张学仲，从1979年开始带领全家养猪致富，1982年还承包38亩地。全家起早贪黑，辛苦劳作，每年收入都在1万元左右，成为远近闻名的"冒尖户"。1982 年 10 月 20 日，时任中共山西省委第一书记的霍士廉亲自探访了这家农户。张学仲被应县县委、县政府树为勤劳致富的典型，在全县推广。

　　1982 年，随着农村联产承包责任制的建立和完善，山西水土保持方面出现了以户承包治理小流域责任制新形式。户包治理小流域责任制主要有 3 种形式，一是以一家一户为单位的独户承包，二是多户共同承包的联产承包，三是以村为单位统一规划和组织劳力，分户承包管护，集体和承包户受益的先治后包。

　　户包治理小流域很快发展成为 20 世纪 80 年代以来山西省治理水土流失的一种主要形式，并取得了很大成绩。

　　改革开放推动了山西乡镇企业的发展。20 世纪 90 年代后，全省乡镇企业开展了股份合作制改革，这一改革将乡镇集体企业的资产折股量化给社区全体农民，农民成为企业的股东。产权置换为山西乡镇企业注入了新的生机和活力，使得山西乡镇企业很快就异军突起，迅速发展壮大起来。1992—1996 年，连续 5 年乡镇企业数以 30% 的速度递增。到 1997 年，乡镇企业已发展成为山西农

资料链接：1992 年组建、位于长治市东部的常平经济开发区境内的山西常平集团有限公司，是一家以钢铁产业、煤焦产业、房地产产业、旅游产业四大产业领域为主体，集冶金、建材、化工、发电、煤矿、铁矿、房地产、旅游、农业开发等多种经营于一体的综合性大型民营企业。连续六年入围全国民营企业 500 强，成为长治市规模最大、效益最大，最具发展潜力的民营企业之一。1995 年被国家农业部确立为首批"省级乡镇企业示范区"。

知识拓展：农民科学家吴吉昌

　　吴吉昌（1910—1992），山西闻喜县东镇涑阳村人。中国共产党党员。他长期致力于探索棉花丰产规律，先后创造出"冷床育苗"等十多项棉花栽培新方法和"双秆棉""多秆两层"新株型棉，为提高棉花产量、解决棉花脱蕾落桃问题做出重大贡献。

　　1966年1月，周恩来总理在全国第五次棉花生产会议上做完报告，就立即邀请几十位植棉劳模到国务院会议室座谈。临走时，他握住吴吉昌的手说："主席要求我们继续研究解决棉花脱蕾落桃问题，我把这个任务交给你了，你把它担起来……咱们一起用20年时间，把毛主席交给的任务完成，行不行？"吴吉昌紧紧握着总理的手，响亮地回答："行！"为了完成这个庄严的使命，吴吉昌走上了一条光荣而又布满荆棘的道路。

　　回到家乡后，吴吉昌立即组织群众进行了直播、移栽、套种等各种对比试验，日夜在棉田里观察研究，连吃饭都端着碗蹲在地头。人们说"棉花迷"变成"棉花疯"了。

　　不久，"文化大革命"开始了。吴吉昌也被"造反派"当作斗争对象，被攻击为推行"技术第一"的修正主义路线的代表。家被抄了，辛苦培育的一包包棉花良种被诬蔑为"黑劳模偷藏棉籽榨油吃的证据"。近百次的批斗，恶毒的恐吓和辱骂，都没有使吴吉昌放弃使命，他始终不屈地回答："我研究棉花，一不图名，二不为利，我是在完成周总理交给我的任务！"

　　在"造反派"一次次的残酷迫害下，吴吉昌被折磨致残，还被剥夺了下地研究棉花的权利。他被强令每天打扫全村的街道，以后又被勒令每天必须带着干粮早出晚归去村外割草。伤痛和病魔几次差点夺去他的生命。但吴吉昌始终牢记使命，不让下地研究，他就偷偷在家里种植研究。他还曾利用出村机会，到别的大队棉花地里进行研究和技术指导。"造反派"发现后，又把他赶到瓜园里"立功赎罪"。

　　有一天，他偶然发现，瓜把式为瓜秧出苗"打顶"的做法，可以使瓜秧尽快长出两根蔓来，坐瓜早，瓜又多，又不脱落。吴吉昌受此启发，认为引用这种方法可以让棉苗长出两个秆，早现蕾、多挂铃，实现增产。经过试验取得了成功。

　　"文化大革命"结束后，吴吉昌获得了彻底解放。他在"一株双秆"基础上再次研究，培育出"多秆两层"新株型棉花。这种株型的棉花，上下两层都能充分利用光照，中间通风，平均每株成桃28.3个，比"一株双秆"棉增加5~6个桃，比单株棉增加11个桃。这是一项有重大意义的成就，从栽培体系方面为解决棉花脱蕾落桃这个科学难题闯出了一条新路。

　　1978年3月14日，《人民日报》发表了新华社著名记者穆青与陆拂为、廖由滨合写的长篇通讯《为了周总理的嘱托》，详细记述了吴吉昌牢记周总理的嘱托、在身处逆境和患病期间仍然坚持研究棉花栽培技术的事迹，颂扬了吴吉昌为农业科学事业而奋斗的献身精神。之后，吴吉昌的棉花科研成果荣获全国科学大会成果奖，他本人被誉为"农民科学家"。

村经济的主体。截至1998年，全省已有100家乡镇企业被农业部确认为全国大中型乡镇企业，其中有25家企业被农业部公布为国家级乡镇企业集团，有3个工业小区被农业部命名为全国乡镇企业示范区。

水利基本建设

"山西之长在于煤，山西之短在于水"。位于西北黄土高原的山西省，水土流失严重，水资源匮乏一直是一个严重的问题，阻碍着山西经济的发展。中华人民共和国成立以后，山西开始大规模进行农田水利基本建设，努力改变"煤长水短"的不利条件，集中人力、财力、物力对汾河、丹河、桑干河、滹沱河和潇河等流域进行了治理，山西省有史以来第一批水库就是在中华人民共和国成立初期建成的。

兴建于1953年，1954年竣工的二十里铺水库，位于天镇县二十里铺村北黑水沟，是山西修建的第一座水库。它的成功修建体现着山西人民勇于改造自然的伟大力量，从此拉开了数十年来山西人民大规模修建水库，实现人力控制河水的序幕。

在第一个五年计划期间，山西又在晋东南、晋南相继建成了38座小型水库。到1957年，全省小型水库达到39座。

1957年兴建的运城苦池水库和曲沃浍河水库，是山西最早建成的两座中型水库。随后在1958—1960年的"大跃进"三年中又兴建了汾河水库、漳泽水库、册田水库、关河水库、后湾水库以及夹马口、小樊等大型电灌站。这一大批水利骨干工程的建设，为山西省的水利事业奠定了基础。

水利建设的开展带来了巨大的经济效益和社会效益，使山西农田水地面积大大增加，据1957年统计，全省水田和水浇地达到988万亩，比1952年增加404万亩，在一定程度上改善了山西的农业自然条件。

从1970年到1976年，山西省每年修建的水库大都在百座左右。这是中华人民共和国成立以来从数量上来说成就最大的一个时期。全省各条大河两岸都

资料链接：汾河水库位于娄烦县境内，是山西最大的水库，南北长15千米，东西宽5千米，总面积32平方千米，库容7.2亿立方米。水库大坝采用土质结构（水中倒土法），为世界第一例。坝高61.4米，底宽48.5米，顶宽6米，坝长1002米，号称"第二官厅水库"。

　　大泉山位于阳高县城南12千米处，山脚下的大泉山村是阳高县一个只有36户人家的小山村。中华人民共和国成立前，这里的自然条件十分恶劣。当地群众中流传着这样的歌谣："山山和尚头，处处裂嘴沟；旱天渴死牛，雨天水土流；满眼黄土坡，十年九不收。"中华人民共和国成立后，在村党支部的领导下，大泉山人民进行了大规模的水土治理和绿化。他们在山坡上遍挖鱼鳞坑，植树造林。在沟壑里层层打坝，蓄水淤地。鱼鳞坑是大泉山人民的伟大创造，在全国植树造林工作中发挥了重大作用。1954年实现农业合作化后，大泉山村民加快了对荒山、荒坡、荒沟的治理，昔日满目荒凉的大泉山逐渐变成了一座梯田层层、溪水潺潺、树木葱茏、花果满山的宝山。

　　毛泽东看到关于大泉山治理水土的报道后很高兴，亲自改了标题，还加了精辟的短语，以后在中共中央会议上又两次提到大泉山的变化。1957年12月21日，国务院水土保持委员会表彰了一批水土保持先进单位，大泉山荣获特等奖，"大泉山"这个全国水土保持的典型开始名扬神州，以"全国水土治理的一面红旗"而家喻户晓。

万家寨水利枢纽工程

修建了拦洪大坝，并在大坝两侧的河滩上垫起了大片的耕地。

　　万家寨引黄工程是山西有史以来最大的水利工程建设项目，也是中国最大的引水工程。工程位于山西省西北部，途经偏关、平鲁、朔州、神头、宁武、静乐、娄烦、古交8个县（市、区），经过地区的主要河流有黄河水系的偏关河、县川河、朱家川河、汾河和海河水系的恢河。引黄工程分万家寨水利枢纽工程和引黄入晋工程两部分。

　　枢纽工程是引黄工程的起点，建在偏关县万家寨村西黄河干流上。拦河大坝为半整体式混凝土重力坝，坝顶长443米，最大坝高为105米。总库容量为8.96亿立方米，年供水总量14亿立方米。以供水为主，兼具发电、防洪、防凌功能。

　　引黄入晋工程由总干线、南干线、北干线等几部分组成。南干线向太原送水，北干线向朔州、大同送水。线路总长441.8千米，其中，地下输水隧道洞长196.66千米，年引水总量12亿立方米。沿线区域多山，地质情况复杂，施工难度之大，被水利界专家称之为"国内仅有、世界罕见的大型水利工程"。世界银行专家此前评价此工程是一项极具挑战性的世界级工程。

该工程1990年开始筹建，1993年5月主体工程正式奠基，2002年9月完成引黄一期工程，2003年10月，南干线通水，太原人民终于喝上了甘甜的黄河水。2009年2月27日，北干线开工建设，2011年9月16日竣工通水。至此，这项被称为山西"生命工程"的建设项目全部完成。

从"一五"计划到能源重化工基地建设

在第一个五年计划时期（1953—1957），国家把山西确定为全国规划发展的重工业省份，提出将太原、大同建设成为新型工业城市，逐步建成以内蒙古包头钢铁基地为中心的工业区。为此，国家在山西安排了一大批煤炭、机械、电力、化工等重点工业建设项目。

"一五"时期，国家决定在山西投资建设的16个工程项目是：太原地区的兴安化学材料厂、新华化工厂、江阳化工厂、晋西机器厂、汾西机器厂、大众机械厂、太原化工厂、太原化肥厂、太原制药厂、太原第一热电厂、太原第二热电厂，大同地区的大同柴油机厂、大同机车厂和大同水泥厂，以及侯马平阳机器厂和太谷利民机器厂等。

这一时期，山西省开始建设第一批大型骨干企业，一些新的工业部门也从无到有建设起来。据统计，这5年的工业建设投资达14.5亿元，相当于山西省从1892年创建现代化工业起到1949年58年间所积累的全部固定资产的9倍，比国民经济恢复时期（1949.10—1952）的3年增加7.9倍。

"一五"时期，山西省共新建、改建和恢复工矿企业546个。到1957年，全省工矿企业达到4509个，比1952年增长31.8%。

5年间，由国家投资新建限额以上项目52个，除16项重点工程外，还有太原重型机器厂、太原纺织厂（后改称山西纺织印染厂）、山西磷肥厂（后改称太原磷肥厂）、榆次经纬纺织机械厂等一批大中型项目，并对太原钢铁厂、山西机床厂、大同煤矿、西山煤矿、阳泉煤矿、杏花村汾酒厂等厂矿进行了改造和扩建。山西省地方投资新建、改建和扩建企业546个，其中建成或部分建成投入生产的474个。这些项目的建成和投入使用，为山西工业的发展奠定了初步基础。

原有的太原钢铁厂经过扩建，使冶炼特种优质原钢的能力大大提高。重型机器厂的建成，使山西的机械工业摆脱了只能修理、装配的落后面貌，具备了为国家生产大型的机械设备的能力，成为国有企业技术改造的主导力量。太原已经形成相当可观的工业基础，包括：由炼铁、炼钢、冷铸、铸造、耐火材料生产组成的钢铁冶炼工业，由机械、化工、电子、仪表组成的国防工业，由发电厂、热电厂组成的现代化电力工业，由各种轻重化学生产部门组成的化学工业，由手工采掘变为机械化采掘的煤炭工业，由纺织、印染、造纸、橡胶、玻璃、

资料链接：位于汾河谷地的太原第一热电厂，是前苏联帮助中国建设的最大的火力发电厂。于1953年10月开工建设，1956年6月一期工程竣工，装机容量7.4万千瓦，相当于在此之前太原市全年发电总量的3倍。

60多年来，经过六期扩建，逐步发展成为拥有装机容量127.5万千瓦的现代化大型热电联产企业。

食品等行业组成的轻工业系统。

由此，山西省初步建立了以煤炭、冶金、电力、机械、化工为支柱产业的工业体系。

山西煤炭资源得天独厚，不仅储量大、分布广，而且品种齐全，品质优良，储藏浅，容易开采。20世纪70年代末，山西根据我国经济建设需要，结合自身特点和中央有关领导的建议，做出了将山西建设成为能源基地的重大决策。几年后，又进一步决定，把山西省建设成为能源工业、重工业和化学工业相结合的"能源重化工基地"。从此山西开始了规模宏大的能源重化工基地建设。

20世纪80年代初到90年代初，一大批大型煤矿相继建成投产。80年代中期，中共山西省委、省政府制定了"有水快流"的方针，放手让有煤地区的群众发展小煤矿、小煤窑，之后，社会和民间资金也大量向煤炭行业集中。1983—1990年的7年间，全省煤矿数量净增3倍，达到6000多座。

1990年，全省外调原煤占全国煤炭调出总量的78%；焦炭外调量由260万吨增加到826万吨。"七五"期间，山西煤、电外调量的大幅度增长，缓解了全国能源供应长期紧张的状况，有力地支援了华东、华北和沿海地区的经济建设，为全国的经济发展做出了重大贡献。1992年，山西又提出开始实施经济上新台阶发展战略，强调"输煤、输电"并重，使山西能源基地的战略地位进一步强化。

2020年，山西省继续推进煤炭去产能，关闭煤矿32座，退出产能2074万吨；推进全省煤矿减量重组工作，审核批复4批共31个减量重组方案。全省煤矿平均单井规模提高到145万吨。

电力方面，新建和改扩建了一批大中型电厂。1986年12月，朔州的神头电厂三期工程建成投产，成为山西省第一座百万千瓦大型电厂。1988年11月，大同二电厂6号机组投产发电，成为山西第二座百万千瓦大型电厂。1991年7月，长治的漳泽电厂二期竣工，总装机容量达到104万千瓦，成为山西第三座百万千瓦大型电厂。山西已有7座装机容量在百万千瓦以上的大型发电厂，是全国拥有百万千瓦火力发电厂最多的省份，也是全国向省外输电量最多的省份，如今北京的 1/4 电力来自山西。1994 年 2 月 28 日正式开工建设，2002 年全部机组投入运营的山西阳城电厂，是中美合资建设的我国第一座远距离输电大型坑口电厂，也是世界上最大的燃烧无烟煤电站。

山西阳城电厂

截至 2020 年底，山西电网共有 220 千伏及以上电压等级变电站 286 座，主变 640 台（含换流变 24 台），变电容量 14.73 万兆伏安（含换流变容量 9723.12 兆伏安）。有 110 千伏变电站 988 座，主变 2066 台，容量 8.61 万兆伏安；其中用户站 440 座，主变 930 台，容量 35690.09 兆伏安。35 千伏变电站 1784 座，主变 3667 台，容量 3.12 万兆伏安；其中用户站 1215 座，主变 2527 台，容量 2 万兆伏安。

长期的"输煤""输电"策略，造成山西对煤炭资源的群体式、掠夺式开采，在价格和价值背离的情况下，使山西不仅经济上受到损失，而且生态资源环境严重恶化。"六五"（1981—1985）到"九五"（1996—2000）期间，山西省双向流失就承担了 2000 多亿元的巨大损失，水资源遭到严重破坏，全年平均水资源总量占全国的 0.5%，在全国排列倒数第二位。水资源已成为制约能源重化工最主要的"瓶颈"，生态环境污染严重。

为此，从 1999 年起，山西做出了经济结构调整的重大决策。2004 年 8 月，又确定了建设国家新型能源和工业基地的战略定位，并将结构调整的重点任务明确为能源、冶金、装备制造、新型材料、化学医药、农畜产品加工业、旅游文化和现代服务七大产业领域。

资料链接：山西天脊煤化工集团有限公司的前身——山西化肥厂，位于长治市潞州区成家川小盆地内，是我国 20 世纪 80 年代初，成套引进国外先进技术和设备建成的第一个以煤为原料，生产高效复合肥的大型现代化企业，也是目前亚洲最大的高效氮磷复合肥生产基地。

经过多年的发展，目前已形成以化肥为主，集有机化工、煤炭深加工、精细化工等为一体，多产品、跨地域的大型煤化工产业集团。

交通事业的发展

山西地处全国中部地区,省内沟壑交错,山峦起伏,其中80%以上属于山地、丘陵。作为年产煤炭占全国1/4的能源基地,公路运输在山西经济发展中扮演着重要的角色,同时也承受着大吨位、大交通带来的巨大压力。中华人民共和国成立前夕,由于连年战争的破坏,山西的铁路基本上处于瘫痪状态。重要的干线公路也大多遭到破坏,不能全线贯通,而且大都是简易公路,路面由黄土筑成,坎坷难行。"无雨三尺土,有雨一路泥"是当时山西公路的真实写照。

从中华人民共和国成立到第一个五年计划结束,在国家财力、物力不足的情况下,山西发展公路交通的原则是"先求其通,后求其畅","充分利用原有道路,重点解决薄弱环节",有计划、有步骤地开展了山区道路修建工作,并对全省公路有重点地进行了改善。到1957年底,全省除汾西县外,全部通了汽车。全省公路通车里程达到8262千米,大车路发展到15000千米。有60%的乡镇通了汽车和马车,在全省初步形成公路网轮廓。在公路运输方面,已有汽车1046辆;完成公路货运量2450万吨,货物周转量20457万吨千米,分别为1952年的3.8倍和2.7倍,客运量则增加了1.1倍。这些成就为以后发展山西公路交通事业奠定了良好基础。

铁路建设方面,1949年太原解放后,国家迅速组织力量修复了京包线、南同蒲线和北同蒲线,仅用了两年多的时间,原有的山西铁路全线恢复营运。"一五"时期,新建太原至上兰村、忻州至蒋村、太原至焦作3条线,改建了石太铁路,修建了风陵渡—潼关铁路黄河便桥,完成了南同蒲榆次到风陵渡窄轨改宽轨工程,结束了山西窄轨铁路的历史。

1958年,盂县孙家庄至石店的土铁路通车,开创了中国办地方铁路的先河。

20世纪70年代,山西交通事业取得较大成绩,铁路建设方面,1972年9月,石太铁路复线建成通车。1973年1月,京原铁路建成,投入运营。1973年1月,宁岢铁路建成,交付使用。1975年9月,太焦铁路全线贯通。1974年,邯长铁路开工建设。1972年11月,太原新火车站动工兴建,1975年6月竣工投入使用。

公路建设也在同一时期取得了新的进展。全省主要干线公路实现了黑色化。到1976年8月,从省城太原通往各地、市级行政中心所在地以及81个县、市、区,都通了柏油路,全省93.2%的农村人民公社通了公路。平顺县兰岩公社是这一时期公路建设的先进典型。兰岩位于太行山深处,交通十分闭塞。在"三五""四五"期间,兰岩人民苦战5年,凿通了5座隧洞,在崇山峻岭中修建了一条15千米的公路,打通了出山的通道,实现了祖祖辈辈的梦想。

为适应经济发展要求,20世纪90年代以后,山西开展了规模宏大的基础设施建设。

1996年6月,山西省第一条高速公路——太旧高速公路全线通车。该路西

知识拓展：当代愚公奋斗的缩影——锡崖沟

锡崖沟，一个位于太行山王莽岭山脚下的小村庄，隶属于山西晋城陵川县古郊乡，与河南省辉县市接壤。四面环山，进出村子只有村外悬崖峭壁上一条手攀脚蹬才能勉强通过的路，村民叫它"蚂蚁梯"，意为只有蚂蚁才能爬上去的路。

走出大山成为锡崖沟人共同的梦。1962年秋，由村党支部副书记杨文亮组织劳力组成筑路队，历时6个月，硬是在悬崖峭壁上开出了一条"之"字形小道。1976年，他们再次向大山发起挑战，开山凿路。但历时两年，花费4万余元，仅修了1千米多路，非但人不能行走，反倒将狼引进了村，被村民戏称为"狼道"。

1979年，不服输的锡崖沟人再次举起手中的锤和钢钎，在悬崖峭壁上"抠"路。但是困难太大，打了30米就被迫停工。

1982年，不甘失败的锡崖沟人又开始劈山修路。这次锡崖沟人汲取了教训，科学合理修路。他们请来工程专家、技术员进行充分测量和论证，制定了沿王莽岭"援崖攀壁，依山就势，顺崖凿洞，螺旋上升"的筑路方案。

1991年6月10日，一条长达7.5千米的锡崖沟挂壁公路全线贯通。随着汽车进村的喇叭声，世世代代居住在王莽岭深处的锡崖沟人终于走出了大山。

锡崖沟挂壁公路

起山西省会太原，东至平定县旧关，全长140.7千米。沿线地形极为复杂，工程条件十分困难，是我国最早进入山岭重丘区的高速公路。

太旧高速公路的建成，缓解了长期以来晋煤外运的紧张状况，进一步加强了山西与外省发达地区特别是沿海地区的联系，极大地提高了山西对外经济贸易的影响力。

太旧高速公路

太旧高速公路创下了当时三项全国之最：工期最短、造价最低、质量最优。通车之后，不仅给山西带来了巨大的经济效益，而且也创造了了巨大的社会效益。由修建太旧公路而造就的"太旧精神"，正是改革开放以来山西精神的缩影。

到2012年底，山西已相继建成了22条

高速公路。2010—2013 年，除少数国家专项补助资金外，未花财政一分钱，山西就建成 3000 多千米高速公路。目前，全省已建成由 5000 千米的高速公路、21 个高速公路出省口以及 10 万多千米普通公路组成的公路交通网络。

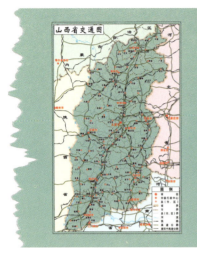

资料链接：根据山西省交通规划，山西高速公路网布局规划为"三纵十一横十一环"，由 3 条纵线、11 条横线、11 条环线及连接线组成，形成纵贯南北、承东启西、覆盖全省、通达四邻的高速公路网，并与干线公路网、农村公路网共同构成山西省现代化的公路基础设施网络，为山西全面建设小康社会提供强有力的交通支撑系统。山西高速公路网规模约 6000 千米，到 2015 年基本建成。

"大开放、大经贸"的对外开放战略

1992 年，山西提出实施对外开放的总体战略，通过实行进口与出口结合、外贸与外经结合、官办与民办结合、科技文化与经贸结合的政策，逐步形成山西全方位、宽领域、多层次的对外开放格局。

以招商引资为重点，极大地促进了山西的经济发展。2006 年，山西加强改善以政务环境为主的投资软环境，进一步加大了对外改革开放步伐。近年来，山西省组织或组团参加的大型招商洽谈活动有港洽会、沪洽会、厦洽会、中部贸易投资博览会、中青年企业家山西经贸考察洽谈会、山西国际投资合作对接项目洽谈会、山西国际煤炭博览会等等。这些活动在海内外引起强烈反响。

在好戏连台的招商引资活动中，山西在实施"引进来"战略的同时，还加强了"走出去"战略，太钢不锈钢、太重起重机、定襄法兰盘等大批山西本土制造产品漂洋出海，在拉动山西对外贸易快速增长的同时，也让山西企业融入

资料链接：山西天利实业集团代表中国在毛里求斯承建的经贸合作区，是我国在非洲建设的八大园区之一。图为毛里求斯天利经济贸易合作区规划图。

到全球经济竞争之中。到 2007 年，山西外经企业已发展到 35 家，初步形成门类较齐全，具有较强国际竞争力的外经队伍。

在山西对外承建的项目中，中铁十二局承建的阿尔及利亚 10 亿美元的高速公路、山西潞安矿务局承建的西摩能源公司 3000 万美元项目、十三冶承建的吉尔吉斯斯坦 3000 万美元水泥厂项目、大同矿务局承建的 1600 万欧元的土耳其煤矿竖井项目，都具有一定规模。目前，山西省对外承包工程的领域已从劳动密集型为主的房屋建筑，扩展到高新技术密集的高速公路、铁路、电子、冶金等领域。

到 2008 年，已经有 190 个国家和地区与山西发展了贸易往来，山西与各大洲的双边贸易呈全面增长态势，市场多元化格局正在形成。

2011 年底，山西全年海关进出口总额 147.6 亿美元，比上年增长 17.4%。其中，进口额 93.3 亿美元，比上年增长 18.5%；出口额 54.3 亿美元，比上年增长 15.4%。

2020 年，山西空运口岸出入境人员 4.33 万人次，出入境飞机 401 架次。

再造一个新山西

改革开放为山西带来了巨大的变化，但随着经济的不断发展，一系列问题也随之出现，需要山西人民去面对、思考和破解。目前存在的主要问题是，经济结构不合理、环境污染问题严重、水资源匮乏和人口城镇化建设水平较落后。伴随着时代的发展，山西人民满怀激情，再一次迈着坚实的步伐去开辟崭新的未来。

"十一五"以来，山西通过实施淘汰落后产能、企业整合重组、产业优化升级、强化节能减排等一系列举措，扎实推进工业产业结构优化升级，努力转变工业经济发展方式。工业发展方式逐步由粗放、低效到集约、低碳转变，节能降耗成效明显。

这一时期，山西经济建设的重点放在三大能源化工基地

知识拓展：右玉县风力发电基地

山西省右玉县风力发电基地

2011 年，右玉 4 家风电场投产运营，全县风电总装机容量增至 33.925 万千瓦，每年可向电网提供 57750 万千瓦时的环保电能。继老千山两期、牛心堡和高家堡首期风电项目并网发电后，玉龙、国电、山西洁能等三家六期风电项目并网发电。目前右玉县风电、光电装机容量已达 40 万千瓦，成为山西省最大的风力发电基地。

建设上，优化能源建设布局和结构，以煤炭工业为基础，大力发展煤电、煤层气、煤化工和煤焦化产业，形成各具特色的三大能源化工基地：

以大同煤矿集团为核心的晋北基地，充分发挥动力煤资源和"西电东送"北通道中枢位置的优势，大力发展坑口电站、低热值煤和煤矸石综合利用电站，推进煤电一体化进程。

以山西焦煤集团为核心的晋中基地，以煤焦化、煤层气和煤电等产业多元化发展为重点，大力发展煤炭深加工，延伸煤焦产业链。

以阳泉煤业集团、晋城煤业集团为核心的晋东基地，重点建设煤、电、气、化一体化的能源化工基地。

山西农业优势在特色，潜力也在特色。"十一五"以来，山西省立足本省特点，瞄准市场需求，重点培育和大力扶持特色农业的区域化发展，积极构建农业经济新格局，不断提高农业综合生产能力，农业经济持续繁荣。2009年，全省实现农林牧渔业总产值909.0亿元，其中特色农业产值占到约3/4，杂粮、薯类占到7.6%，蔬菜占到17.9%，水果、坚果占到10.7%，牧业产值占到26.9%。

目前，山西大力建设雁门关生态畜牧经济区、东西两山杂粮干果区、中南部无公害果菜区，着力壮大优质杂粮、草食畜、干鲜果、反季节蔬菜四大主导

雁门关生态畜牧经济区

产业和林果苗木、农作物制种、特种养殖、中药材四大亮点产业，积极发展与之相关的农产品加工、流通企业。综观山西省特色农业，呈现出由数量型向质量型、由单一型向多样型、由原料型向加工型、由常规型向绿色型转变的特点。

2006年6月，山西省在全

资料链接：2013年3月，农业部与山西省人民政府签署了合作备忘录，将重点围绕粮食高产创建、农作物种业、畜牧业、农产品市场建设和信息服务等方面开展合作。双方将立足山西省的区域优势和资源优势，大力发展特色现代农业，加大现代农业改革试点和国家现代农业示范区建设力度，不断提高农业的劳动生产率、资源利用率和市场竞争力，建设一批"一村一品"专业村和"一县一业"基地县，建设一批特色农产品产业带，形成全国重要的杂粮、水果、干果、蔬菜、畜产品等特色农产品基地，使山西成为京津地区稳定的"杂粮袋子、果菜篮子、肉蛋盘子"。

省范围内实施了旨在促进全省经济、社会可持续发展的"蓝天碧水工程"。这项工程的总体目标主要有三个方面：（1）全省11个重点城市的大气环境质量得到改善。（2）汾河上游达到集中式饮用水源水质要求，中下游河段满足农田灌溉用水标准，有条件的城市和县城要建成生态景观水城，形成清洁优美的城市环境。（3）大运公路及两侧规定范围建成清洁绿色的环保走廊，展现绿色山西风貌。

2008年，"千里汾河清水复流"工程启动，汾河的水质得到极大提高，尤其是上游的静乐县、古交市，现在的水质已符合饮用水标准。工程启动后，山西关停了汾河流域的大小排污企业，尤其是煤矿企业，并通过引黄工程不断对汾河进行"补水"，大大改善了汾河的水质。2009年前半年，汾河源头水质持续保有国家地表水Ⅰ级标准，汾河水库水质连续达到国家地表水Ⅱ级标准。

近年来，汾河流域生态环境治理修复工作稳步推进，在河道疏浚、堤坝加固、移民搬迁、两岸绿化、地下水位止降回升、汾河全线复流等方面取得了阶段性成效。

知识拓展："一核一圈三群"城镇体系框架

根据"十二五"规划，山西将以太原都市区为核心、区域性中心城市为节点、大县城和中心镇为基础，构建"一核一圈三群"城镇体系框架。

"一核"即由太原市区、晋中市区、清徐县城、阳曲县城构成的太原都市区，是全省城镇体系的核心，经济转型发展的增长极核。2015年都市区城镇人口达到400万。

"一圈"即太原都市圈，是以太原都市区为核心，太原盆地城镇密集区为主体，辐射阳泉、忻定原、离柳中城镇组群的都市圈。包括太原、晋中、吕梁、阳泉、忻州5市的30个县、市、区。该区域是省域经济与社会事业最为发达的核心区域和最为重要的城镇密集地区。2015年，城镇人口达到830万人。

"三群"即以大同、朔州为核心的晋北中部城镇群，以临汾、运城为核心的晋南中部城镇群，以长治、晋城为核心的晋东南中部城镇群。三个城镇群是区域经济发展的核心区域，省域经济持续增长的重要区域。晋北中部城镇群，以大同盆地为主体，包括大同市、朔州市的10个县、区，2015年城镇人口达到240万人；晋南中部城镇群，以临汾、运城盆地为主体，包括运城市、临汾市的16个县、市、区，2015年城镇人口达到380万人；晋东南中部城镇群，以长治盆地和晋城中部地区为主体，包括长治市、晋城市的12个县、市、区，2015年城镇人口达到250万人。

"十一五"期间，山西大力发展林业，全省每年以 400 万亩以上的造林速度向前推进。5 年间，共完成营造林 2428 万亩。2011 年，全年超额完成营造林 453.8 万亩，山西林业造林速度近年来以"常态化"快速发展。

　　据 2010 年全国第八次森林资源调查，全省有森林面积 4236 万亩，森林覆盖率达到 18.03%，森林蓄积量达到 9739 万立方米。

　　2011 年，全省已建成自然保护区 46 个，其中国家级 5 个，自然保护区面积 116.6 万公顷。全省有国家级生态示范区 16 个。

　　2011 年，全省 11 个重点城市空气质量二级以上天数平均为 348 天。

　　2020 年，山西省坏境空气综合指数为 5.17，优良天数为 263 天，优良天数比例为 72%。

从"不毛之地"到"塞上绿洲"

　　右玉县地处晋西北地区黄土高原，与内蒙古相接。60 年前，右玉还是一片荒芜，沙漠化程度非常高，生态环境恶劣，全县森林覆盖率不到 0.3%。曾面临着举县搬迁的生存危机。

　　60 年来，在右玉县历届县委、县政府的团结带领下，全县坚持植树造林，改善生态环境，森林覆盖率提高到 52% 以上，有力促进了全县经济社会发展，在全省乃至全国引起了热烈的反响。

今日塞上绿洲——右玉

　　如今，这个曾经的"不毛之地"，已经成为著名的"塞上绿洲"。60 年的风沙洗礼和沧桑巨变，右玉人以坚持不懈的努力改变着自己的命运，创造了令人惊叹的奇迹。他们用自己的勤劳和智慧，在艰苦的探索实践中铸就了以"执政为民、尊重科学、百折不挠、艰苦奋斗"为核心的"右玉精神"。

思考与分析

　　1. 你认为在山西的经济发展中，还有哪些问题存在？可以怎样解决和改善？

　　2. 提到"山西精神"，你知道有哪些具体体现？有着怎样的实质性内涵？

第十二章　发展中的山西教育

山西历史悠久，在历史的传承中也发展了辉煌的教育历史，以及崇教尚学、耕读传家、尊重师长的传统风尚和习俗。中华人民共和国成立以来，从接管改造旧教育到建立社会主义教育新体系，再到社会主义教育现代化，山西的教育事业经历了曲折的发展历程，发生了巨大而深刻的变化，也影响并改变着人们的过去、现在和未来。

山西书院文化

山西的书院文化历史悠久，发轫于宋代，昌盛于明清时期。最初，书院为民办的学馆。原由富室、学者自行筹款，于山林僻静之处建学舍，进行文化传授。其中有的置学田收租，以充经费。后由朝廷赐敕匾额、书籍，并委派教官、

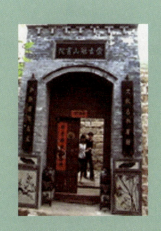

资料链接：坐落在平定县境内的冠山，被史学界称为"文山"，这里有丰富的人文遗产，而书院文化是其最为亮丽的闪光点。山内书院众多，包括"冠山精舍""吕公书院""冠山书院""槐音书院""崇古书院"等，并附有"敬惜字纸池""焚化字纸洞""夫子洞""读书台""左丞石庵""文昌庙""仰止亭"等多处教育设施，是当时山西境内著名的书院。明、清两代曾多次修葺。目前仅存"崇古冠山书院"，其他书院只剩遗址，地上建筑已荡然无存。

在冠山的5处古书院遗存中，崇古书院始建于北宋宣和元年（1119），是有记载的山西省最早的古书院。

调拨田亩和经费等，逐步变为半民办半官办性质的地方教育机构。至清末，绝大多数书院都掌握在各级政府及官员手中，它和官学一样，基本变成了科举的附属物和预备场所。

明清时期山西书院迅速发展、成熟并繁荣起来，新建了大批书院。清末，山西省基本上每个府、州、县都设有书院一所，其中设置最多的地区为太原和河东地区（今运城、临汾一带）。

在风景如画的白马寺山西南麓、晋城市区北部，有一个充满传奇色彩的村庄，它叫后书院。这里居住着330多户人家，1130多口人，村民言谈举止颇具文明古风。后书院原名书院村，或古书院村。因村西北另有一村，也叫"书院"，为了加以区别，新村叫前书院，这里就叫后书院了。

晋城千年古书院

后书院村原是一片不毛之地，荒无人烟。940多年前，因程朱理学大师程颢来晋城当县令，选中这块风水宝地，办起乡校，教师家属随从居住，接着有一些农民来这里耕耘定居，逐渐形成村落，慢慢繁华起来。明道祠堂是后人为纪念程颢的功绩修建起来的。近千年来，晋城古书院因程颢之名而誉满华夏。

晋阳书院是山西全省最大的一座书院，也是明清时期山西的最高学府。位于太原侯家巷。始建于明朝嘉靖九年（1530），由山西按察司副使陈讲倡导、创办而成。原名河汾书院，万历年间重修后改名"三立祠"。

晋阳书院

后人们称为三立书院。三立书院是当时太原地区程度最深、级别最高、影响最大的学府。明清之际，太原多经战乱，及至清初，三立书院已颓废不堪。清朝顺治十七年（1660），山西巡抚白如梅在太原府城东南侯家巷购地，另建三立祠，三立书院得以恢复。雍正十一年（1733）改名为晋阳书院，成为省办官立书院。

清末山西的新教育

清代末期，由于社会的剧烈变革，外国资本主义的入侵和国内洋务运动的发展，旧的教育制度已经不能满足时代的需求。当时山西一些有识之士纷纷提出倡导西学、改革教育的主张。

光绪二十一年（1895），山西巡抚胡聘之、学政钱骏上奏《请变通书院章程折》，建议朝廷改变书院空疏之风，设有用之学。建议得到清政府批准并在全国推广。"百日维新"期间，山西各类学校均遵圣旨进行改良。书院、私塾陆续改为各级学堂，开设新的教学科目。同时，山西还新建了一些新式专门学堂等。

光绪三十一年（1905），清政府正式宣布废除科举制度。从此清政府主导的新教育开始实行。

各地各县将原有"县学"和书院陆续改为高等小学堂；乡镇旧有的私塾改为初等小学堂。到辛亥革命前夕，全省共建立小学堂40所，分布在较大的村镇。

义和团运动失败后，岑春煊继任山西巡抚，聘请英国传教士李提摩太草拟了《办理山西教案章程》，在这个章程中，李提摩太首次提出了使用赔款办学的主张。

山西大学堂创始人岑春煊（左）与李提摩太（右）

1902年初，巡抚岑春煊根据"将各省所有书院，于省城均改设大学堂"的上谕，奏准设立山西大学堂。当时太原有"晋阳书院"和"令德堂"两所书院。岑春煊遵朝廷谕旨将令德堂和晋阳书院合并，改设为山西大学堂，委派山西候补道姚文栋为首任督办（相当于校长），高燮曾为总教习，谷如墉为副总教习。

1902年5月8日，山西大学堂宣告成立。校址在太原市侯家巷（现太原师范学院附属中学校址）。后在李提摩太的建议下，5月20日双方订立《山西大学堂创办西学专斋合同二十三条》，将中西大学堂并入山西大学堂，改为西学专斋，将山西大学堂原设部分改为中学专斋。

1904年，中学专斋根据新学制将高等科分类，第一类以文为主，第二类以理为主。对课程也做了较大调整，旧课程中除了保留经学外，其他科目一律取消，又增设英文、日文、法文、俄文、代数、几何、物理、化学、博物、历史、国文、图画、音乐、体操等新学科。每周上课24堂，上、下午各2堂。这些教学内容和方法的调整革新，对于中学专斋教学的发展，产生了积极影响。

西学专斋教育以数理化为主科。在教学内容和方法上仿照英国学制。初时只设有预科，以后逐渐增设文学、法律、格致、工程和医学5个专门科。开设课

位于太原市侯家巷的山西大学堂旧址

149

程有文学、物理、工学、矿学、化学、格致、算学、法律、历史、数学、英文、图画、地理、博物和体育等。教师多为外国人。初期无中文教本，教学由外籍教师讲授，中国教师翻译，学生笔记，下课后互相对照。为解决教材问题，西学专斋在上海设译书院，翻译和出版了不少有关高等、中等和师范学校的教学用书，不仅解决了西学专斋教学所急需的教材，而且为山西的高等和中等学校以及全国部分学校提供了教材。

山西大学堂的创办，在近代中国高等教育发展史上具有重要的意义。它是当时国内仅有的三所国立大学堂之一，开创了山西高等教育的新纪元，推进了中国近代高等教育布局向内地的延伸，促进了内陆省份教育事业的协调发展。

山西大学堂的毕业生，后来许多人担任了山西各中学堂和各类实业学堂的教师，在一定程度上满足了各级各类新式学堂建立初期迫切需要大量教师的社会需要。

山西大学堂还为山西培养了一批社会活动家和干部。清末，山西大学堂的学生积极参加了反帝反封建的斗争。在山西1905年的争矿运动中，他们的表现最为突出。学生中还有许多人加入了孙中山领导的同盟会，为推动山西民主革命的进程做出了贡献。

1904年，山西派出首批赴日留学生。截至辛亥革命，本省所派留学生去向主要是日本和英国，尤以日本为多。山西留学生对近现代山西政治经济和文化教育的发展起了有益的作用。留学生学成归国后，不少人从事了教育工作，成了山西教育工作的骨干，促进了山西教育事业的发展。

知识拓展：山西近代创办的部分学校

光绪二十八年（1902）创办的山西林业学堂，是山西第一所实业学堂，也是全国首家农林学堂。光绪三十一年（1905）在令德堂原址创办的太原师范学堂（次年改名为山西两级师范学堂），是山西最早的师范学堂，设施先进，清政府学部认为"该堂组织完备，不但为山西学堂之冠，即南省也不多见"。

河东私立女子学堂，是山西唯一女同盟会会员、教育家阎玉清在辛亥革命前倾其个人积蓄创办的一所私立女子学堂。辛亥革命胜利后，该学堂更名为河东私立女子师范，由阎玉清继其母担任该校校长。她扩大女师招生名额，增设国文、算学、博物、音乐、体育等课目，力倡在校女生一律剪辫、放足，做新时代的新女性。

民国时期的山西教育

1912 年，南京临时政府陆续颁布了许多教育法令，对教育作了进一步改革。山西各中小学堂一律改名为学校，大学与专门学校学科也渐趋完备，教学内容也日趋丰富，加之民国初年山西省社会较为稳定，教育事业得到了稳步发展。

1917 年，阎锡山主政山西，推行了一套"用民政治"，其中重要的一条就是通过抓教育启迪民智。其主要做法是：第一，推行以普及为主的国民教育；第二，创办以发展国民经济为主的职业教育；第三，推行以改良社会风俗、开通知识为主的社会教育。到抗战爆发止，山西教育事业在此 20 多年间获得了长足的发展，许多方面走到了全国前列。

资料链接：陈启天在《近代中国教育史》中说："民国十二年间，小学教育以山西最为普及，其他各省均落后很多，以女生受国民学校教育之人数而言，仍以山西省占第一位。"陶行知曾高度肯定了山西的义务教育，说"山西是中国义务教育策源地"。在推行义务教育的过程中，山西以其实施义务教育的独特方式，成为当时义务教育的示范省。许多省份都曾经来山西考察义务教育办学情况。

阎锡山将义务教育的发展与村政建设的推行紧密结合，1917 年、1918 年山西先后出台的《改进全国义务教育程序》和《山西省施行义务教育规程》，都是作为村政建设的纲领性文件出台的。国民学校的设立成为这一时期政府对村长及有关人员政绩考察与奖励的最重要的一项指标。从乡村建设入手，通过上述《程序》和《规程》，山西省初步构建了一个以村级组织为重心，省、县、区、乡各级行政组织参与的自上而下的全省实施义务教育的行政体制，从而形成了一个成效显著、影响广泛的区域推广义务教育的独特模式。到 1921 年，全省学龄儿童入学率达 59.9%。1924 年和 1925 年，全省受初级小学教育儿童数占学龄儿童比例分别为 72.2% 和 72.6%。

由于普及教育政策的推行，教师供不应求，师范教育也在此时得到了发展。1919 年，阎锡山在太原创办了省立国民师范（简称国师），这是当时山西规模最大的学校，教学设施和师资具有一流水准。由阎锡山的心腹赵戴文兼任校长，并专门拨出经费给

山西省立国民师范

予巨大的投入。阎锡山本人也经常到校视察并演讲。

学校建筑规模宏大，由校本部、体育场和农场三部分组成。校舍宽敞，设备齐全，用地充裕，初选校址，就征地181亩。学生人数在全省师范类学校中最多，当年就招收高小毕业生1206人。省教育厅还派人到天津、保定等地招收中学毕业生入学。

学校创办目标是大量培养适合农村教育需求的师资。计划每年招生1200人，建校20年后就可满足全省105个县的小学师资需求。

学校管理十分严格，对学生实行军事化管理。但在具体管理中，又能给以积极的指导生活之意。而且该校学生待遇优厚，不仅免收学费，还免费提供食宿、讲义、制服。因而，招收的大多是贫寒家庭出身的学业精良的子弟。

省立国民师范的学生思想很活跃，积极投身于学生运动，在太原有"革命启蒙的摇篮"之称，可以说，省立国民师范不仅为山西教育事业的发展培养了雄厚的师资力量，而且为中国革命培育了大批优秀干部，如徐向前、薄一波、程子华等老一辈革命家都曾就读于省立国民师范。

民国时期，山西高校开始逐步进行改组。专门学校都一律改为专科学校，各高校从名称到内部机制也逐步进行了改进。

五四运动后，山西兴办了一批私立大学。如民国十一年（1922）由赵希复、张四科等在太原兴办了私立山右大学，民

知识拓展：山西大学堂的改组与发展

1912年，遵照教育部新的规章，山西大学堂改名为山西大学校，监督改称为校长，中学专斋与西学专斋的建制也同时取消。设立了预科和本科，预科改为附属高级中学，原一部、二部改为文、理两科，本科各科改成专门学院，分文、法、工三科。由此山西大学校便奠定了以后文理多科的综合性大学的基础。

1913年，首办法科法律学门和工科土木工学门；1914年，山西工业专门学校并入山西大学，附设专门部，分土木、机械、采矿、冶金各科。1916年开办工科采矿学门和文科国文学类。修建了工科教学大楼。全校图书108501册，各科仪器、标本和机器共值银币129000元，居当时全国公立大学前茅，受人瞩目。

1918年7月，山西大学校列入国立范围，被称为国立第三大学。直至此时，全国公立（官立）大学仍只有北京大学、北洋大学和山西大学三所，并规定凡是山西大学本科毕业生，以其所学任事三年，或曾任校长及教员满三年者，可参加参议员选举。1922年重新颁布学制，全国大学才逐步增多。

1931年改名为山西大学。1936年，山西大学已经发展成为拥有文、法、理、工、教育5个专门学院、14个系的综合性大学。

太原私立并州学院

国十三年（1924），由兴贤学社40余人发起成立了山西私立兴贤大学，民国十八年（1929）两所大学合并为私立并州大学，民国二十年（1931）改称太原私立并州学院。民国二十四年（1935），私立并州学院停办。此外还有私立美术专科学校，私立艺术专科学校，等等。

这样，以山西大学为代表的高校得到相应的发展，更趋于现代化，且与全国、世界的教育发展统一了步伐，便利了发展和交流。

1916年，山西省有省立中学6所、公立中学4所。阎锡山主政山西后，1929年一年即创建省立中学3所、公立中学11所，到抗战爆发止，全省已拥有55所中学，在校生达10011人。教会学校在清末基础上又有较大发展。截至1924年，全省共有教会中学17所，在校学生数占全省中学生总数十分之三还多。除中小学外，教会还办了一些专业学校，如畜牧学校、护士学校等。

太原进山中学，创建于1922年，最早是由山西督军阎锡山创办的私立中学。建校以后，为社会培养了大批杰出人才，赢得了社会各界的广泛好评。中华人民共和国成立后成为山西省首批重点中学之一。

汾阳铭义中学，是1915年由美国基督教华北公理会创办的私立教会学校，学校坐西朝东，由南到北呈不规则形状，占地面积2.4万平方米。至今保存完好的民国建筑有9座，建筑结构简练，形制多样，是我国传统建筑向现代建筑过渡时期的典型作品。

太原进山中学

汾阳铭义中学

1922年，我国职业教育代替实业教育而成为独立的系统，山西职业教育有所发展，开办了一批职业教育机构。如1924年兴办的青年职业学校、太原女子慈善职业学校等。1934年，太原私立妇女职业学校成立。

民国时期，山西的各类社会教育得到了稳定的发展。在初创的十多年时间里，山西从省城到县城都兴办了民众学校、民众教育馆，并开展了各种形式的教育活动。特别是普遍建立于1927年的民众学校，系全国首创。各县举办的社会教育学校达到284所。

抗战爆发后，为适应抗战需要，阎锡山与中国共产党在统一战线原则下，孟步云（1867—1932），字履青，山西祁县人。

1894年，孟步云中甲午科举，跨入当时山西名人学子行列。这时，他眼见帝国主义的侵略和清政府的腐败无能，萌发了振兴民族之志。他首先从倡导妇女"天足"着手，大胆成立"天足协会"并任会长，成为"山西倡导妇女天足的第一人"。还在祁县、平遥、榆次、文水等全省各地成立分会，历时多年，终使"天足"浪潮席卷三晋大地。

1905年，孟步云创办了山西省崞州公立女子学堂，并让自己的夫人郭仙英（读过8年私塾，诗文、书法、古筝皆精）登台义务任教讲学，开创了妇女登台讲学的先例。他还让自己的女儿第一个报名入学。

于1938年1月在临汾建立了"民族革命大学"（简称"民大"）。由当时已被国民政府任命为"第二战区"司令长官的阎锡山兼任校长，"第二战区"政治部副主任梁化之任办公厅主任，代表阎进行管理。但是，具体负责学校工作的政治处主任杜心源和教务处主任杜任之以及不少教师，都是中国共产党的地下党员。

"民族革命大学"成立前后，文化教育界进步人士纷纷参与，沈钧儒、李公朴、邓初民、潘汉年、张申府等人，都积极参与了"民大"筹建的部分工作。其后，到校任教的社会贤达有李公朴、江隆基、侯外庐、施复亮、陈唯实、何思敬、温健公、秦丰川、刘潇然、刘达人、周巍峙、徐懋庸、萧三、萧军、萧红等，"民大"成为名流荟萃、盛极一时的抗战学府。"民大"学员来自全国18个省，包括部分沦陷区的流亡青年，还有一些归国华侨。

中华人民共和国成立后的山西教育

中华人民共和国成立之初，山西的教育和全国一样，保持着与中央统一的发展步调。其主要特征是：全面移植苏联模式，主张"教育为无产阶级政治服务"，精英主义教育价值取向明显。直到20世纪80年代开始的教育改革和发展，才逐渐突破和改变了这一模式。

1952年下半年，全国高等学校按照苏联模式进行了大规模的院系调整。调整前山西只有山西大学和山西农学院2所高校。

山西大学当时有文、理、工、医、财5个专门学院，含18个系科、6个专修科，教职工1078人，在校学生2185人。

1952年下半年，山西大学财经学院划归中国人民大学；山西大学工学院冶金工程系并入北京钢铁学院（今北京科技大学），纺织工程系和采矿工程系并入西北工学院（今西北工业大学）；山西大学理学院并入山西大学师范学院。山西大学由原来的综合性大学调整为 3 所专门学院：原山西大学工学院改为太原工学院，归国家高教部领导，面向全国招生，主要任务是培养工业建设人才；原山西大学文学院改为山西师范学院，原理学院并入山西师范学院，山西师范学院由教育部统一领导，由华北行政委员会和山西省人民政府分层管理，主要任务是培养中学师资和教育行政干部；原山西大学医学院改为山西医学院，由卫生部领导，山西省卫生厅代管，1954 年起由山西省人民政府管理。

山西农学院成立于 1950 年 9 月，由原山西大学农学院改建。以太谷铭贤学校校址以及农场为院址，设有农学、畜牧、畜牧兽医 3 个系。山西农学院在调整前已将机工、工管两系并入山西大学工学院，纺工并入西北工学院，这次调整又将畜牧兽医系的兽医专业并入内蒙古畜牧兽医学院，保留了农学、畜牧两系，主要任务是为全国和华北地区培养农业技术人才。

调整后山西全省有普通高等院校 4 所，均为专门学院：太原工学院、山西医学院、山西师范学院、山西农学院。

1957 年，山西全省开展了反"右"斗争，四所高校中划定右派分子 430 人，其中教职员 98 人，而且主要是专任教师，占当时全省高校专任教师 1017 人的 9% 以上。高校学生被划定为右派分子的共 332 人，占在校学生 6330 人的 5.24%。

1958 年上半年，山西对全省中、小学教师进行了一次"比较彻底的整顿和清理工作"。据 1958 年 1 月统计，全省中小学教职员工中有 13.3% 的教师被整顿。其中中等学校中的所谓的反、坏、右被清理出教师队伍的约占 50% 左右，小学中的反、坏、右被清理出教师队伍的在 90% 以上。

在清理过程中，工作粗糙，方法简单，严重伤害了广大中小学教师的切身利益和身心健康。而且由于清理面过大，各地教师缺额严重。据当时晋中、晋北、晋东南、晋南 4 个地区统计，整顿清理后，这 4 个地区中学教师缺额 976 人，小学教师缺额 1740 人。

1966—1976 年，中国大陆经历了史无前例的"无产阶级文化大革命"，这场由领导者错误发动，长达十年的内乱，给中国人民造成了严重灾难，文化教育领域是这场内乱的"重灾区"，山西省也不例外。

改革开放中的山西教育

从 1976 年 10 月到 1985 年，是山西教育领域拨乱反正、医治"文化大革命"创伤、整顿恢复的时期。

基础教育方面，提出了小学按四类地区分批实现"四率"（即适龄儿童入学率、在校学生巩固率、普及率、毕业合格率）的目标要求。

中等教育实行了结构改革与学校布局调整，全省各类高中阶段职业技术学校在校生与普通中学在校生比例达 1 ： 1.78。中学教育结构、学校布局逐步趋于合理：平均每 6000 人有 1 所初中，平均每县（区）有初中 36 所；平均每 5 万人有 1 所高中，平均每县（区）有高中和完全中学 4.49 所。

1983 年，山西省开始试办高等职业教育，1984 年 6 月，以太原大学的创办为标志，高等职业教育正式起步。后来还筹建了山西省经济管理干部学院、山西省煤炭干部管理学院和太原市经济管理干部学院。在此前后，恢复了各级党校 144 所，干校 222 所，连同原有高校举办的干部专修科和在普通中专举办的干部中专班，初步形成一个较为完善的全省干部教育体系。

原太原大学教学楼

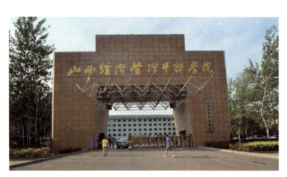

山西经济管理干部学院

山西广播电视大学

山西经济管理干部学院，始建于 1984 年，是一所由国家教育部和山西省人民政府设立的包括管理科学、经济科学、信息科学、法学等多种学科在内的高等院校，集教学、科研、培训、咨询、服务为一体，被誉为"企业家的摇篮"。

山西广播电视大学是山西最早建立的一所开放性成人高校，1979 年 8 月 13 日正式成立。此后各地（市）电大工作站改为电大分校。

到 1985 年底，全省高校发展到 23 所，比 1982 年增加了 7 所，其中农业院校 1 所（临汾农专），师范院校 3 所（吕梁、临汾、忻州师范专科学校），财经院校 1 所，短期职工大学 2 所（太原大学、云中大学）。

1985 年 5 月，《中共中央关于教育体制改革的决定》出台，这一里程碑式的文件，拉开了教育改革的大幕，从此教育事业进入改革开放的全新历史时期。

1985 年，山西在全省范围内推行了县、乡、村三级办学，县、乡两级管理的办学体制，并把对教育的支持作为县、乡、村三级领导政绩的重要组成部分。同时，将普及九年义务制教育的任务明确交给了县、乡两级政府。为此，各地对教育的支持力度大大加强。这一举措，使农村基础教育基本上纳入县（区）、乡经济和社会发展的整体规划之中，并成为当地政府部门重要的工作之一。1993年，按照中央的决定进一步深化教育改革，山西把实施九年义务教育作为全省教育改革的重点工作。

1985—1993年，农村教育综合改革进入全面启动阶段。实施普通教育、职业教育、成人教育"三教统筹"，是20世纪80年代中后期为适应农村教育综合改革而提出的一种管理运作模式，通过农科教一体化，带动科教兴农的发展局面，为农村培养了大批复合型人才。山西省的许多农村在这方面取得了很好的成绩。到20世纪90年代末，全省农村教育改革成效明显，一个以"三教统筹""农科教结合"为核心内容，以中小学为基础，以中等职业技术学校为骨干，以农民文化技术学校为依托，以高等院校和农科部门（站、所、场）等为后盾的农村人才培养和科技开发推广网络初步形成。

1995年，经国务院批准后国家正式启动了高等教育的"211工程"。"211工程"是中华人民共和国成立以来，由国家立项在高等教育领域进行的规模最

知识拓展：小村庄办大教育

山西省柳林县前元庄村是吕梁山深处的一个偏僻山村，全村有195户，789人。历史上这里"丰年吃糠，灾年逃荒"。过去，村学校办在一个破庙里，条件非常简陋。1987年开始，前元庄村进行了农村教育改革试验，逐步探索出一条在经济欠发达地区依靠发展教育，提高农民科学文化素质，振兴经济的发展路子。具体做法是：在办学方向中实行"农教结合"。一是农村经济发展和教育发展同步规划，同步实施，相互促进。二是建立教师联系农户制度，为农民脱贫致富当参谋和提供技术指导。三是学校教师被聘为村委会的"智囊团"成员，共同参与对全村经济建设和教育发展重要问题的决策。学校专任教师兼任成人教育的文化课教师，有专长的农民受聘兼作学校劳技课和实习的指导教师。四是资源共享，学校的图书、实验仪器等向全村农民开放，村里的果园和大田作物为学生实验和实习提供基地。

经过十几年的努力，前元庄发生了巨大的变化。现在全村3至60岁的村民全部入学，15至45周岁的青壮年全部达到初中文化程度，并会几门实用技术；全村形成种植、养殖、运输三大产业，年人均收入由200多元上升到3000多元；多年来无打架、赌博、盗窃、上访、封建迷信和邪教活动事件，先后13次被省、市、县评为文明村、模范村。

大、层次最高的重点建设工作，规划到 2000 年前后，要形成一批行业带头学校，并将重点建设的高等学校确定为 100 所左右。随着"211 工程"的启动，许多大学为了扩大规模，增强实力，跻身于"211"大学行列，纷纷进行合并，这一浪潮很快席卷山西。

随着高校合并的热潮，从 2000 年开始，山西一些中专学校开办大专班，或改制为高等职业专科学校，招收大专生，后来，这些学校大都改组升格为学院，如山西艺术职业学院就是由山西省文化艺术学校、山西省电影学校和山西省职工文学院合并组建而成。

太原理工大学

1997 年，太原理工大学被批准成为国家"211 工程"重点建设大学。太原理工大学前身是创立于 1902 年的国立山西大学堂西学专斋，是我国最早成立的三所国立大学之一。1953 年，山西大学工学院改组为太原工学院，1984 年，太原工学院更名为太原工业大学，1997 年，由原太原工业大学与山西矿业学院合并组建太原理工大学。经过百余年的传承与发展，该校已建设成为一所以工为主，理工结合，理、工、文、管、经、法、体、美、军等多学科协调发展的高等学府，是山西省唯一一所国家"211 工程"重点建设大学，也是国家中部地区重点建设的五所高校之一。

实现"两基"，即基本普及九年义务教育，基本扫除青壮年文盲，是党中央和国务院在 20 世纪 80 年代提出的一项教育目标。山西实现"两基"的任务十分艰巨。1985 年，全省只有 55 个县普及了初等教育。1986 年，山西开始实施"两基"工作。为配合完成"两基"任务，各级政府加大投入力度。进入 21 世纪，山西通过实施义务教育水平提升工程，农村中小学危房改造工程和现代远程教育工程，推进布局结构调整，使农村办学条件得到显著改善。全省新建和改扩建中小学校舍建筑面积快速增加，兴建了一批寄宿制学校，为所有农村初中配备了计算机教室、农村小学配备了卫星教学收视点、农村小学教学点配备了教学光盘播放设备和成套教学光盘，搭建起优质教育资源共享平台。到 2005 年，随着临县、石楼、兴县、静乐、灵丘等 5 个县最后通过"普九"验收，山西 119 个县（市、区）全部达到"普九"目标，"普九"人口覆盖率达 100%，全面完成普及九年义务教育的历史性任务。2006 年 10 月，山西省通过了国家"两基"工作督导检查组的验收，成为全国第 14 个通过"两基"验收的省份。

2006 年，山西确立了"十一五"期间职业教育发展的目标任务，努力扩大职业教育规模，随后职业教育进入快速发展时期。截至 2011 年底，全省中等职业教育（包括普通中专、成人中专、职业高中、技工学校）共有学校 572 所；招生 217218 人，在校学生 619366 人，毕业生 234183 人。

阳泉市职业中专学校的前身是创办于 1980 年的阳泉市第八中学，1984 年 10 月改办为阳泉市职业学校，是阳泉市起步最早、规模最大的高级职业中学。1993 年 12 月更名为阳泉市第一高级职业中学，1995 年被国家教委认定为首批国家级重点职业高中，1999 年 9 月更名为阳泉市职业中专学校。该校自成立以来，荣获多项荣誉称号。2002 年 8 月，学校被确定为"阳泉市国际劳务人才培训基地"，瑞典、英国、美国、日本、德国等友人都曾到学校参观访问。

阳泉市职业中专学校

2007 年 1 月，山西省开始在全省范围内推行农村义务教育经费保障机制改革。这一年，在过去工作的基础上，全部免除全省农村义务教育阶段（含县城所在地）学生的学杂费；同时安排公用经费补助资金，切实提高公用经费保障水平。同时，全面试行农村中小学校预算编制制度改革；巩固农村中小学教师工资保障机制。

2008 年，全省农村义务教育阶段中小学生生均公用经费全部达到省定基本标准。同时，政府加大了对农村贫困家庭寄宿生生活费资助的力度，扩大了免费提供教科书的覆盖范围。

随着义务教育孩子"有学上"问题的逐步解决，"上好学"成为人民群众的新期盼。然而由于地区之间经济发展的不平衡，各区域学校教育资源分布存在明显的差异。争抢有限优质教育资源的"择校热"成为一种突出的社会问题。因此，追求教育发展的本质和遵循儿童少年成长规律，努力办好人民满意的教育，成为教育部门新的奋斗目标。

促进义务教育均衡发展，重视教育质量，保障心理健康，规范教育行为，有着尊师重教优良传统的山西晋中，用他们的实践破解了择校难题，交出了一份让人民满意的答卷。

根据山西中长期教育发展规划，到 2020 年，山西省要更加深入地实施素质教育，创新人才培养模式，根据不同层次、不同类型发展现代化教育。深化改革，加快教育法制化建设，形成覆盖全省各级教育部门和城乡各级各类学校的教育信息化服务体系，以教育信息化带动教育现代化。

知识拓展：擎起义务教育均衡发展的旗帜

　　山西省晋中市2009年11月被教育部授予"全国推进义务教育均衡发展工作先进地区"，2011年被国务院确定为"统筹推进义务教育均衡发展"试点地区。

全国推进义务教育均衡发展现场经验交流会在晋中召开

教育部部长袁贵仁批示：在全国推广山西晋中经验。

　　什么是均衡教育？均衡教育实质上是打破教育上的不平衡。不平衡表现在四个方面，一是区域间的不平衡，就是发达地区和不发达地区之间的不平衡；二是城乡间的不平衡，就是硬件建设和软件建设之间的不平衡；三是学校之间的不平衡，就是好学校和差学校之间的不平衡；四是班与班之间的不平衡，就是优质教师和普通教师之间的不平衡。晋中市按照国家义务教育大纲要求，近几年来一直坚持"好学校向农村敞开大门，好教师走进农村校园，好政策倒向农村学校"这个义务教育均衡发展方针，使农村学校焕发生机，昂扬向上，蓬勃发展，在社会上收到了良好效果。

　　2010年以来，晋中介休市以中小学校安工程为强力引擎，进行了规模最大、投资最多、标准最高的中小学校舍改造，在原址重建校舍24处，异地迁建校舍40处，加固校舍13处，总建筑面积23万平方米，总投资达到5.5亿元，相当于2010年介休市一般预算收入的50%。所有工程完全按照国家校舍安全抗震八级标准设计，所有钢筋最大伸长力必须达到9%，高于7.5%的国家标准。如今，学校成为全市最安全的地方。

晋中乡镇中学图书阅览室

　　太谷县在教育装备方面倾斜配置农村中小学，先后投入450多万元为任村乡、范村镇、小白乡、胡村镇、阳邑乡的所有中小学更新配备电脑。投资190万元在胡村小学建起了晋中市第一家农村艺术活动中心，使得音体美等课程顺利开展起来。目前全县最好的建筑在学校，最新的学校在农村，最完善的学校设备也在农村。

晋中农村初中有了高标准实验室

　　为激励教师从城市向农村、从优质校向薄弱校流动，晋中市规定，教师晋升职称、评选特级教师、教学名师、学科带头人等，必须要有城乡校际交流经历。这样，在交流活动中教师也能从中受益，从被动交流走向主动交流。从2008年至今，晋中市有1.2万名教师参与城乡校际大交流，占该市专职教师的48%。这种交流使得农村学校的学生可以享受到城区的优质师资，农村老师交流到城区校后增长了本领，返回农村校后成为学科带头人。

　　2008年，晋中市制度化推行校际干部和教师交流，从教师资源的均衡配置出发来解决择校难题。3年下来交流了校长870多人，教师8900多人，校际之间办学差距大大缩小。

思考与分析

1. 你认为教育的良性发展需要怎样的大环境？

2. 如果你是一位学校的领导人（可以是你心目中任何一类教育机构），你对自己学校有什么样的发展设想？

第十三章　现代山西的文化与科技

伴随着经济的发展，山西的文化、科技事业也获得了长足的发展，在继承、发展、创新与繁荣的过程中，极大地丰富了人民群众的精神文化生活。在实现自身的发展与进步的同时，也推动了山西经济和社会的发展。

五四时期山西的新文化、新文学运动

20 世纪初，随着辛亥革命特别是五四运动的洗礼，山西出现了新文化的曙光。最早在北京参与新文化运动的山西籍学生有常乃惠、高君宇等人。常乃惠很早就在陈独秀主办的《新青年》上发表文章，抨击孔孟之道。高君宇是五四爱国运动的学生领袖之一，曾在《新青年》发表《山西劳动状况》，反映山西工人阶级的贫苦生活和不幸遭遇，揭露资本家的罪行，抨击阎锡山的专制统治。他们对于山西的新文化运动都有直接的影响，此后山西的政治空气活跃起来，新文化、新文学运动逐渐展开。

《平民周刊》是山西新文化运动的第一个刊物，是 1919 年 8 月王振翼等人在高君宇的指导下创办的，它在传播新思想新文化新文学、唤醒民众方面起了积极的作用。

1920 年 4 月 30 日，山西大学成立了"新共和学会"。该会以"推进山西新文化新文学运动"为使命，积极传播新思想。次年 12 月创办了《新共和》不定期刊物，在创刊号上明确宣告了办刊宗旨是研究学术、宣传文化，目的是"创造新人生、新社会、新共和"。

1921 年 10 月，山西省立第一中学学生成立"青年学会"，次年为专门研究马克思学说组织了"革新学社"。邓初民等教育界进步人士组织"山西学术研究会"，出版《新觉路》半月刊。

1921 年夏天，高君宇返回太原，与贺其颖（贺昌）、李毓棠等人成立了"太原社会主义青年团"，并改组了《平民周刊》。1924 年春，高君宇遵照中共党

162

组织的指示，再度回太原帮助筹建了山西省第一个党小组，是年秋中国共产党太原支部正式成立。书记张叔平，委员傅懋恭（彭真）、纪廷梓等。次年6月，张叔平和纪廷梓为主编的《铁血周报》创刊。山西的党团组织对山西的新文化新文学运动起了领导与积极的推动作用。

1925年以后，山西陆续出现了一批纯文学社团及刊物，例如1925年春国立山西大学成立"曙光社"，并创办《醒狮》（半月刊）；1925年8月由牛甫毅、柯斑等人组织了"太原文学社"，出版《文学周刊》；1926年，山西省立国民师范学校先后组织马克思主义研究会、文学研究会、国师剧社等等。它们成为新文化运动的重要组成部分。而其中影响最大的是1924年8月由高长虹、高沐鸿、籍雨农等文学青年组织的"贫民艺术团"及其《狂飙》月刊，他们随后到北京创办并出版了大量的刊物和著作，掀起了"狂飙运动"，在全国新文学运动中做出了重要的贡献。

五四新文化、新文学运动对以后山西文学文化事业的发展产生了深远的影响。

从太行山走出的文学大师赵树理

提到山西文学的发展，赵树理是不能不提及的一个大师级人物。

赵树理（1906—1970），山西沁水人。这位从太行山走出来的作家，从小就喜爱民间文学和地方戏曲。抗战爆发后，他参加了共产党领导的牺盟会，被分配到阳城县第四区担任牺盟会特派员，从事宣传和组织抗日救国工作。1940年，赵树理在华北《新华日报》社担任通俗读物的编辑。

赵树理

他坚持"让劳动人民乐于接受的通俗化、大众化"的编辑方针，参与编辑了《抗战生活》。在赵树理的倡导和积极努力下，当时在太行山上的部分文化人成立了"通俗化研究会"。1941年冬，太行山区抗日民主根据地文联举行文艺创作座谈会，赵树理参加了座谈，他认为民众喜欢的才是最好、最有效的文艺形式，并大声疾呼：写群众喜闻乐见的通俗化作品。

1943年，赵树理在自己调研得来的生活原型基础上，创作了他的成名作《小二黑结婚》。作品通过边区农村青年农民小二黑和小芹争取婚姻自主的故事，描写了农村中新生的进步力量同落后愚昧的迷信思想及封建反动势力之间的尖锐斗争，以主人公在新政权的支持下突破阻碍获得幸福婚姻的结局，显示出民主政权的力量和新思想的胜利。小说在刻画人物形象上取得了较高的艺术成就，

"小二黑"几乎"成了太行山农民反对封建思想，追求自由幸福婚姻的化身了"。以后该小说被改编成各种艺术形式，赵树理的名字从此家喻户晓，蜚声解放区文坛。

赵树理民族化、通俗化、大众化的艺术追求和实践，与毛泽东《在延安文艺座谈会上的讲话》恰相吻合，以至于产生了所谓"赵树理方向"的口号。赵树理本人被人们誉为"黎明时期的歌手"，成为那个时代的见证人。

从"山药蛋派"到新时期的山西作家群

中华人民共和国成立后，一批来自太行、太岳、晋绥等各个解放区的作家，形成了由赵树理领衔，马烽、西戎、胡正、孙谦、李束为等为骨干作家的山西作家群。这批作家大多来自农村，是真正沐浴着毛泽东主席《在延安文艺座谈会上的讲话》精神成长起来的山西农村土生土长的作家，有比较深厚的农村生活基础。20世纪五六十年代，他们以极大的热情，创作

马烽与孙谦

了一大批农村题材的小说。代表作有《三里湾》《锻炼锻炼》（赵树理）、《三年早知道》（马烽）、《赖大嫂》（西戎）、《汾水长流》（胡正）、《南山的灯》（孙谦）、《好人田木瓜》（李束为）、《长院奶奶》（韩文洲）等。他们坚持现实主义的创作方法，从反映农村充满尖锐复杂矛盾的现实生活出发，注意写出人物的复杂性与多样性，成功塑造了许多落后人物或"中间人物"，如小腿疼、吃不饱、赵满囤、赖大嫂等血肉丰满的形象。由于他们都有意识地追求民族化、通俗化、大众化的文学创作风格，都是以人民喜闻乐见的表现形式进行创作，故事生动，语言幽默，富有浓郁的山西农村乡土气息，自然而然地形成了一个流派，被人们称为"山药蛋派"，成为新中国文学史上最有影响的文学流派之一。

1964年，在"左"倾思想影响下，中国文联机关刊物《文艺报》发表了批判文章，给"山药蛋派"作家创作的艺术形象扣上了"中间人物"的帽子，这些作家也被定为"文艺黑线人物"，赵树理被定罪为写"中间人物"的祖师爷。从此山西的文艺创作进入低潮。"文化大革命"时期，赵树理再次被错误地批判，多次被红卫兵揪斗，直至1970年9月被迫害致死，年仅64岁。其他作家也遭到不公正的批判和关押，省文联和作协停止活动，山西的文学事业受到了严重摧残。

粉碎"四人帮"以后，随着文艺界的拨乱反正，老一辈山西作家焕发了新的创作热情，在小说、电影文学剧本、诗歌、散文等领域出现了一批新作品，

山西文学事业得到全面复兴。

20个世纪80年代初期和中期，山西文坛上一批青年作家脱颖而出，包括郑义、成一、周宗奇、张石山、韩石山、王东满、柯云路、李锐、张平、钟道新、蒋韵、哲夫、燕治国、赵瑜等。这些作家既继承了赵树理、马烽等山西老一辈作家的优秀传统，又锐意求新，创作出了一批主题深刻、艺术表现手法多样的作品。他们在相同的时间段里表现出了较高的整体水平，对当时的全国文学界形成了一股强烈的冲击波，被称为"晋军崛起"。

20世纪90年代以后，晋军作家开始追求个性化特点，特别是进入21世纪以来，他们的艺术素养、知识积累、思想观念、素材准备等等，都有了很大提高，不再局限于某一生活领域，在审美倾向、题材选择、表现手法诸方面，形成了多元的、个性的、现代的风格。

近几年来，山西省文学界共出版长篇小说100多部，中短篇小说600多部（篇），散文、杂文集60余本，诗歌集80多部，报告文学20多部，文学评论、专著30余本，影视文学300多集。有不少作家和作品获得了国家、省部级、文艺团体、文艺刊物等多种奖项。有的作家甚至走向世界舞台。

这一时期代表作家作品有：张平的《国家干部》、成一的《白银谷》、李锐的《银城故事》、韩石山的《徐志摩传》、张石山的《吕梁英雄传》（电视

知识拓展："晋军崛起"代表作家——李锐

李锐，1950年9月生于北京，祖籍四川自贡。1969年1月到山西吕梁山区插队落户，先后做过六年农民，两年半工人。1977年调入《山西文学》编辑部，先后担任编辑部主任，副主编。1984年毕业于辽宁大学中文系函授部。1988年开始专业从事创作。

李锐的系列小说《厚土》是影响较大的作品，曾获第八届全国优秀短篇小说奖，第十二届台湾《中国时报》文学奖。

李锐的小说集有：《丢失的长命锁》《红房子》《厚土》《传说之死》。长篇小说有：《旧址》《无风之树》《万里无云》《银城故事》。散文随笔集有：《拒绝合唱》《不是因为自信》等。

李锐的作品曾先后被翻译成瑞典文、英文、法文、日文、德文、荷兰文等多种文字出版。2004年3月，李锐获得法国政府颁发的艺术与文学骑士勋章。李锐是被瑞典著名汉学家看中的少数几个可能问鼎诺贝尔文学奖的中国作家之一。诺贝尔文学奖评委会唯一的汉学家马悦然教授一直在翻译李锐的作品。

文学剧本）、哲夫的"大生态系列报告文学"、蒋韵的《我的内陆》、王祥夫的《上边》、赵瑜的报告文学《革命百里洲》、葛水平的《地气》等等。山西文学事业进入了一个新的发展阶段，呈现出良好的发展态势。山西作家群正以他们不竭的创作激情，创造着新的辉煌。

欣欣向荣的文化艺术事业

山西是中国戏曲艺术的发祥地之一，素有"中国戏曲摇篮"的美誉。早在北宋年间，山西南部已有了萌芽状态的戏剧艺术，如滑稽戏、歌舞戏、百戏技艺、傀儡戏、影戏等，均在民间广为流行。由山西晋城一位说唱艺人孔三传首创的"诸宫调"说唱艺术，是元代杂剧的直接起源。元曲四大家中有三位是山西人，其中关汉卿被誉为中国古代戏曲创作的开山祖师。

山西剧种不仅历史悠久，而且品类繁多，有许多优秀的传统剧目广为流传。但到中华人民共和国成立前夕，仅剩7个剧种。中华人民共和国成立初期，山西省人民政府文化事业管理局成立了剧目工作机构，对传统剧目进行整理。1953年春建立了山西人民话剧团，1954年春建立了山西省人民歌舞团，各个剧种也相继建立了专业剧团。自此，山西的文化艺术进入崭新的发展时期，相继举行了全省戏剧观摩演出、传统剧目鉴定演出，舞台演出、剧本创作空前繁荣。

据1980年普查，全省有大小剧种54个，居全国首位。1988年，全省专业剧团已经发展到175个，剧团数量居全国首位。迅速发展繁荣的戏剧界涌现出一大批表演艺术家，如丁果仙、牛桂英、阎逢春、王秀兰、王爱爱、郭凤英、程玉英、贾桂林、董福、郭金顺等。截至2012年，全省共有48人次、44位戏剧演员摘得了中国戏剧表演艺术最高奖项——梅花奖，获奖人次和人数均稳居全国第一。

为振兴山西戏曲，从1984年起，山西省文化厅分别举办了振兴四大剧种

资料链接：晋剧又称"山西中路梆子""太原梆子"，新中国成立后定名晋剧，是山西的主要地方剧种。它和蒲州梆子，北路梆子、上党梆子合称山西"四大梆子"。流传在山西中部、河北北部，以及内蒙古、陕北等广大地区。晋剧是在清代道光、咸丰年间，在晋中秧歌的基础上，吸收蒲剧、昆曲、河北梆子等剧种音乐成分，逐渐形成自己的独特风格，并发展繁荣起来。它的唱腔既有梆子腔的激越粗犷，而又圆润工细，变化多端。在板类上，主要有四股眼、夹板、二性、流水，以及用来表现激昂情绪的介板和表现悲痛的对白。晋剧的许多技巧表演，如翎子功，鞭子功，梢子功（甩发）也是很驰名的。

调演，全省舞台出现了空前的繁荣，涌现出了《打金枝》《挂画》《教子》《四郎探母》等一批精心加工的传统剧目和《杨儒传奇》《宏图大业》《桐叶记》《关公与貂蝉》等多部新编历史剧。据初步统计，1983年至1991年，全省共改编传统戏、新编历史剧近550部，创作现代戏达110余部。临汾市眉户剧团的《两个女人和一个男人》，临猗县眉户剧团的《胡乐乐小传》《唢呐泪》《山风》，长子县落子剧团的《明花贤》，芮城县蒲剧团的《月亮滩的姑娘》，都是久演不衰的保留剧目，它们集中反映了20世纪80年代在改革大潮推动下城乡生活的巨大变化，通过鲜活的舞台人物弘扬了时代主旋律。

丁果仙，晋剧著名表演艺术家，生于1909年。原名丁步云，艺名"果子红"。她创造的晋剧须生"丁派"唱腔，对晋剧产生了深远的影响，促进了晋剧艺术的发展，故有"山西梆子须生大王"的称誉。1972年，丁果仙被"四人帮"残酷折磨致死。她在近50年的艺术生涯中，以精湛的艺术造诣和卓越的艺术成就，创造了珍贵的艺术财富，把晋剧须生的表演艺术推到了一个崭新的阶段。

山西梆子须生大王——丁果仙

任跟心，襄汾人，蒲剧旦角，国家一级演员。生于1963年9月。她功底扎实，尤以表演见长。主演的戏曲《烟花泪》被北京电影制片厂搬上银幕，主演的《挂画》入选《中国戏剧家协会建国五十周年戏曲精品荟萃》。1984年获首届中国戏剧梅花奖。1993年去新加坡演出，首次使蒲剧走出国门。她善于以技巧塑造人物，椅子功、扇子功、水袖功等均为人称道，在水袖上独创了"跪步双托荷叶袖"的表演。2001年因在《土炕上的女人》中的出色表演荣获第十八届"二度梅花奖"及文化部第十届文华表

山西部分"梅花奖""杏花奖"获奖演员

话剧《立秋》剧照

演奖、上海第十四届白玉兰戏剧主角奖。

进入 21 世纪以来，山西又陆续推出一批剧目。话剧《立秋》、舞剧《一把酸枣》双双入选国家舞台艺术精品工程十大剧目，演出均超过 500 场。京剧《走西口》入围 2007—2008 年度国家舞台艺术精品工程年度资助剧目。晋剧《麦穗黄了》《傅山进京》，上党梆子《赵树理》，北路梆子《黄河管子声》，蒲剧《土炕上的女人》《山村母亲》，曲艺笑剧《咱爹咱娘》，大型民歌演唱会《唱享山西》，歌舞《黄河情韵》等，取得了社会效益与经济效益的双丰收。电影《暖春》《暖情》，电视剧《八路军》《乔家大院》《走西口》在全国热播并获得各种奖项，宣传了山西，引起全国人民对山西晋商文化的关注。

由山西省话剧院创作演出的话剧《立秋》，自 2004 年 4 月 27 日首演至今，足迹踏遍祖国的大江南北，跨越了海峡两岸，取得了巨大成功，创下了近年来中国话剧界演出的奇迹，被专家学者誉为"新世纪中国话剧的里程碑"。

《立秋》讲述的是一个晋商家族的兴衰史：山西"丰德票号"马洪翰家族在民国初年时局动荡中，面临生死考验，依然坚持自强不息、诚信为本的精神操守，散尽万贯家财，挽留了信誉。

这部话剧以"立秋"命名，有其丰富的内涵和寓意。"立秋"首先是一个时间概念，是自然气候由热转凉的一个转折点，它还关联着历史兴衰，寓意着晋商由繁盛转向没落的深层含义；同时，"立秋"在山西人的风俗中，是个祭祖的日子，这又涉及祖宗与后代、传统与现代的历史对话。

《一把酸枣》是由山西艺术职业学院创作、华晋舞剧团承担演出的大型原创民族舞剧。该剧将晋商文化的大主题融合在一个凄美的爱情故事中：晋商殷家的童养媳酸枣姑娘和勤劳聪明的小伙计相互爱恋，私订终身。他们抗争并试图改变命运。然而，一个装满象征爱情的酸枣荷包却被管家偷放毒药，最终酿就了茫茫西口古道上一对生死恋人的千古绝唱。

《一把酸枣》自 2004 年上演以来，已在北京、上海、天津、西安、郑州、呼和浩特等全国 30 多个城市和香港、台北等地，以及日本、韩国、澳大利亚、俄罗斯、美国、中东巴林等国家演出近千场，观众人次逾百万，受到了各界人士和各地观众的广泛赞誉和热烈

民族舞剧《一把酸枣》剧照

欢迎，国内外媒体给予高度评价。

　　中华人民共和国成立以来，特别是改革开放以来，随着经济的发展和人民对文化需求的不断提高，山西省的文化基础设施经历了从无到有、从小到大、从低级到高级的发展过程。

　　2002 年年初，山西省在全国率先提出建设"文化强省"的概念，决心利用本省丰富的文化资源，大力发展文化事业和文化产业。计划用 8 年到 10 年的时间，使文化事业进一步惠及社会的各个阶层，切实保障广大人民群众的文化权益。

　　2004 年 12 月至 2005 年 5 月，"华夏文明看山西文化艺术周"在北京、广州、深圳、上海、杭州、南京等文化重镇进行全方位系列展演，使所到之处的人们无不叹服山西丰厚的文化资源，真切感受和认识到了"华夏文明看山西"的深邃内涵。

资料链接：平遥国际摄影节，是进入 21 世纪以来山西开展的一项重要文化活动。2001 年开始举办第一届，来自法国、美国、西班牙等 16 个国家和地区的 165 位摄影家和国内外摄影人士 40000 人次参加了这次盛会。国内与国际接轨、传统与现代互动，使平遥古城独特的风貌、古朴的民风与形式多样的摄影活动交相辉映，在海内外产生了出乎预料的轰动效应。到目前已举办 12 届，在国内外诸多摄影节中已逐步形成自己的鲜明特色，拥有别具一格的展览形式与策展理念，成为中国摄影的前沿阵地和世界摄影关注的焦点，并为世界广大摄影师所向往，是国际公认的具有浓郁民族性和多元国际性的强势文化品牌。

　　为进一步推动山西文化事业的发展，从 2006 年开始，山西省加快了公共文化服务体系建设。特别是近几年来，山西省在加强大型公共文化设施建设的同时，社区和乡镇基层文化设施也得到显著改善，基本形成了覆盖全省城乡的省、市、县、乡、村五级公共文化服务网络，文化活动场所遍地开花，让普通群众享有了更多的文化资源。

　　山西大剧院，位于太原市长风商务区，2008 年 8 月 28 日开工建设，2012 年 1 月 7 日 15 时进行了首场演出。山西大剧院主体建筑高 54 米，长 210 米。项目占地面积约 80 亩，总建筑面积 7.3 万平方米，主要包括 1628 座的主剧场、1170 座的音乐厅和 458 座的小剧场及排练厅、琴房、演播室、展台休息厅、化

山西大剧院

妆间、道具服装间等功能用房。山西大剧院各种演艺功能齐全，可以满足大型歌剧、舞剧（包括芭蕾舞剧）、戏剧、大型魔术、杂技、大型综艺演出、大型交响乐、民族乐、室内乐的演出需要。小剧场具有多功能性，可根据需要组合成平面大厅、会议大厅、小型剧场、凸型舞台剧场和中心舞台等基本舞台造型，满足各种地方戏剧、话剧和特殊需要的专场演出。

　　山西省图书馆新馆，毗邻山西大剧院，占地面积 60 亩，总建筑面积约 5 万平方米，总投资 3.5 亿元。建成后总藏书量可达 700 万册，有各种阅览室 15 个，可同时容纳 3000 人阅览，还有多功能厅，400 座报告厅，配套辅助用房等。省图书馆新馆已于 2013 年 7 月 1 日正式开放。

山西省图书馆新馆

　　2011 年，山西有 19 个县区获得 2011—2013 年度"中国民间文化艺术之乡"称号。其中有长治县（潞安大鼓）、河曲县（河曲民歌）、太谷县（秧歌）、霍州市（威风锣鼓）、忻州市忻府区（摔跤）等。

太谷秧歌音乐会

　　垣曲县文化艺术活动中心位于新城南大街，占地面积 4300 平方米。馆内有各种展厅、活动大厅，功能齐全，向社会免费开展普及性的文化艺术培训、时政科普法制教育、公益性群众文化活动、公益性展览展示、基层队伍和业余文艺骨干培训、群众文艺作品创作指导。雄伟壮观的文化艺术活动中心成为县城一道亮丽的风景线，为垣曲人民的文化生活提供着一道道精神大餐。

　　2007 年 10 月 8 日，平顺县为进一步构建和谐文化，展示群众才艺，组织了近 2000 人参加的群众性文化展示活动，让群众讲述身边的人和事，说唱家乡的变化和发展。

垣曲县文化艺术活动中心

　　2010 年 2 月 9 号，山西晋中大地农历虎年的"中国（晋中）社火节"在晋中市亮相。早在 2007 年，中国民协就授予晋中市全国唯一的"中国社火之乡"称号。自 2008 年举办首届"中国（晋中）社火节"以来，极受赞誉。

2010 年 12 月 5 日，原生态"太谷秧歌音乐会"在天津音乐学院上演。

前进中的科技事业

中华人共和国成立以来，山西的科技事业经历了迅速的发展过程。

中华人共和国成立初期，山西先后建立了山西工矿研究所、山西农业科学研究所和山西中医研究所等 3 个科研机构，但人员少、条件差。到 1983 年，科研机构发展突飞猛进，达 214 个。截至 1996 年底，山西省县级及县级以上部门所属科学研究与技术开发机构共 263 个，包括农、林、牧、渔业和冶金、机械、电子、纺织、化工、交通、通讯、采矿、建筑、医药、美术、舞蹈、教育等各个行业。基础理论研究、技术研究、应用研究的机构布局合理，产、学、研一体化的态势有了进一步发展，初步形成了能适应山西省经济快速发展的规模型科研体系。科技服务机构 190 多个，服务网络遍及全省各县。

科技队伍建设发展迅速，1949 年全省只有各类自然科技人员 6303 人，到 1993 年，发展到 549505 人，是 1949 年的 87 倍。平均每万人便拥有科技人员 182 人，初步形成了多支有一定规模的科技队伍。

截至 2020 年底，全省共建成 5 个国家级重点实验室、1 个国家级工程技术研究中心、103 个省重点实验室、131 个工程重点技术研究中心、5 个山西省中试基地、105 个科技创新团队、45 个科技基础条件平台。

山西省八支科技队伍

名　称	特　点
基础科学攀高峰队伍	在基础研究、应用基础研究和高新技术应用领域选拔有较高学术造诣，成绩显著、起骨干作用的学科带头人队伍
应用研究与开发队伍	在省属科研院所组建的面向经济，了解社会需求、能根据市场经济发展的要求，开发适销对路产品、进行超前研究和技术开发的应用研究队伍
星火企业家队伍	在乡镇企业中形成的具有一定科学技术知识、懂经营、善管理的企业带头人队伍
科技企业家队伍	在国有大中型企业中发展起来的一支懂科学、会管理的复合型人才队伍
技术经纪人队伍	使一些有才干的科技人员，进入科技流通领域，进行专利和非专利技术经纪、技术项目和技术服务的经纪、国际技术合作经纪等
外向型科技人才队伍	精通外语，熟悉外贸知识、了解有关涉外政策与法规，有一定专业技术知识、谈判技能的外向型科技人才队伍
软科学队伍	为各级政府和部门决策提供广、快、精、准的信息和可供选择的方案的人才队伍
科技宏观管理队伍	一支熟悉省情、具有现代管理技能的科技人才队伍

进入 21 世纪以来，山西科研条件进一步改善。至 2008 年年底，山西共有研究与开发机构达 212 个，国家级重点实验室 2 个，省部共建重点实验室 1 个，省级重点实验室 19 个，省级工程（技术）研究中心 27 个，科研中试基地 21 个，国家级企业技术中心 17 户，省级企业技术中心 83 户，省级行业技术中心 9 户。拥有单台价值 10 万元以上的大型科学仪器 1007 台（套）。山西科技条件平台建设取得很大进展，初步建立了中药现代化等 19 个专业技术创新平台，整合了全省主要科技文献资源，构建了科学数据共享服务体系，建立了自然科技资源共享平台，实现了主要大型科学仪器协作共享等。

随着一系列与山西省总体发展战略基本一致的科技人才政策的出台，山西科技队伍不断壮大，科技人员素质也进一步提高。自然科学技术人员由 2000 年的 32.89 万人，增加到 2007 年的 40.38 万人；全省 R&D 活动人员由 1996 年的 1.51 万人年，增加到 2008 年的 4.44 万人年，增长 1.94 倍。截至 2010 年底，山西有"两院"院士 5 人，国家杰出青年基金资助人员 11 人，国家"新世纪百千万人才工程"人员 29 人，国家有突出贡献的中青年专家 60 人，享受国务院特殊津贴的专家 1793 人。为山西经济社会发展提供了强大的科技人力资源保障。

20 世纪 80 年代后期，特别是 90 年代以来，山西开始了区域性集团化科技开发建设工作，一批高新技术产业开发区、星火技术密集区、科研中试基地的建立，为山西整体经济的腾飞插上了翅膀。

"星火计划"是国家"八五"期间实施的第一个依靠科学技术促进农村经济发展的战略项目。1993 年 8 月，山西省阳泉市被国家科委批准为中西部地区第一个"国家级星火技术密集区"。

阳泉市从 1986 年实施星火计划以来，初步实现了由采掘业向加工业转移，地下工业向地面工业转移，传统工艺向现代技术的转移，为农村经济的发展奠定了基础。1995 年全市农民人均纯收入达到 1639 元。技术密集区内乡镇企业超常规发展，总产值突破百亿元大关。至 1996 年末，阳泉市已形成了煤化工、硫化工、钙化工、磁材、耐火材、水泥、陶瓷、养殖、食品加工等十几个乡镇

阳泉国家级星火技术密集区

区域支柱产业，星火项目覆盖阳泉市 34 个乡镇，覆盖率达 75% 以上。共组织实施星火项目 175 项，总投资 3.4 亿元，实现产值 17.3277 亿元。产业结构进一步优化，乡镇企业已由以采掘业为主的超重型结构转变为化工、建材、冶金、耐火、机械、食品、轻纺、煤炭等八大星火支柱产业并举的多元结构。星火企业已成为全市的支柱企业。科技进步的贡献份额大幅度提高。

太原国家高新技术产业开发区

太原国家高新技术产业开发区，位于太原新城南区。总规划面积60.8平方千米。创建于1991年7月，1992年11月经国务院批准成为国家级高新区，是我国中西部最早成立的54个国家级高新区中唯一的一个山西高新区。

太原高新区成立伊始，其发展定位是：通过"小政府、大服务"，建成山西省与WTO接轨的示范区，建成山西省新经济的增长极、高素质人才的集聚区。经过20多年的发展，太原高新技术产业开发区已形成了微电子信息、光机电一体化、新材料、高效节能与环保、医药与生物工程五大支柱产业。还与大专院校、科研院所密切合作，创建了山西大学科技园等18个科技园，成立了太原高新技术产业开发区创新总裁俱乐部。同世界15个国家和地区建立了广泛的合作与联系，并在北京、上海、厦门、深圳等地建立了对外合作联络处。2005年，全区实现了科工贸总收入400亿元，占到全太原市经济总量的1/4，形成了以高新技术产业为主导、一、二、三产业协调发展的立体经济格局。

科研中试基地是科技成果向生产领域转化的重要通道与桥梁，是高科技研究成果实现产业化的瓶颈与接口。"八五"期间，山西省科委共支持了12个科研中试基地建设，总投资4868万元，至1996年末，已建成投入运行的9个中试基地，5年累计新增产值7537万元，获利税1532万元。初步形成了研制一代，开发一代，生产一代，转化一代的良性循环

山西省生物发酵中试基地

机制。到2000年，科研中试基地已建成21个，极大地推动了山西经济的发展。

2006年以来，山西大力发展科技事业，科技投入逐年增多，科技创新环境进一步优化，科技创新体系建设稳步推进，科技创新能力持续提升，科技成果产出规模和水平不断提高，对经济社会发展起着越来越重要的推动作用。

"十一五"期间，全省共取得科技成果1500多项，其中在冶金、装备制造业等领域有30余项成果获国家科学技术奖，国家自然科学奖实现零的突破。共受理专利申请26292件，其中受理发明专利申请9698件；批准授权专利13671件，其中授予发明专利2384件，全省专利申请受理量年均增长31.9%。

"十一五"期间，全省科技论文总体数量不断增加，国际论文共被收录9656篇。被SCI收录的论文4202篇，被EI收录的论文3797篇，被ISTP收录的论文1657篇。

　　"十一五"期间，科技创新促进经济社会发展成效显著，装备制造、冶金、煤化工、新材料、新能源等领域科技创新取得重大进展和技术突破。农业科技取得重大成果，使山西实现了由制种大省向种子强省的转变；选育出"大丰26号""强盛51号"等亩产超吨玉米新品种，"长6878"和"舜麦1718"小麦新品种创造了冬麦区旱地小麦和山西水地小麦单产最高纪录。医疗、医药技术不断创新，重大疾病防治和创新药物取得明显成效。依靠科技创新提高了资源的利用效率，降低了能源消耗，改善了生态环境。

　　据全国科技进步统计监测结果显示，近十年来山西省科技进步水平排序总体上处于上升趋势，在全国31个省（自治区、直辖市）中，由1998年的25位上升到2008年的20位。2008年，全省综合科技进步水平提高了4.40个百分点，增幅居全国第六位。科技对经济增长的贡献率居全国第九位。

　　2009年，山西省综合科技进步水平指数为41.94%，较上一年度提高了1.96个百分点，全国排名第20位。这是我国自1996年正式对全国31个省（自治区、直辖市）的科技进步水平进行统计监测以来，山西省首次跨入科技进步"第三集团军"，为建设创新型省份奠定了良好基础。

　　2012年，山西综合科技进步水平指数为44.08%，又比2009年提高了2.14个百分点。

　　2012年12月31日，山西省科学技术馆新馆建成，举行了交接仪式。山西科技馆新馆位于太原市长风商务区，2008年7月2日开始动工兴建，占地面积70亩，建筑面积3万多平方米，建筑层数为平台上3层，平台下2层，总高度29.7米。建筑主体以"时间切片"来体现"科技

山西省科学技术馆新馆

发展的过程以时间切片构成"的理念。功能主要有常设展览、专题展览、特效影院、天文观测、学术活动、科技培训、展品研发、科学实验和青少年科技活动等等。

　　山西省科技馆是山西科普教育的重要阵地，是提高全民科学素质的巨大平台，科技馆新馆建设是推进科教兴省的重大举措，对建设和谐新山西具有积极的促进作用。

　　山西地质博物馆位于太原市汾河西畔，与山西博物院毗邻，总建筑面积3.1

山西地质博物馆

万平方米。为国土资源、国情国策教育、普及矿产资源和地球科学知识的专题博物馆。镇馆之宝有"山西鳄""狗头金"等。2014 年 5 月 18 日，山西地质博物馆正式投入运营。

思考与分析

1. 人们都说，"山西是戏曲的摇篮"。请你结合教材，查阅有关文献，谈谈山西戏曲的发展情况，以及它将面临的问题。

2. 请你从周围生活中的变化，说说山西科技的发展情况。

附　录

1　山西省地级市所辖县（市、区）列表

地级市	所辖县（市、区）
太原市	迎泽区　杏花岭区　万柏林区　尖草坪区　晋源区　小店区　清徐县　阳曲县　娄烦县　古交市
大同市	平城区　云冈区　云州区　新荣区　阳高县　天镇县　广灵县　灵丘县　浑源县　左云县
阳泉市	城区　矿区　郊区　平定县　盂县
长治市	潞州区　上党区　潞城区　屯留区　襄垣县　平顺县　黎城县　壶关县　长子县　武乡县　沁县　沁源县
晋城市	城区　泽州县　阳城县　陵川县　沁水县　高平市
朔州市	朔城区　平鲁区　山阴县　应县　右玉县　怀仁市
晋中市	榆次区　太谷市　祁县　平遥县　灵石县　寿阳县　昔阳县　和顺县　左权县　榆社县　介休市
运城市	盐湖区　芮城县　临猗县　万荣县　新绛县　稷山县　闻喜县　夏县　绛县　平陆县　垣曲县　永济市　河津市
忻州市	忻府区　定襄县　五台县　代县　繁峙县　宁武县　静乐县　神池县　五寨县　岢岚县　河曲县　保德县　偏关县　原平市
临汾市	尧都区　曲沃县　翼城县　襄汾县　洪洞县　古县　安泽县　浮山县　吉县　乡宁县　蒲县　大宁县　永和县　隰县　汾西县　侯马市　霍州市
吕梁市	离石区　文水县　中阳县　兴县　临县　方山县　柳林县　岚县　交口县　交城县　石楼县　孝义市　汾阳市

2　山西历史文化名人列表

　　三晋大地，人杰地灵，两千多年来，在这块古老的土地上，涌现出一批又一批著名的人物。他们之中，有著名的帝王将相，杰出的政治家、军事家，还有创造出灿烂思想文化的思想家、文学家、艺术家、科学家以及能工巧匠和技术人员……他们犹如广袤夜空里璀璨的星群，在浩瀚的银河中熠熠生辉，放射着永恒的夺目光华，给后人留下了宝贵的遗产。

　　历史上流传过这样的话，山西是出"天子"的地方。是的，这莽莽青山、滔滔大河环抱的山西，确是一片"龙兴"的热土，伴随着中国历史"分久必合，合久必分"的轮回脚步，一些帝王踏着山西这块土地登上了长安、洛阳、北京的皇帝宝座。其中最值得后人赞誉的、曾经建立起古代鼎盛的唐王朝的李渊父子，就是从山西起兵走向全国的。之外，还有盘踞山西、坐地为虎的一代帝王。

　　沿着山西"龙梦成真"的历史回看，在那个"文死谏，武死战"的时代里，山西这块特殊的"第一军事要地"，也造就了一代代著名的文人与武将。他们利用建功立业的大好机会，在王朝复王朝的厮杀拼搏中脱颖而出，成为万世人杰。

　　走进近现代山西，杰出的政治家和军事家以及英雄人物依旧层出不穷，只是有别于古代的那些将相与英雄，近现代的政治家和军事家，许多人的奋斗不再是追随帝王，而更多的是为民族的解放与国家的富强。

　　地处黄河中游、雄踞于黄土高原东部的山西，由于在华夏文明发展史中的重要人文地理位置，这片黄土地上，曾经诞生过数不清的历史文化巨人。回望华夏文明演进的滚滚长河，山西的历史文化巨人，以其不朽的文明创造贡献，永载史册，万古流芳。

坐地山西的帝王

姓　名	生卒年	事　迹
晋文公	前 697—前 628	春秋五霸之一。
赵武灵王	约前 340—前 295	胡服骑射。
赵简子	?—前 475	战国时代赵国基业的开创者，郡县制社会改革的积极推动者，先秦法家思想的实践者，与其子赵毋恤（即赵襄子）并称"简襄之烈"。
赵襄子	?—前 425	战国时代赵国的创始人。
拓跋宏（元宏）	467—499	推进北魏改革，促进了民族大融合，迁都洛阳，加强对北方的统治，实行三长制和均田制，推动发展，改革吏治，缓解社会矛盾。
刘　渊	约 251—310	十六国时期汉国的开国君王。
石　勒	274—333	十六国时期后赵建立者。
刘　曜	?—329	十六国时期汉赵皇帝，继位后迁都长安，改国号为赵，史称前赵；灭亡西晋，俘虏晋怀、愍二帝。
李存勖	885—926	五代后唐开国皇帝。
石敬瑭	892—942	五代后晋王朝的建立者，即后晋高祖。
刘知远	895—948	五代后汉政权建立者，即后汉高祖。
刘　崇	895—954	五代十国时期北汉开国之君。

著名政治家、军事家、革命烈士

姓 名	生卒年	事 迹
傅 说	约前 1335—前 1246	商王武丁之贤臣。
百里奚	约前 700—前 621	春秋时期虞大夫,晋灭虞时被俘,后入楚被执,秦穆公以五张羊皮赎之,授以国政。荐其友蹇叔、由余,佐秦称霸。
介子推	?—前 636	春秋时期晋大夫,随公子重耳出亡十九年。重耳复国赏从臣,子推隐于绵山不受。
先 轸	?—前 627	春秋时期晋国权臣,军事家,助晋文公称霸。
狐 偃	?—前 622	晋文公之舅,政治家。
赵 衰	?—前 622	字子余,亦称成季,晋文公从臣,荐先轸、栾枝等人,助文公称霸。
荀林父	?—前 593	又称中行桓子,晋文公之将,有战功。
赵 盾	?—前 601	政治家。晋襄公之将,晋灵公死时避走,未逾晋境,返而立晋成公,执政,整顿刑法,谥宣孟。
栾 书	?—前 573	又称栾伯,春秋时期晋国权臣,晋景公、厉公之将,弑厉公,立悼公。
士 会	约前 660—前 583	春秋时期晋国人,字季。为晋文、襄、灵、成、景五公之辅臣,景公时任太傅,执国政。
祁黄羊	前 620—前 545	春秋时期晋国人,晋悼公时大夫,任人唯贤,有"外举不避仇,内举不避亲"之名言。
士匄(gài)	?—前 547	春秋时期晋国人,也称范宣子,晋悼公任为中军佐,主动让贤,晋平公时执国政。
魏 绛	不详	晋悼公时任司马,执法刚正,曾以和戎建议使晋国安定发展,谥昭子。
叔 向	?—前 528	春秋后期晋卿,亦称羊舌肸(xī)、叔肸、杨肸,晋悼公、昭公时大学问家,与郑国子产、鲁国臧文仲并称当时三大贤。
荀 寅	不详	春秋时期晋卿,又称中行文子、中行寅,晋顷公之卿,曾铸刑鼎,铸范宣子刑书,后出奔。
韩 起	?—前 514	亦称韩宣子,晋悼公之卿,平公时执国政,为韩立国奠基。
智 伯	?—前 453	名瑶,又称智襄子,与赵魏韩三卿分晋地,后为三家杀死。
豫 让	?—前 449	智伯待以国士,为智伯报仇未遂,自杀。
董安于	?—前 496	赵简子家臣,世治晋阳城,有战功,为晋卿智伯所逼自杀。
韩不信	不详	春秋时期晋卿,亦称韩简子。晋定公时曾监督营建成周城墙,升晋卿。
廉 颇	前 327—前 243	山西太原人,战国末期赵国名将,与白起、王翦、李牧并称"战国四大名将"。

先秦时期

	姓　名	生卒年	事　迹
两汉三国时期	宋　昌	不详	西汉界休（今介休）人，陈平、周勃诛诸吕，欲立代王为帝，群臣多阻，昌力排众议，促代王即位，是为汉文帝。
	卫　青	?—前106	字仲卿，河东平阳（今临汾）人，西汉名将，击匈奴有大功。
	霍去病	前140—前117	平阳（今临汾）人，西汉名将，与卫青齐名。
	霍　光	?—前68	霍去病异母弟，汉武帝、昭帝时重臣，执政20年，主国政。
	张　敞	?—前48	平阳（今临汾）人，字子高，汉宣帝之臣，曾任京兆尹、太原太守等职。
隋唐五代时期	柴　绍	?—638	唐朝大臣。字嗣昌，晋州人。唐高祖李渊婿，有战功，其妻率军助战，号娘子军。
	尉迟敬德	585—658	名恭，鄯阳（今朔州市平鲁区）人。建唐功臣，封鄂国公。
	薛仁贵	613—683	山西绛州龙门（今山西河津市）修村人。唐朝名将，征高丽、伐辽、破契丹有战功，封平阳郡公，有"将军三箭定天山，壮士长歌入汉关"之誉。
	裴　炎	?—684	字子隆，闻喜人。武后朝宰相，谏阻武后诛唐宗室，以谋反罪死。
	武则天	624—705	文水人。唐高宗后，高宗崩，执政，改唐为周，称帝，是古代中国唯一正统的女皇帝，有文集。
	狄仁杰	630—700	字怀英，太原人。高宗、武后朝名臣，正直敢言，有惠政。
	敬　晖	?—706	字仲晔，平阳人。武后朝名臣。
	张嘉贞	665—729	猗氏人，唐朝名臣，历仕武则天、唐睿宗、中宗、玄宗四朝。
	王　播	769—830	唐朝太原人，长庆间宰相。
	裴　度	763—839	字中立，闻喜人。唐代元和间宰相，平定藩镇蔡州，擒吴元济，封晋国公。
	裴　休	791—864	字公美，闻喜人，曾任宰相，保护佛教有力，工文善书。
	白敏中	不详	字用晦，太原人，白居易弟，曾任宰相。
	李克用	856—908	本姓朱邪氏，唐赐姓李，别号李鸦儿，因一目失明，号独眼龙。沙陀族，太原人。唐末黄巢起义，李克用以镇压黄巢起家，渐成一方军阀，与朱温反目，争战不已，以忠于唐室相号召。其子李存勖称帝，追谥武宣帝，史称李晋王。
	周德威	?—918	字镇远，马邑人，晋王李克用属下猛将。
	李嗣源	867—933	原名邈佶烈，沙陀族。晋王李克用养子，有军功。李存勖被杀，入洛阳称帝，是为后唐明宗。
	刘继元	?—991	本姓何，北汉英武帝，968—979年在位。太原人。宋太宗攻取太原，势穷降宋。

180

续表

	姓名	生卒年	事迹
宋辽金时期	杨　业	?—986	本名重贵，刘钧养子，改名杨继业。宋麟州人，后移居太原。宋初抗辽民族英雄，“杨家将”之代表人物，号称“杨无敌”。
	王　溥	922—982	字齐物，太原祁人。初任职于后周，入宋封祁国公。
	呼延赞	?—1000	太原人，宋太宗时有战功，慕唐尉迟敬德为人，自称“小尉迟”。
	杨延昭	958—1014	本名延朗，杨业长子。守卫北边20年，有军功。杨家将代表人物之一。
	范　雍	979—1046	字伯纯，宋代并州人。曾任礼部尚书，有《明道集》《弥纶集》。
	狄　青	1008—1057	字汉臣，西河人，宋仁宗时著名武将，能折节读书，善兵法。
	杨文广	?—1074	字仲容，杨延昭子。杨家将代表人物之一。
	司马光	1019—1086	字君实，夏县人。宋神宗时任宰相，与王安石政见不同，受排挤，后复主朝政。卒赠温国公，谥文正。著名史学家，主持修撰《资治通鉴》，有文集等。
	文彦博	1006—1097	字宽夫，介休人。北宋末曾任宰相，反对王安石变法。封潞国公，有文集。
	王　彦	1090—1139	字子才，上党人。南宋初抗金英雄。创八字军，兵士面刺“赤心报国，誓杀金贼”八字。联络两河民众10万众，屡创金兵。
	赵　鼎	1085—1147	字元镇，闻喜人。南宋绍兴初两度为相，荐岳飞抗金，为秦桧排挤，不得志死。有文集。
	张　翰	?—1214	字林卿，秀容（今忻州）人。金贞祐初为翰林学士，元好问之岳父，有政声，好问称其为“通济之良才”。
	高汝砺	1154—1224	字岩夫，应州金城人。有能声，金宣宗时拜丞相，封寿国公。
	胥　鼎	?—1225	字和之，繁峙人。父持国，字秉钧。父子两代均曾任丞相。
	聂天骥	1193—1233	字元吉，五台人。金末崔立之变，国将亡，郁愤而死。
	冯延登	1136—1233	字子骏，吉乡人。官至礼、吏二部尚书。金末，蒙古军攻汴，被俘，中途投井死。能诗。
	高　鸣	1208—1274	字雄飞，岢岚人。忽必烈时为侍御史，多所建言，忽必烈尊之为高学士，咨以政事。
	张德辉	1193—1274	字耀卿，交城人。曾觐见元世祖忽必烈，弘扬儒学。任官多惠政，为名臣。
	白　华	不详	金末人，字文举，隩州（今山西河曲县）人。子朴。金末为枢密院判官，多论建，后投南宋。
	魏　璠	1201—1270	字邦彦，号玉峰，浑源人。金末直臣，元初忽必烈征至和林，咨以政事，多见采纳。从孙初，亦有名。
	宋子贞	1186—1266	字周臣，长子人。金末直臣，奖励儒学，元初为翰林学士，陈时务十二策。元好问之友。
	姚天福	1230—1302	字君祥，稷山人。忽必烈时直臣，多惠政。

续表

	姓名	生卒年	事迹
明清时期	茹太素	不详	汾州人，明初重臣，正直敢言。
	薛　瑄	1389—1464	字清温，号敬轩，河津人，明宣德中任监察御史，后忤权阉王振下狱，出狱后归里授徒千余人，卒谥“文清”。为著名理学家，开创“河汾学派”。有文集等。
	周　经	1440—1510	字伯常，阳曲人。明天顺间反对宦官不法，有直声。又反对朝廷奢靡，人多称之。
	王　琼	1460—1533	字德华，太原人，明正德、嘉靖间历户部、兵部、吏部尚书，有《漕河图志》《北边事迹》《户部奏议》等传世。
	任　环	1519—1558	字应乾，长治人。明嘉靖间大败倭寇于江南，以敢战称，有《山海漫谈》传世。
	杨　溥	1509—1574	字惟约，蒲州人。明嘉靖间任兵部尚书，历官四十余年，以兵事称，有《本兵疏议》。
	麻　贵	?—1617	大同右卫人，万历间任宁夏都督，善用兵，与李成梁并称“东麻西李”。
	福　登	1543—1619	号妙峰，平阳人。明代名僧，太原永祚寺及双塔的创建者之一。辟茶药庵，开石窟。
	孙传庭	1593—1643	字伯雅，明末代州人。任陕西巡抚，俘杀闯王部将高迎祥，后于潼关兵败死。
	张慎言	1577—1645	字金铭，号藐山，明代阳城人。南明时理吏部事，上中兴十议，有诗文集。
	卫周祚	1612—1675	字文锡，曲沃人。明崇祯进士，入清历任工部、吏部、兵部尚书，大学士，参与纂修《圣祖实录》。
	毕振姬	1612—1681	字亮四，清代高平人。官至湖广布政使，以廉能闻。有《尚书注》《西河遗教》《三川别志》《西北文集》。
	于成龙	1617—1684	字北溟，号于山，清代永宁州人。官至直隶巡抚、两江总督，作风清简，多惠政，康熙誉为“清官第一”，有《于清端公政书》传世。
	吴　琠	1637—1705	字伯美，清代沁州人。曾任湖广总督、大学士，有文集。
	陈廷敬	1639—1712	字子端，清代泽州人。康熙间任内阁学士、工部尚书、奉充总裁官、大学士，参与修《政治典训》《大清一统志》《明史》，修成《康熙字典》《佩文韵府》，有诗文集多种。
	田从典	1651—1728	字克伍，清代阳城人。雍正间任吏部尚书，大学士，有诗文集。
	孙嘉淦	1683—1853	字锡公，清代兴县人。康熙间任吏部侍郎、刑部尚书，乾隆间为大学士，著名清官。有诗文集。
	杨二酉	1705—1780	字学山，清代太原人。雍正年间进士，历任编修、监察御史等，曾巡视台湾，工书画，在翰林院每进一帙，即受帝赏赐。
	张佩芳	1732—1793	字荪圃，平定人。曾任知府，劝农稼，有政绩，多有著述，撰《平定州志》。孙穆，有时名。
	康基田	1728—1813	字茂园，清代兴县人。官至江宁布政使，治河有功，有《晋乘蒐略》《河防筹略》《河渠纪闻》及诗集。

续表

	姓 名	生卒年	事 迹
明清时期	祁寯藻	1793—1866	字春圃,清代寿阳人。祁韵士子。历任户部尚书、大学士、礼部尚书等。支持林则徐禁烟,是著名学者,有诗文集及《马首农言》,陈衍称其为道咸间诗坛盟主。
	徐继畬	1795—1873	字健男,号松龛,清代五台人,官至福建巡抚,熟悉夷情,有《瀛环志略》,系当时世界地理名作。另有文集多种。
	杨深秀	1849—1898	号仪村,清代闻喜人。维新志士,戊戌六君子之一,有奏稿与诗集。
辛亥革命后	阎锡山	1883—1960	组织与领导了太原辛亥起义。后历任山西省都督、督军、省长、北方国民革命军总司令、国民党中央政治委员、军事委员会副委员长、太原绥靖公署主任、第二战区司令长官、山西省政府主席、国民政府行政院院长、国防部部长。一级上将。
	常 樾	1883—1912	字子发,清代黎城人。同盟会员,辛亥革命后,参与成立山西军政府,后因反对袁世凯为民军送信被扣,慷慨就义。
	渠本翘	1862—1919	字楚南,清末民初祁县人。累世为山西有名的票号财东,奖励教育,人称"渠学士"。
	李岐山	1879—1920	清末民初安邑人。同盟会员,与景定成等从事革命活动,参与太原新军起义,后受阎锡山排挤,被阎指使陈树蕃杀害。子健吾,新文学家。
	高君宇	1896—1925	原名高尚德,字锡三。山西静乐人。五四运动时为北京大学学生会负责人。为中国社会主义青年团一届中央执行委员,中国共产党第二、三届中央委员。在李大钊指导下,高君宇和邓中夏等在北大组织了马克思学说研究会,系我国最早研究和宣传马克思主义的团体之一。病逝于北京。
	续西峰	1878—1926	崞县(今山西原平市)人。同盟会员,奔走革命不遗余力。后反对袁世凯称帝,组织讨袁军,败于阎锡山。曾任国民军总参议,因反对北洋军阀,事不成,悲愤卒。
	王 瀛	1904—1927	字海峰,陕西神木人。1923年由傅懋恭(彭真)介绍加入中国社会主义青年团,投身工人运动。后转为中共党员,为中共山西省立第一中学支部负责人。从事革命有年,于白色恐怖时被阎锡山杀害。
	张瑞玑	1872—1928	字衡玉,赵城人。清末历任陕西韩城、兴平、长安、临潼、咸宁知县,有干才,称清官。参加同盟会,反对袁世凯称帝,拥护孙中山。晚年隐居故里,有诗文集。
	贺 昌	1906—1935	字伯聪,柳林人。1921年与高君宇等创建太原社会主义青年团,辗转奔走革命,曾任中共江浙区委委员及共青团江浙区委书记。1927年,参与周恩来领导的上海工人起义。后任中共南方局宣传部长,牺牲于江西红军反围剿斗争,陈毅有诗悼之。

续表

姓 名	生卒年	事 迹
陈敬棠	1872—1937	字芷庄，忻州人。1913年任山西省议会议员，历任村政处长、省政府委员等，有文名。1937年抗战全面爆发，日军侵入忻州，他与家人服毒死，示与日本侵略者不共戴天之志。
嘉康杰	1890—1939	夏县人。1914年因闹学潮，被阎锡山政府通缉，后办学校，多所从事革命活动，曾任中共河东中心县委书记。七七事变后，八路军入晋，他奉命扩军，成绩卓著。1939年冬在赴延安途中被国民党特务杀害。
蒋 三	1912—1942	原名万寿，汾阳人。1938年投身抗日，为八路军向导，著名的民兵首领，多有战功，击毙日军小队长高乔。曾奇袭除奸。后在一次战斗中负伤，面对敌人包围，毙敌数名，开枪自杀殉国。
赵戴文	1867—1943	字次陇，五台人，同盟会会员，为阎锡山高参，曾任山西省政府主席，称军师，通儒学。抗战时坚决反对阎氏与日本勾结，有著述多种。
景耀月	1882—1944	字瑞星，芮城人。同盟会会员，章太炎弟子。早年留日，从事反清活动。辛亥革命后，任民国临时政府教育次长、代总长。曾代孙中山拟大总统就职宣言和《临时约法》等文件，又曾拥袁世凯称帝。袁败，任教著述。张勋复辟时，曾组织讨逆靖国军，任总司令。抗战前，曾面阻吴佩孚奴事日本。抗战时期，坚拒日本诱降，并登报表明态度，为时望所重。有著述多种。
姚以价	1881—1947	字维藩，河津人。早年留学日本，与李烈钧等共谋反清。辛亥革命山西起义军总司令。后率部与袁世凯军战，治军严明，事败，退居天津。受阎锡山排挤，投江西李烈钧部，后反阎。抗战时期，与中共有交往，以病卒。好书法，有遗墨传世。
刘胡兰	1932—1947	女，文水人。共产党员。解放战争时期积极参加土地改革运动。1946年阎锡山"反共"军队进攻文水时，在转移中被俘，坚不屈服，严拒诱供，被阎军惨杀。1947年毛泽东为之题词："生的伟大，死的光荣。"今文水建有纪念馆。
常乃德	1898—1947	字燕生，榆次人。早年就学北京高等师范史地部，参加新文化运动，有时名，与高君宇等编《国民》杂志。后留学日本。归国后与高长虹同鲁迅有交往。1925年在北京组织山西青年会，次年创办爱国中学，任校长。又任中国青年党中央委员，宣传部部长，主编《醒狮周报》。1931年，发起全民救国会。1932年不再任职于青年党，在上海创办杂志。后返晋任阎氏政权要职。1937年移居成都。后参加蒋介石政府，为行政院政务委员、国府委员。有著述多种。

辛亥革命后

续表

	姓 名	生卒年	事 迹
辛亥革命后	续范亭	1893—1947	崞县（今山西原平）人。早年参加续西峰忻代宁公团，为镇远队队长，从军反清。后参与讨袁。1927年后赴南京，两次面见蒋介石，劝其中止反革命，被拒，愤而归乡。九一八事变后，主张抗日。1936年12月在南京中山陵剖腹，抗议蒋介石不抗日政策。"西安事变"后，拥护共产党团结抗日主张，会晤周恩来，参加与阎锡山联合抗日。曾公开驳斥阎锡山的投降主义。后任晋绥军区副司令员，以积劳成疾而卒。毛泽东有挽联，极表敬重与哀悼。后被追认为中国共产党正式党员。
	尹灵芝	1931—1947	女，寿阳人。投身抗日，任儿童团团长。抗战胜利后，反对阎锡山打内战，加入中国共产党。1947年10月为解救人民解放军人员，不幸被捕，被残忍杀害。今寿阳有尹灵芝纪念馆。
	岳云贵	1932—1948	忻州人。幼年即投身支援八路军的活动。1947年秋，与同村农会干部被捕，受非刑4天遇害，时年16岁。人赞之"云中山下小英雄"。
	高长虹	1898—1949	盂县人。早年投身新文化运动，组织狂飙社，与鲁迅多有往还。后对鲁迅不满，从事办报刊和创作，有时名。后到日本考察，辗转游历法、荷、意、英等国。回国后，1941年赴延安，1946年随军往东北，任教于哈尔滨外国语学校。以病卒。
	傅作义	1895—1974	字宜生，山西荣河（今临猗）人，民国时期著名军事家，国民革命军陆军二级上将。1930年参加阎、冯反蒋战争，任津浦线总指挥。抗日战争时期，历任第七集团军总司令，第八、第十二战区副司令长官、司令长官兼绥远省、察哈尔省政府主席。解放战争时期，任华北"剿总"司令。中华人民共和国成立后，历任中央人民政府委员，水利部、水利电力部部长，四届全国政协副主席，国防委员会副主席。是二、三届全国政协常务委员，一、二、三届全国人大代表。1974年4月19日因病在北京逝世。
	彭 真	1902—1997	出生于山西省曲沃县，取名傅懋恭。1937年改名彭真。是伟大的无产阶级革命家、政治家，杰出的国务活动家，我国社会主义法制的主要奠基人，党和国家的卓越领导人。
	薄一波	1908—2007	原名薄书存，山西定襄县蒋村人。1925年入党，曾在山西、天津等地从事兵运等工作，3次入狱。新中国成立后，历任华北局第一书记、军区政委、财政部部长、国务院第三办公室主任、国家建设委员会主任、国家经济委员会主任等职。中国共产党的优秀党员，伟大的共产主义战士，杰出的无产阶级革命家，我党经济工作的卓越领导人，中国共产党第七届、八届、十一届中央委员，第八届中央政治局候补委员。曾任国务院副总理、中共中央顾问委员会常务副主任。

续表

	姓　名	生卒年	事　迹
辛亥革命后	徐向前	1901—1990	中国共产党的优秀党员，久经考验的无产阶级革命家、军事家，忠诚的共产主义战士，中国人民解放军的缔造者之一，中华人民共和国元帅，党和国家卓越的领导人。历任中国人民解放军总参谋长、中央人民政府人民革命军事委员会副主席、中华人民共和国国防委员会副主席、中共中央军委副主席、国务院副总理兼国防部部长。
	陈永贵	1915—1986	曾任国务院副总理。陈永贵出身贫农，1948年加入中国共产党。1952年，任中国共产党山西省昔阳县大寨村的支部书记。在环境非常恶劣的大寨村，他带领村民艰苦创业，从山下用扁担挑土上山造田，改善了当地人民的生活。他的事迹被中央政府肯定，毛泽东号召全国要"工业学大庆、农业学大寨"，因此成为全国的榜样。中国改革开放以后，他辞去国务院副总理职务，之后在北京东郊农场担任顾问。后因病在北京逝世。按其遗嘱，骨灰安放回大寨。

杰出的思想家、教育家、文学家、艺术家

姓 名	生卒年	事 迹
董 狐	前697—前628	春秋时期晋国史官，孔子称之为古之良史。
师 旷	前572—532	字子野，春秋时期晋国乐师。生而无目，故自称盲臣，又称瞑臣。为晋大夫，亦称晋野。是当时著名的大音乐家，以"师旷之聪"闻名于后世。他还是一位杰出政治活动家和博古通今的学者，时人称其"多闻"。
史 墨	不详	春秋时期人。赵简子执政时晋太史，长于天文，提出"物各有耦，皆有贰也"的哲学观点。
荀 子	前313—前230	战国末期赵国思想家、文学家、政治家。名况，字卿。故里在今山西安泽一代。学问渊博，在继承前期儒家学说的基础上，又吸收了各家的长处加以综合、改造，建立起自己的思想体系，发展了古代唯物主义传统。现存的《荀子》32篇，大部分是荀子自己的著作，涉及哲学、逻辑、政治、道德许多方面的内容。荀子是第一个使用赋的名称和用问答体写赋的人，他同屈原一起被称为"辞赋之祖"。
班婕妤	前48—2	西汉楼烦人。汉成帝时被选入后宫，后失宠，有诗歌作品传世，为后世宫词之祖。
范 升	不详	字辨卿，代郡（今阳高县）人，以教授为业，远近闻名，是东汉初期著名学者之一。
郭 泰	128—169	字林宗，东汉太原界休（今介休）人。被推为太学生之冠。弟子数千，其中60人显名当世。
乐 祥	不详	字文载。河东（今山西永济）人。大教育家。
卫 觊	155—229	字伯儒，安邑人。曹魏之臣，撰有《魏官仪》，是大书法家。
孙 盛	302—373	字安国，太原中都（今平遥）人。两晋学者、史学家、文学家，撰有《魏氏春秋》《晋阳秋》并诗赋数十篇。
裴 秀	224—271	字季彦，闻喜人。两晋地图学家，作《禹贡地域图》，创中国制图学法则，当时有"后进领袖"之称。
孙 楚	221—293	字子荆，西晋太原中都（今山西平遥）人。文学家，有文集传世。
孙 绰	314—371	字兴公，孙楚孙。西晋人。博学善文，有文集，系王羲之兰亭雅集诸公之首，有《天台山赋》等作品。
裴 頠	267—300	字逸民，西晋闻喜人，裴秀子。哲学家，有《崇有论》《辩才论》。
郭 璞	276—324	字景纯，闻喜人。工诗赋，精阴阳历算，注《尔雅》《山海经》等，博学多闻，为一时文人之冠，有文集。

姓 名	生卒年	事 迹
卫 铄（卫夫人）	272—349	字茂漪，安邑（今山西夏县）人。东晋大书法家，曾师钟繇，妙传其法，善隶书及正书。王羲之少年时曾从其学书法。
裴 启	不详	字荣期，东晋河东人，有才学，著有《语林》。
裴松之	372—451	字世期，南朝宋河东闻喜人。史学家，著有《三国志注》。
裴 骃	不详	字龙驹，南朝宋河东闻喜人。史学家，著有《史记集解》。
裴子野	469—530	字几原，闻喜人。南朝萧梁时史学家、文学家，与兄黎、楷、绰并有盛名，时称"四裴"。著有《宋略》等。
温子昇	495—547	字鹏举，太原人。北魏学者，著有《永安记》。
斛律金	488—567	字阿六敦，朔州人，高车族。南北朝时北魏、东魏、北齐三朝将领。有《敕勒歌》传世。
薛道衡	540—609	字玄卿，汾阳人。隋代著名诗人、文学家，有文集。
王 通	584—617	字仲淹，号文中子。隋绛州龙门人，著名儒学家，有弟子千余人，称"河汾门下"。有《中说》传世。
王 劭	不详	字君懋，晋阳人，隋史学家，有《隋书》《齐志》《齐书》《读书记》等著作，然颇多迷信迂怪之言，人多鄙之。
裴 矩	?—627	字弘大，闻喜人。隋臣，降唐，封安邑公，曾通西域二十余国，著有《西域图记》。
温大雅	572—629	字彦弘，并州祁人。隋末唐初著名史学家，著有《大唐创业起居注》。
王 绩	585—644	字无功，唐代龙门人。著名诗人，号东皋子，有诗集传世。
敬 播	?—663	唐代蒲州河东人。史学家，参与撰《隋史》《晋书》，又撰唐高祖、太宗实录。
王 勃	650—676	字子安，唐代绛州龙门人。著名诗人、文学家，有文集。代表作为《滕王阁序》。与杨炯、卢照邻、骆宾王并称"初唐四杰"。
宋之问	656—712	字延清，唐代汾州人。著名诗人，与沈佺期并称"沈宋"。有文集。
员半千	621—714	字荣期，唐代晋州临汾人。文学家，史学家，著有《三国春秋》。
柳 冲	?—717	唐代蒲州虞乡人，学者，曾修订《氏族志》，撰《姓系录》。
薛 据	不详	唐代河中宝鼎人，开元间名诗人。
王之涣	688—742	字季陵，唐代晋阳人，著名诗人，其《凉州词》《登鹳雀楼》流传后世。

续表

姓 名	生卒年	事 迹
王 维	699—759	字摩诘,唐代太原祁人。著名诗人、书画家。
柳 冕	不详	字敬叔,河东人。文学家,主张文章须阐发六经之道,为韩愈、柳宗元倡导古文运动的先驱。
卢 纶	748—800	字允言,唐代蒲州人,著名诗人,为"大历十才子"之一。有文集。
吕 温	722—811	字和叔,唐代河中人。贞元进士,曾使吐蕃被拘留。著名诗人。
柳宗元	733—819	字子厚,唐代河东人。著名文学家,为"唐宋八大家"之一。有文集。
樊宗师	?—821	字绍述,唐代河中人。散文家,用词古奥,有文集。
白行简	775—826	字知退,唐代太原人,居易弟。贞元进士,著名文人,有文集。
薛用弱	不详	唐代河东人,长庆、大和间传奇小说家,有《集异记》传世。
唐彦谦	?—839	字茂业,号鹿门,唐代晋阳人。著名诗人,有文集。
裴 休	791—864	字公美,唐代河东闻喜人。曾任宰相,保护佛教有力。工文善书。
白居易	772—849	字乐天,祖籍太原。唐代伟大诗人。
温庭筠	801—866	字飞卿,唐代太原祁人。著名诗人,与李商隐并称"温李"。
聂夷中	837—约884	字坦之,唐代河东人。著名文学家,诗人。
张彦远	815—907	字爱宾,唐代河东人。著名书画理论家,著有《历代名画记》《法书要录》。
裴庭裕	不详	字膺余,唐末河东闻喜人。官至右补阙,编有《宣宗实录》《东观奏记》,《通鉴》多采其言。
司空图	837—908	字表圣,唐末河东虞乡人。自号知非子。著名诗论家,著有《诗品》及文集。
毋昭裔	不详	五代龙门人。后蜀重臣。精经术,刻《九经》《文选》《初学记》《白氏六帖》,著有《尔雅音略》。
荆 浩	约850—?	字浩然,自号洪谷子。五代沁水人。五代后梁名画家,通经史、善诗文,著有《笔法记》。
王 溥	922—982	字齐物,五代太原祁人。初任职于后周,入宋封祁国公。史学家,撰有《唐会要》《五代会要》等,有文集。
孔三传	约1068—?	北宋后期泽州人。戏剧家,以在东京演唱诸宫调,闻名一时。

姓　名	生卒年	事　迹
范　雍	979—1046	字伯纯，宋代并州人。曾任礼部尚书，著有《明道集》《弥纶集》。
孙　复	992—1057	字明复，宋代平阳人。为范仲淹、富弼荐任国子监主讲，世称泰山先生。著有《春秋尊王发微》及文集。
司马光	1019—1086	字君实，夏县人。宋神宗时任宰相，与王安石政见不同，受排挤，后复主朝政。卒赠温国公，谥文正。著名史学家，主持修撰《资治通鉴》，有文集等。
马　远	约1140—约1225	字遥文，号钦山，南宋河中人。著名画家，世称"马一角"，与李唐、刘松年、夏圭合称"南宋四家"。
王　诜	1036—约1101	字晋卿，宋代太原人，居开封，北宋末著名书画家，曾建"宝绘堂"。
郭若虚	不详	宋代太原人，曾任两京左藏库副使等。绘画理论家。著有《图画见闻志》。
杨云翼	1169—1228	字子美，金代乐平人。金宣宗时任吏部尚书、翰林学士，极博学，与赵秉文皆有文名，时称"杨赵"，著有文集若干卷，校《大金礼仪》《续通鉴》若干卷，有《悬象赋》等传世。
雷　渊	1184—1231	字希颜，金末浑源人。以正直不畏权贵强横著名，号"雷半千"。能诗，后为翰林修撰。元好问之友。
李献甫	1195—1234	字钦用，金末河中人。从弟献能、献卿、献诚，俱有才名。死于蔡州之难。精《左传》及地理学，有干局，时人称其经纶满腹。
元好问	1190—1257	字裕之，号遗山，秀容（今忻州）人。金元之际文坛盟主、诗人、史学家、杰出政治文化活动家。有诗文集传世。
李俊民	1176—1260	字用章，号鹤鸣老人，晋城人。精天象术数，金末著名作家，诗人，有文集。
陈　赓	1190—1274	字子飏，金元间河东临晋人，后半生为隐士，金亡，为河东参议。有文集等。与其弟陈庾、陈膺俱有时名，号为"三凤"。
麻　革	不详	字信之，金元间河东虞乡人，号贻溪。与杜仁杰、张澄隐于内乡山中，以授徒为业。诗文有名，有文集。
王中立	不详	金末岢岚人，字汤臣，与赵秉文、李纯甫为文字交，为元好问之师。
王　渥	1186—1232	字仲泽，金代太原人。通经史，有文采，善谈论，工琴，元好问友。死于兵。
白　朴	1226—1307	字仁甫，改字太素，金代陕州人。白华子。元曲四大家之一，元好问弟子。弟忱、恪，俱有名。

续表

姓　名	生卒年	事　迹
郝经	1223—1275	字伯常，陵川人。郝经为忽必烈开国名臣，理学家。使宋被拘留十六年，人称汉北苏武。
赵元	不详	金末人，字宜之，号愚轩，定襄人。能诗，失明，为时贤所重。
曹之谦	1190—1265	字益甫，号兑斋，应州人。金元间著名诗人，诗作见《河汾诸老诗集》。
秦略	1163—1229	字简夫，号西溪道人。陵川人，金末著名诗人。子志安，字彦容，号通真子，著名道士。
刘祁	1203—1250	字京叔，浑源人。金末太学生，称异才。父从益，弟郁，俱有文名。郝经称其一代伟人。著有《归潜志》。
刘昂霄	1182—1222	字景玄，号女几樵人。金代陵川人。金宣宗时著名学者，诗人，隐士。
陈规	不详	金元之际稷山人。为直臣，博学能文，笃于学问，刘从益叹为宰相才。
段克己	1196—1254	字复之，弟成己，字诚之。稷山人。二人早有才名，赵秉文目为"二妙"，题其居里曰"双飞"。金亡不仕。有《二妙集》传世。
石君宝	1192—1276	女真族，平阳人。金元间杂剧名家。
关汉卿	约1220—1300	号己斋叟，解州人。元代伟大戏曲作家。主要活动于大都（今北京）。
房祺	不详	金元之际临汾人。著名诗人，编有《河汾诸老诗集》，著有《横汾集》。
郝天挺	1247—1313	字继先，号新斋，元初太原人。元好问弟子，编有《云南实录》，注《唐诗鼓吹》（元好问编）行于世。
高克恭	1248—1310	字彦敬，号房山，落籍大同。元代名画家。
阎复	1236—1312	字子清，号静轩，平阳人。元初曾任翰林学士，崇儒学，有文集。
刘致	1280—1334	字时中，号逋斋，元初石州人。长诗文，有诗一卷，见《元诗选》。又有《牧庵年谱》《复古纠谬编》。
萨都剌	1272—1340	字天锡，号直斋。雁门人，维吾尔族。元代著名诗人，有文集。
吕思诚	1293—1357	字仲实，元代平定人，预修辽、宋、金三史，著名学问家、清官，有文集。
吴昌龄	不详	元代西京（今山西大同）人，杂剧作家。
乔吉	1280—1345	字梦符，元代太原人。著名戏曲作家。

续表

姓　名	生卒年	事　迹
郑光祖	不详	字德辉，元代平阳襄陵（今山西襄汾）人，元曲四大家之一。
罗贯中	约1330—1400	名本，号湖海散人，元明之际太原人。伟大文学家，著《三国演义》《平妖传》《残唐五代演义》及杂剧多种。
乔　宇	1457—1524	字希大，乐平人。明世宗时任吏部尚书，诗文雄隽，有文集。
王　琼	1460—1533	字德华，明代太原人，正德、嘉靖间历户部、兵部、吏部尚书，有《漕河图志》《北边事迹》《户部奏议》等传世。
陈康庄	1613—1679	字坦如，号昆仑，明末武乡人。有文名，江南称诗伯。
朱之俊	1578—?	字擢秀，明末清初汾阳人。经学家、诗人。有《周易纂》、《四书主意会宗》《春秋纂》及诗集。
冯云骧	1631—?	字讷生，清代代州人。精研经学，长于诗赋，有《春秋说约》及诗文集。
王常月	?—1680	号昆阳子，清代长治人。名道士，为白云观方丈。顺治间封为国师。著有《龙门心法》《初真戒法》。
白象颢	1626—?	字沆中，清代阳城人。专研经史诸子及天文历法，著有《帝王年历》及诗文集多种。
傅　山	1607—1684	字青主，号朱衣道人、侨黄老人等，阳曲人。清初著名民族志士。博学多识，通释、道，工诗文书画，精医学。著有《霜红龛集》。
戴廷栻	1618—1691	字枫仲，清代太原祁人。傅山之友。曾任闻喜县训导、曲沃县教谕。博雅能文，著有文集传世。曾筑枫阁，为名构。
阎若璩	1636—1704	字百诗，号潜丘，清代太原人。著名考据家。著有《古文尚书疏证》，是学界名作。曾助修《大清一统志》。另有文集多种。
宋廷魁	1710—?	字其英，清代介休人。擅绘画，工诗文，有诗文集多种及戏剧《介山记》传世。
宋　鉴	1927—1790	字元衡，清代安邑人。通经学，长于考据，著有《尚书考辨》《说文解字疏》《易见》《汉书地理考》等。
张佩芳	1732—1793	字荪圃，清代平定人。曾任知府，劝农稼，有政绩。多有著述，撰《平定州志》。
祁韵士	1751—1815	字鹤皋，清代寿阳人。乾隆间翰林院编修，文史兼优，著有《蒙古四部王公表传》《伊犁总统事略》《藩部要略》《西陲要略》，开西北史地学先河。子寯藻，有时名。

192

姓　名	生卒年	事　迹
栗毓美	1778—1840	字含辉，清代浑源州人。官至河南山东河道总督，主持治黄有功，是抛砖筑坝法的工程专家。
张　穆	1805—1849	字石州，清代平定人。与何绍基友善，是著名学者，校订编纂文籍多种，有诗文集传世。
王　轩	1823—1887	字霞举，清代洪洞人。大学者，主晋阳书院，主修《山西通志》。体大思精，有著作多种。
杨　笃	1834—1894	号秋湄，清代乡宁人。受知于潘祖荫，历任数县教谕，继修《山西通志》，艰苦勤劳，通三礼，精考据，有诗文集传世。
耿文光	1830—1908	字星垣，清代灵石人。曾任平遥县训导，筑万卷精华楼。为著名藏书家，有目录学著作多种。
石评梅	1902—1928	山西省平定县人。中国著名女作家，"民国四大才女"（吕碧城、张爱玲、萧红、石评梅）之一。她与高君宇是 20 世纪 20 年代著名的作家和革命活动家，二人用生命谱成了一曲震撼人心的爱情悲剧。
常赞春	1872—1943	字子襄，清末民国间榆次人。博学多才，编有《山西献征》，著作多种，以书画篆刻有时名。
赵昌燮	1877—1945	字铁山，清末民国间太谷人。好金石书画篆刻，能诗，重气节。著名书法家，有"华北一支笔"之称。有诗文集等。
李亮工	1880—1947	清末民国间河津人。章太炎弟子，曾任山西大学校校长。耻与阎锡山为伍，专心授学，不置产业，唯好藏书。有著作多种。治学推重"实事求是，无征不信"。
常旭春	1873—1949	清末民国间榆次人。著名书法家，与其兄赞春与赵昌燮并称"二常一赵"。
任之恭	1906—1995	物理学家。　生于山西省沁源县。曾先后在北京清华大学、西南联合大学、美国哈佛大学、约翰·霍普金斯大学等担任教职并进行实验研究工作。
马　洪	1920—2007	中国经济学家。山西定襄人。中共十二届候补中央委员，中共十三大、十四大代表，七届全国人大常委会委员兼财经委员会副主任委员。兼任北京大学、清华大学、上海交通大学、中国人民大学、复旦大学等校教授。
李方桂	1902—1987	语言学家。山西省昔阳县人。卒于美国加利福尼亚州。先后在美国密执安大学和芝加哥大学读语言学，是中国在国外专修语言学的第一人。为国际语言学界公认之美洲印第安语、汉语、藏语、侗台语之权威学者，并精通古代德语、法语、古拉丁语、希腊文、梵文、哥特文、古波斯文、古英文、古保加利亚文等。有"非汉语语言学之父"之誉。

续表

姓　名	生卒年	事　迹
赵树理	1906—1970	原名赵树礼，山西沁水县尉迟村人，现代著名小说家、人民艺术家。他开创的文学"山药蛋派"，为新中国文学史上最重要、最有影响的文学流派之一。代表作有《小二黑结婚》《李有才板话》《锻炼锻炼》等。
梁园东	1901—1968	著名历史学家、教授。山西省忻州市温村人。毕业于北京大学哲学系，在校学习期间加入中国共产党。曾任山西国民师范教员，上海劳动大学、浦东中学教师，大厦大学、湖南兰田师范学院、四川白沙女子师院、川东乐山武汉大学教授。1950年8月任山西大学历史系教授兼师范学院院长。1953年9月，山西师范学院独立建院后任院长。兼任九三学社太原分社主任委员。系山西省第一届政协委员，第二、三届政协常委。
马　烽	1922—2004	著名作家。山西孝义人。中共党员。1938年参加革命工作，曾任《晋绥大众报》记者、编辑、主编，晋绥出版社总编辑，中央文学研究所副秘书长，中国作家协会青年部副部长，山西省文联副主席、主席，中国作家协会山西分会主席，中共山西省委宣传部副部长，全国文联第四届副主席，中国作家协会理事，山西省第五、六届政协副主席，中国作家协会党组书记、副主席。中共全国第十一、十四届代表大会代表，全国第六、七届人大代表。1992年中共山西省委、省政府曾授予其"人民作家"荣誉称号。著有长篇小说《吕梁英雄传》（与西戎合作）、《玉龙村纪事》，短篇小说集《村仇》《太阳刚刚出山》等。
丁果仙	1909—1972	晋剧著名表演艺术家。艺名"果子红"。她创造的晋剧须生"丁派"唱腔，对晋剧产生了深远的影响，促进了晋剧艺术的发展，故有"山西梆子须生大王"的称誉。1972年被"四人帮"残酷折磨致死。她在近50年的艺术生涯中，以精深的艺术造诣和卓越的艺术成就，创造了珍贵的艺术财富，把晋剧须生的表演艺术推进到了一个崭新的阶段。

3　山西历史大事记

时　间	事　件
约 180 万年前	西侯度人生活在今山西芮城县一带。
约 80—70 万年前	匼河人生活在今山西芮城县一带。
约 10 多万年前	丁村人生活在今山西襄汾县丁村一带。
约 2 万至 8000 年前	许家窑人生活在今山西阳高县一带。
约 4000 年前	传说中的黄帝与蚩尤战于"逐鹿之野"。尧都平阳、舜都蒲坂，禹都安邑。
约前 11 世纪中期	周成王封其弟叔虞于唐。
前 678 年	晋武公终于完成了"曲沃代绛"，成为晋国的正式国君。
前 636 年	晋国公子重耳在外流亡 19 年后回国继晋国君位，即晋文公。后成为春秋时期霸主。
约前 453 年	赵、魏、韩三家联合灭智，三分晋国公室。史称"三家分晋"。
约前 403 年	周王室承认赵、韩、魏三家为诸侯。
约前 445—前 396 年	魏文侯即位，任用李悝等人进行变法。
约前 262—前 260 年	秦、赵长平之战。
前 218 年	秦始皇第二次巡视山西。
前 201 年	白登之围。
前 177—前 159 年	汉文帝四次巡视山西。
前 127—前 119 年	卫青、霍去病反击匈奴，解除了匈奴对西汉的威胁。
308 年	匈奴贵族刘渊建汉，迁都平阳。
398 年	北魏迁都平城。
399 年	法显赴天竺研究佛学。
617 年	隋太原留守李渊与次子李世民等起兵，渡黄河入长安，建立唐王朝。
690 年	武则天称帝，改国号为周。
883—923 年	后梁、后唐在山西混战。
951 年	刘崇在太原称帝，建北汉。

续表

时 间	事 件
968—979 年	宋军三攻太原。979 年北汉灭亡,宋太宗下令焚毁晋阳城。
986 年	宋大将杨业率军收复辽国占领的云、朔、寰、应等州,后兵败朔州狼牙村。
1067 年	理学大师程颢调任泽州晋城县令,推行"乡必有校",在任 3 年,建乡学 72 所,社学数十所,对整个河东地区产生了一定的影响。
1044 年	辽在大同建立西京(辽代先后设置的五个京城之一)。
1126 年	金兵攻陷太原,而后攻陷开封,北宋灭亡。
1357 年	北方红巾军进军山西。
1368 年	明军占领太原,第二年攻大同,山西平定。
1369 年	明政府在九边重镇中的大同、太原两镇实行开中法,山西商人成为中国第一批中盐商人。
1373—1417 年	洪洞大槐树移民。
1521 年	陈卿领导潞安青羊里农民起义。起义失败后,明政府在青羊里筑城设县,取名为"平顺"。
1630—1644 年	明末农民起义军三次大规模进入山西。
1649 年	姜瓖在大同宣布反清,雁北浑源、应州、山阴等各州纷纷响应, 声势浩大。
1710 年	陈廷敬开始主持编写《康熙字典》。
1824 年	中国历史上第一家票号"日昇昌"在平遥出现。
1853 年 9 月	北伐太平军路经山西。
1867 年 12 月	捻军进入山西,之后在山西活动长达一年之久。
1877—1878 年	山西丁丑大旱灾,饿殍遍野,赤地千里。
1892 年	山西壬辰大旱灾,十室九空,饿死者无数。 山西布政使胡聘之拨官款创办太原火柴局,山西近代工业由此开始。
1900 年 7 月—8 月	山西义和团反帝斗争此起彼伏,声势浩大。
1902 年	山西大学堂成立。 渠本翘、乔雨亭合营双福火柴公司,标志着山西民族资本企业的开始。
1905 年	山西人民掀起收回矿权的反帝"保晋运动"。 中国同盟会山西分会在日本东京成立。
1911 年 10 月 29 日	太原新军起义成功,阎锡山被推举为山西军政府都督。

续表

时 间	事 件
1911 年 11 月 30 日	大同光复，次日大同军政府成立。
1912 年 1 月	运城光复，次日建立河东军政府。
1917 年 10 月	阎锡山在山西开始实施"六政"（水利、种树、桑蚕、禁烟、剪发、天足），后又增加"三事"（种棉、造林、畜牧）。
1919 年 5 月 7 日	太原学生集会，声援北京学生五四爱国运动。
1921 年 5 月	在高君宇指导下，太原社会主义青年团建立。
1924 年春	在高君宇指导下，中国共产党太原支部成立。
1926 年 12 月	中国国民党山西省第一次代表大会在太原召开，成立了国共两党合作的国民党山西省党部。
1931 年 5 月	中国工农红军晋西游击队成立。
1931 年 7 月	平定兵变，红 24 军成立。
1936 年 2 月 20 日—5 月 5 日	中国工农红军东征山西。
1936 年 9 月 18 日	"牺盟会"在太原正式成立。
1937 年 7 月 31 日	阎锡山正式承认中国共产党在山西的合法地位，山西抗日民族统一战线形成。
1937 年 8 月 1 日	"山西青年抗敌决死队第一总队"成立。
1937 年 9 月 25 日	平型关大捷。
1937 年 10 月	忻口战役。
1937 年 10 月—11 月	八路军 115 师、120 师、129 师相继开创了晋察冀、晋西北、晋冀鲁豫抗日根据地。
1939 年 12 月	阎锡山发动"晋西事变"，亦称"十二月事变"。
1945 年 9 月 10 日—10 月 12 日	上党战役。
1949 年 4 月 24 日	太原解放。
1949 年 9 月 1 日	中共山西省委和山西省人民政府成立。
1950 年 11 月	山西省召开首届工农业劳模大会，李顺达等 297 人被评为劳模。
1954 年 8 月 3 日—11 日	山西省第一届人民代表大会第一次会议在太原召开。
1956 年 7 月 25 日—8 月 1 日	中共山西第一次代表大会在太原召开。
1956 年	山西基本完成对生产资料私有制的社会主义改造。
1958 年	山西初步形成了以煤炭、冶金、电力、机械、化工为主的重工业结构。
1958 —1960 年	持续三年的"大跃进"运动，使山西工业经济的发展受到很大的破坏。

续表

时　间	事件
1962 年—1965 年	山西调整国民经济任务完成。
1963 年 1 月	中共山西省委发出农业学大寨的通知。
1964 年	全国范围内开始农业学大寨运动。
1967 年 1 月 12 日	山西"造反派"组织查封了山西省和太原市党政机关所有办公室，宣布接收省、市党政大权，制造了震惊全国的"一·一二"夺权事件，引起了全面的混乱。
1976 年 10 月—1978 年 12 月	山西全面结束内乱，开始恢复国民经济和社会各项事业。
1979—1987 年	山西贯彻"调整、改革、整顿、提高"八字方针，国民经济调整取得了明显成效。
1983 年 7 月	以"大包干"为主要形式的家庭联产承包制在全省普遍建立起来。
1979—1984 年	山西开始进行城市经济体制改革的试点工作。
1985 年 3 月	山西城市经济体制进入全面改革阶段。
1985 年 7 月 1 日	中美合作的第一个大型项目——平朔安太堡煤矿破土动工。
1986 年	山西开始实施"星火"计划。
1993 年 5 月	万家寨"引黄入晋"工程动工。
1992—1996 年	山西各项社会事业全面发展。
1996 年 6 月	山西第一条高速公路——太旧高速公路建成通车。
2003 年 8 月	《山西省建设文化强省发展规范纲要（2003—2010）》出台。
2007 年 9 月	首届"中国国际煤炭与能源新产品博览会"在太原召开。
2006 年	山西省实施环境保护的"蓝天碧水"工程正式启动。
2008 年	山西省出口商品销往 160 个国家和地区。
2011 年	山西开始实施"十二五"规划。
2016 年	山西开始实施"十三五"规划。
2019 年	第二届全国青年运动会在山西省举办。
2020 年	山西省首条地铁线路——太原地铁 2 号线一期开通仪式在太原大南门地铁站举行。

图书在版编目（CIP）数据

山西地域文化/李元平主编．—太原：三晋出版社，
2014.1（2023.3 重印）
ISBN 978-7-5457-0959-9

Ⅰ.①山… Ⅱ.①李… Ⅲ.①文化史 – 山西省
Ⅳ.① 292.5

中国版本图书馆 CIP 数据核字（2014）第 103389 号

山西地域文化

主　　编：李元平
副 主 编：梁爱如　程淑贞
责任编辑：落馥香
助理编辑：董润泽
责任印制：李佳音
出 版 者：山西出版传媒集团·三晋出版社（山西古籍出版社有限责任公司）
地　　址：太原市建设南路 21 号
邮　　编：030012
监　　制：三晋出版社
电　　话：0351 – 4956036（总编室）
　　　　　0351 – 4922203（印制部）
网　　址：http://www.sjcbs.cn

经 销 者：新华书店
承 印 者：山西新华印业有限公司

开　　本：787mm×1092mm　　1/16
印　　张：13
字　　数：200 千字
版　　次：2014 年 1 月　第 1 版
印　　次：2023 年 3 月　第 6 次印刷
书　　号：ISBN 978-7-5457-0959-9
定　　价：49.00 元

如有印装质量问题，请与本社发行部联系　电话：0351-4922268